FEMMES ET POLITIQUES :
L'ÉTAT EN MUTATION

ÉTUDES DES FEMMES   ISSN 1480-7742

La collection « Études des femmes » vise à promouvoir la publication d'ouvrages universitaires sur la question des femmes dans divers champs disciplinaires à caractère social. Elle accueille des réflexions théoriques, critiques et féministes d'orientations intellectuelles multiples, reflétant ainsi une diversité d'approches : sociologie, criminologie, droit, médecine, service social, psychologie, éducation, histoire et autres. La collection est ouverte aux manuscrits de langues française ou anglaise.

Directrice de la collection

Michèle Kérisit

Comité éditorial

Constance Backhouse
Ann Denis
Ruby Heap
Lorna McLean
Michèle Ollivier
Meryn Stuart
Marta Young

Dans la même collection

Jacinthe Michaud, *Conscience subalterne, conscience identitaire : la voix des femmes assistées au sein des organisations féministes et communautaires*, 2005.

Marie-Blanche Tahon et Denyse Côté (codir.), *Famille et fragmentation*, 2000.

Sylvie Frigon et Michèle Kérisit (codir.), *Du corps des femmes : contrôles, surveillances et résistances*, 2000.

Jeannine M. Ouellette, *Les femmes en milieu universitaire : liberté d'apprendre autrement*, 1999.

Cécile Coderre, Ann Denis et Caroline Andrew, *Femmes de carrière/carrières de femmes : étude des trajectoires familiales, scolaires et professionnelles des gestionnaires québécoises et ontariennes*, 1999.

Louise Blais, *Pauvreté et santé mentale au féminin : l'étrangère à nos portes*, préface de Ellen Corin, 1998.

Manon Tremblay and Caroline Andrew (codir.), *Women and Political Representation in Canada*, 1998.

Marie-France Labrecque, *Sortir du labyrinthe : femmes, développement et vie quotidienne en Colombie andine*, 1997.

Études des femmes n° 9

FEMMES ET POLITIQUES : L'ÉTAT EN MUTATION

Sous la direction de

Dominique Masson

Les Presses de l'Université d'Ottawa

Catalogage avant publication de Bibliothèque et Archives Canada

Femmes et politiques : l'État en mutation / sous la direction de Dominique Masson.

(Études des femmes, ISSN 1480-7742 ; nᵒ 9)
Comprend des réf. bibliogr.
ISBN 2-7603-0590-2

1. Femmes – Politique gouvernementale – Canada. 2. Canada – Politique sociale. 3. Femmes – Canada – Conditions sociales – 20ᵉ siècle. 4. Femmes – Droit – Canada. 5. Canada – Conditions économiques – 1991- 6. Féministes – Canada – Activité politique. I. Masson, Dominique II. Collection.

HQ1236.5.C2F44 2005   305.4'0971   C2005-900026-0

Les Presses de l'Université d'Ottawa remercient le Conseil des Arts du Canada et l'Université d'Ottawa de l'aide qu'ils apportent à leur programme de publication. Cet ouvrage a reçu l'appui financier de la Faculté des Sciences sociales de l'Université d'Ottawa.

Nous reconnaissons l'aide financière du gouvernement du Canada par l'entremise du Programme d'aide au développement de l'industrie de l'édition (PADIÉ) pour nos activités d'édition.

Révision linguistique : François Roberge
Correction d'épreuves : Marc Desrochers
Mise en pages : Madeleine Potvin

Maquette de la couverture : Pierre Bertrand
Illustration de la couverture : Megan Hinton, *Inland*, 35,5 po x 26 po, huile sur panneau, 2000.

ISBN 2-7603-0590-2   ISSN 1480-7742

© Les Presses de l'Université d'Ottawa, 2005
542, avenue King Edward, Ottawa (Ontario) K1N 6N5
press@uottawa.ca   www.uopress.uottawa.ca

Imprimé au Canada

Table des matières

Introduction

Dominique Masson[1]
Institut d'études des femmes et
Département de sociologie
Université d'Ottawa

Un peu partout dans les pays industrialisés, les transformations des conditions de la concurrence économique provoquées par les phénomènes associés à la mondialisation ont poussé les gouvernements à altérer de façon souvent substantielle la portée, les objets et les modes d'intervention publique. Le Canada n'échappe pas à ces transformations. Un discours affirmant la nécessité de réduire les dépenses sociales, de juguler la crise des finances publiques et de rendre les différents secteurs de l'économie canadienne plus compétitifs sur les marchés internationaux a progressivement saturé les discours politiques et l'opinion publique, définissant du même coup ces questions comme cruciales, tant pour le gouvernement fédéral que pour ceux des provinces. Alors que signes précurseurs et expérimentations politiques visant à répondre à ces nouveaux problèmes de gouvernement s'accumulent depuis le début des années 1980, les velléités gouvernementales de réorientation de l'action publique ont fini par se cristalliser au cours des années 1990 en une série de réformes majeures affectant tous les domaines de politiques publiques canadiennes. Comme le soulignent O'Connor, Orloff et Shaver, les années 1990 passeront à l'histoire comme une période conflictuelle de restructuration de l'intervention étatique, une période de mutations où les « enjeux de genre » marquent profondément les débats et les transformations que connaissent les politiques publiques (1999 : 1).

Au Canada comme dans beaucoup d'autres pays, cette restructuration de l'intervention publique a été largement influencée par la montée du néolibéralisme, vu à la fois comme théorie macroéconomique visant à établir des conditions favorables pour les investissements (Bakker, 1996) et comme système d'idées proposant une mutation paradigmatique des principes, orientations et objectifs de l'action des gouvernements (Bradford, 1999). Parmi ses principales composantes figurent une célébration du libre jeu des forces du marché, un appel à la réduction du rôle de l'État dans le social et dans l'économie ainsi qu'un renouveau de l'individualisme, ce dernier prenant la forme d'un report de responsabilités sur les unités atomisées du corps social, tant en ce qui a trait à la réussite économique qu'à la résolution des problèmes sociaux. En contexte canadien, ces principes se sont traduits dans les politiques publiques par, entre autres choses, des coupes répétées dans le financement des programmes et des services sociaux, l'imposition de restrictions diverses à l'accès aux bénéfices assurantiels et assistantiels liés à la citoyenneté, une intensification des incitatifs au travail ainsi que de la responsabilité des individus pour leur propre bien-être, un déplacement partiel de la prestation de services vers le secteur privé (entreprises et familles) et, enfin, un recours accentué au tiers-secteur, que ce soit par le biais d'un fruste délestage vers les organismes charitables ou par l'établissement de partenariats et de contrats de service avec les organismes bénévoles et communautaires. La restructuration des politiques publiques n'implique pas seulement, en effet, une altération des modalités de l'intervention étatique. Elle opère également une redistribution des responsabilités et des rôles respectifs des autres composantes des régimes providentiels : ceux du marché, de la famille et des communautés. De plus, elle s'effectue sur fond de réarticulation des figures de la citoyenneté, de jugements moraux et de représentations particulières des femmes et des arrangements sexués qui impriment des directions spécifiques aux politiques, structurent les réalités sur lesquelles portent leur intervention et ont des effets en retour sur la matérialité des expériences de vie et de travail des femmes canadiennes.

Les conséquences pour les femmes des transformations des politiques publiques au Canada demeurent encore insuffisamment cernées. D'une part, parce qu'elles sont nombreuses et encore relativement récentes, et que leur teneur varie suivant les différents domaines de politiques considérés. D'autre part, parce que ces changements ne se présentent pas partout ni toujours de la même façon. En effet, les politiques publiques sont un produit de luttes sociopolitiques, médiatisées plus ou moins lourdement par les différents contextes institutionnels de l'action étatique. Elles peuvent ainsi, du moins en théorie, connaître des variations importantes en fonction des domaines de politiques, des acteurs et discours en présence et de la nature de leurs affrontements, des niveaux de gouvernement impliqués, et des préférences programmatiques des partis au pouvoir, au fédéral comme dans les différentes provinces[2]. Il demeure donc important à l'heure actuelle, pour les analystes féministes, d'étudier les transformations des politiques publiques dans leur spécificité. Dans cette optique, cet ouvrage a choisi de regrouper des contributions explorant différents domaines de politiques – la fiscalité, l'emploi, les services de garde, l'aide sociale, la santé, la violence faite aux femmes et l'économie sociale – ainsi que différents niveaux de gouvernement : le fédéral, le provincial (au Québec et en Ontario en particulier) et le palier municipal. Chacune de leur côté, ces contributions viennent apporter des éléments de réponse aux grandes questions qui forment l'armature de l'ouvrage et lui donnent ses lignes directrices : quelle est la nature des nouveaux développements et des transformations récentes des politiques publiques qui touchent tout particulièrement les femmes au Canada et comment les interpréter ? Quels enjeux s'y dessinent ou s'en trouvent ravivés ? De quels risques et de quelles possibilités sont-elles porteuses en ce qui a trait à la poursuite des idéaux d'égalité et d'autonomie des femmes dans le champ politique institutionnel ? Quels nouveaux défis font-elles naître pour l'analyse et pour l'action politique féministes ?

Ces questions sont importantes. Comme l'ont fait remarquer plusieurs, la protection sociale et la régulation des rapports sociaux assurées par le biais des politiques publiques affectent la situation matérielle des femmes, contribuent à façonner les rapports sociaux de sexe et peuvent faciliter tout comme poser obstacle à la génération d'arrangements sociaux, économiques et politiques progressistes pour différentes catégories de femmes (et d'hommes) (Orloff, 1993; Evans et Wekerle, 1997). Elles le sont d'autant plus que l'État et ses politiques ont été depuis l'après-guerre et demeurent encore des instruments centraux de traduction des revendications du mouvement des femmes en des changements matériels et culturels concrets (O'Connor, Orloff et Shaver, 1999 : 2). Or, comme l'écrit Brodie, « des demandes politiques clés comme celle d'un réseau de services de garde universel et à faible coût [voir le chapitre de Bergeron], la sécurité du revenu pour les mères mono-parentales et pour les femmes âgées [voir le chapitre de Michaud], l'action positive et l'équité salariale », tout comme une politique adéquate de maintien à domicile et de soutien aux proches aidants (voir le chapitre de Saillant, Tremblay, Clément et Charles), une intervention soutenue contre la violence faite aux femmes (voir le chapitre de Parent et Coderre) ou encore dans la création d'emplois pour les femmes (voir le chapitre de Côté) « demandent toutes plus, pas moins, de gouvernement » (Brodie, 1998 : 22-23, traduction libre). D'où la nécessité, voire l'urgence, pour les analyses et pour l'action politique féministes de se donner les moyens de mieux comprendre les changements en cours. Dans cette optique, ce livre entend contribuer à remédier au faible nombre, ainsi qu'à la difficulté de trouver rassemblés des textes en français sur les mutations récentes des politiques publiques canadiennes et leurs effets sur les femmes (voir cependant *Lien social et politiques - RIAC* 2002). Les lectrices et lecteurs intéressés à approfondir ces questions pourront consulter avec profit les ouvrages collectifs, en langue anglaise, de Brodie (1996), Bakker (1996), Evans et Wekerle (1997), et O'Connor, Orloff et Shaver (1999).

1.   Cadres interprétatifs et présentation des chapitres

Deux grands types de schémas interprétatifs sont mis à profit dans les analyses des transformations des politiques et de l'intervention publiques offertes dans le présent ouvrage. En effet, à peu d'exceptions près, les analyses présentées sont ancrées soit dans des perspectives inspirées des théorisations et reconceptualisations féministes des travaux de Gøsta Esping-Andersen sur les régimes providentiels; soit encore dans des perspectives discursivistes qui abordent les transformations des politiques sous l'angle du recodage des significations impliquant les rapports sociaux de sexe, le caractère de l'intervention étatique, et les rôles respectifs de l'État, du marché, de la famille et des communautés. Ces deux grands types d'approches (qui, il est important de le préciser, ne sont pas mutuellement exclusives) feront, dans les pages qui suivent, l'objet d'une présentation générale visant à fournir une mise en contexte théorique aux lectrices et lecteurs de l'ouvrage, ainsi qu'à en éclairer la charpente. Comme il est d'usage, un aperçu du contenu des différents chapitres suivra chacun de ces exposés.

Une première voie d'analyse de ces changements est celle empruntée par les révisions féministes de l'approche dite « des régimes d'État-providence » et qui s'inspire, en particulier, des travaux de Gøsta Esping-Andersen (1990). Ces travaux offrent un cadre conceptuel pour l'analyse comparative des régimes de politiques publiques, en particulier dans leur dimension de sécurité sociale. Trois dimensions principales sont proposées par Esping-Andersen pour caractériser les États-providence et analyser leurs transformations historiques. La première dimension est celle de la relation État-marché. Elle s'intéresse aux parts respectives de l'État et du marché dans la satisfaction des besoins humains. Sur le marché, l'accès aux biens et aux services qui permettent la satisfaction des besoins ainsi que la façon dont ces derniers seront satisfaits répond à une logique de rentabilité économique. Leur accès est conditionnel au pouvoir d'achat des individus. Lorsque la satisfaction des besoins humains est de responsabilité publique, par exemple par le biais des politiques sociales, la nature des biens et services et les critères de leur distribution sont soumis à une logique politique de collectivisation des responsabilités et des coûts. L'existence d'une logique politique signifie également que l'intervention de l'État dans la satisfaction des besoins humains est perméable aux mobilisations, pressions, débats et luttes politiques sur la nature de la protection sociale et les conditions de son accessibilité. Dans cette perspective, la question des droits de citoyenneté – de leur nature, de leur étendue et des altérations qu'ils subissent – fait figure de dimension centrale à toute analyse des transformations des régimes de politiques publiques qui constituent les États-providence. La nature des droits sociaux de citoyenneté et, en particulier, les termes de leur accès déterminent le degré de liberté que peuvent atteindre les citoyens relativement à leur dépendance vis-à-vis du marché du travail et des risques qui y sont associés. Ces droits sont-ils universels, c'est-à-dire accessibles à tous ? Sont-ils plutôt étroitement liés à la participation au marché du travail et, donc, au statut de citoyen-travailleur ? Sont-ils accessibles seulement aux citoyens dont les revenus se situent en bas d'un certain seuil ? Pour Esping-Andersen, les possibilités de « démarchandisation » offertes par les droits sociaux de citoyenneté « sont au cœur du potentiel émancipateur de l'État-providence » (Orloff, 1993 : 311, traduction libre). La troisième et dernière dimension considérée par cette approche est celle de la stratification sociale portée par les politiques qui mettent en acte les droits sociaux et de leurs effets structurants. Les politiques publiques contribuent-elles à combattre les inégalités, à promouvoir les solidarités sociales et à réduire les différences économiques à travers des mécanismes de redistribution des revenus ? Ou encore ont-elles pour effet de reproduire, ou même de renforcer, les inégalités existantes ?

L'intérêt et la pertinence de ce cadre d'analyse ont conduit à son adoption par de nombreuses chercheuses féministes, lesquelles ont dû toutefois « genrer » son appareillage conceptuel, c'est-à-dire y opérer un certain nombre de révisions visant à permettre l'articulation de questionnements sur les femmes, ou plus largement sur la place du genre (ou des rapports sociaux de sexe) dans la structuration et les transformations actuelles des États-providence, de la citoyenneté et de leurs effets sur la stratification sociale. Leur première proposition est celle d'un élargissement des notions d'État-providence et de régimes de politiques publiques pour y inclure, en sus des politiques sociales qui font traditionnellement partie de la définition des arrangements providentiels, d'autres mécanismes de redistribution, par exemple la fiscalité (voir le chapitre de Rose, aussi Sainsbury, 2000); ainsi que les modalités de l'intervention de l'État dans la régulation des rapports sociaux de sexe, par exemple par des politiques concernant la violence conjugale (voir le chapitre de Parent et Coderre) ou l'avortement (O'Connor, Orloff et Shaver, 1999); et même, comme le propose Andrew (dans le présent ouvrage), les politiques municipales, qui contribuent également au bien-être des femmes, et qui sont souvent directement impliquées dans les reconfigurations actuelles des responsabilités providentielles des États centraux (voir le cas de l'Ontario dans Andrew).

Une deuxième proposition est celle d'ouvrir la compréhension de la logique politique des rapports de forces, affrontements, alliances et médiations qui président à la formation des politiques publiques à d'autres acteurs que ceux, classiquement considérés, des partis politiques et du mouvement ouvrier organisé. Car, comme le démontrent un nombre croissant de recherches, les pressions et représentations des organisations féminines et féministes ont contribué à l'élaboration, tant dans des contextes historiques que contemporains, de toute une série de politiques publiques concernant les femmes comme mères, travailleuses ou citoyennes (voir Orloff, 1996; Misra et Akins, 1998; Masson, 1999). La question de la capacité d'influence qu'arrivent – ou non – à exercer sur la formulation des politiques publiques les actrices qui se posent en représentantes des femmes et de leurs intérêts (groupes de femmes, fémocrates ou autres) fait donc partie intégrante du cadre d'analyse des transformations actuelles (Banaszak et al., 2003; voir également les chapitres de Parent et Coderre, de Côté, et d'Andrew).

Les analystes féministes proposent enfin une reconceptualisation de la relation État-marché pour rendre compte de la part du travail domestique et du travail de soins non salarié dans la satisfaction des besoins humains. À l'État et au marché s'ajoutent donc deux autres pôles : ceux de la famille et du tiers-secteur (les églises, les groupes communautaires, les organisations volontaires). La distribution des responsabilités entre ces pôles a des conséquences importantes pour l'organisation de la vie matérielle des femmes. Les concepts de familisation et de défamilisation (voir Ostner et Lessenich, 1996; voir également le chapitre de Bergeron) ont été avancés pour analyser plus avant les conséquences des diverses configurations d'arrangements providentiels. Ces derniers permettent-ils un transfert du fardeau de la satisfaction des besoins humains de l'unité familiale – c'est-à-dire essentiellement du travail non salarié des femmes dans la famille – vers l'État dans un processus de défamilisation et de collectivisation des responsabilités ? Ou, au contraire, ce transfert s'opère-t-il dans la direction d'une refamilisation et d'une marchandisation de biens et de services dont la production était jusqu'ici assurée par le secteur public et parapublic (voir le chapitre de Saillant et al.) ? Par ailleurs, d'autres questions émergent, liées aux enjeux de défamilisation et de démarchandisation. Par exemple : dans quelle mesure l'accès des femmes en général, ou encore de différentes catégories de femmes aux droits de citoyenneté est-il lié à leur familisation, c'est-à-dire à leur statut marital ou familial et à la présence d'enfants (voir le chapitre de Rose) ? Dans quelle mesure leur accès à certains droits de citoyenneté est-il lié à leur marchandisation, c'est-à-dire à leur participation au marché du travail et à une contribution, financière ou autre, de celles qui en sont les bénéficiaires (voir le chapitre de Michaud) ? Et finalement : quels sont les effets des transformations récentes des politiques publiques et des arrangements providentiels sur une stratification sociale vue sous l'angle des inégalités hommes-femmes, comprises dans leurs intersections avec les autres systèmes de hiérarchie et de différence qui marquent les sociétés contemporaines ?

Le chapitre de Ruth Rose amorce la réflexion entreprise dans cet ouvrage en brossant un tableau des trois types d'État-providence catégorisés par Esping-Andersen dans leurs orientations à l'égard des rôles familiaux, de la place des femmes sur le marché du travail et de la sécurité financière de ces dernières. Rose s'inspire de ce cadre théorique général pour analyser l'évolution récente de la fiscalité canadienne et réinscrire l'examen des politiques fiscales à l'intérieur d'une analyse des transformations actuelles du rôle providentiel de l'État. Une des grandes contributions de ce chapitre est très certainement de rendre accessible aux profanes un domaine de politiques généralement jugé plutôt hermétique et très peu abordé jusqu'ici par les analystes féministes. Pourtant, la fiscalité, comme le démontre Rose, est importante pour les femmes. Sont examinés, en particulier : les mesures de transfert des crédits non remboursables entre conjoints, le remplacement des prestations universelles d'allocations familiales et de pensions de sécurité de la vieillesse par des crédits fiscaux, l'introduction de nouveaux crédits non remboursables pour la prise en charge de proches dépendants, les modifications récentes aux déductions pour pensions alimentaires, les réductions des taux d'imposition et les programmes de supplément au revenu du travail. Rose soutient que si les politiques fiscales canadiennes, traditionnellement d'orientation libérale, ont pu antérieurement « flirter avec la social-démocratie », elles ont pris dans les années 1990 un virage qui s'inspire résolument du néolibéralisme. L'analyse montre les effets différenciés de ces mesures sur diverses catégories de femmes – femmes mariées avec enfants, mères monoparentales, femmes âgées – ainsi qu'en fonction de différents niveaux de revenus. L'auteure soutient que la fiscalité canadienne est de moins en moins redistributive et qu'elle refamilise les femmes en rendant leur accès aux mesures et programmes de citoyenneté sociale de plus en plus dépendante des revenus familiaux.

S'inscrivant plutôt dans une tradition féministe institutionnaliste en économie du travail, le texte de Diane-Gabrielle Tremblay s'attache à documenter les grandes lignes de l'évolution de la situation des femmes sur les marchés du travail canadien et québécois. Ce chapitre contribue à tracer la toile de fond qui permet de mieux saisir les caractéristiques du contexte dans lequel se posent les enjeux des politiques d'aménagement du temps de travail (chapitre de Tremblay), des politiques de services de garde (chapitre de Bergeron) et de la mise au travail des mères monoparentales (chapitre de Michaud). Statistiques à l'appui, Diane-Gabrielle Tremblay souligne la croissance importante des taux d'activité des femmes canadiennes au cours des quatre dernières décennies, et en particulier celle des femmes avec enfants d'âge préscolaire. S'expliquant à la fois par les aspirations des femmes à l'autonomie et par la perte de pouvoir d'achat subie par les familles canadiennes depuis 1970, cette croissance de la participation des femmes au marché du travail n'est que peu soutenue, selon l'auteure, par l'intervention de l'État en matière de politiques familiales et de politiques sociales. Tremblay souligne également la surreprésentation des femmes dans les emplois dits « atypiques » et les emplois aux horaires non standard, dont le nombre est en progression rapide au Québec et au Canada, et qui portent des implications paradoxales en ce qui a trait à la conciliation travail-famille. Dans ce contexte, l'élaboration de politiques d'aménagement et de réduction du temps de travail est un enjeu important qui, pourtant, attend toujours de trouver une place à l'agenda étatique.

Josée Bergeron, pour sa part, se penche sur les avatars – et les échecs à ce jour – d'une politique nationale de services de garde au Canada. S'inspirant elle aussi des révisions féministes des travaux d'Esping-Andersen, Bergeron signale que les politiques sociales de l'État-providence canadien, depuis la fin de la Deuxième Guerre mondiale jusqu'au milieu des années 1980, se sont inscrites dans une « orientation

résiduelle », c'est-à-dire n'ont pris véritablement le relais qu'une fois
épuisées les possibilités de recours au marché et à la famille. Pour
l'auteure, cette préférence pour les processus favorisant la marchandisation et la familisation de la satisfaction des besoins humains explique
en grande partie la nature ponctuelle et à la pièce des interventions de
l'État canadien et des provinces dans le domaine des services de garde. Et
ce, malgré les recommandations de divers comités et commissions qui, à
l'instar de la Commission royale d'enquête sur le statut de la femme lient,
depuis 1970, la mise en place d'un programme national de services de
garde à des objectifs d'égalité en emploi et d'équité pour toutes les
femmes canadiennes. Bergeron soutient que la préférence de l'État
canadien pour des solutions de nature marchande ou familiale au
problème des services de garde s'est accentuée avec le virage néolibéral.
La fiscalisation des politiques ayant trait à la famille et aux enfants a accru
la privatisation des services de garde et a rendu leur accessibilité de plus
en plus dépendante des revenus des familles. De plus, l'abolition du
Régime d'assurance publique du Canada et son remplacement par les
Transferts sociaux canadiens a remis les décisions en la matière aux
provinces, pour le meilleur (Québec) comme pour le pire (Alberta).
L'auteure questionne les ambiguïtés des préoccupations récentes des
gouvernements pour « l'enfance à risque » et souligne les enjeux, pour la
citoyenneté sociale et l'autonomie économique des femmes canadiennes,
que posent l'ensemble de ces transformations.

Le deuxième type de schéma interprétatif auquel se rattachent les
auteures ayant contribué à cet ouvrage prend sa source dans le « virage
discursif » qui marque la trajectoire des théories politiques et sociales
depuis les années 1990. Les apports des travaux identifiés aux courants
postmodernes et poststructuralistes, ainsi que la réactualisation des
réflexions marxistes sur l'hégémonie ont en effet alimenté tout un
ensemble de réflexions qui ont en commun l'effort de théoriser la part du
langage et des discours dans la constitution de la réalité sociale.
Popularisée par cette nouvelle inclination, une des notions les plus fertiles
pour saisir la nature des transformations que connaissent les formes de
l'intervention étatique et des régimes providentiels, ainsi que leurs
conséquences pratiques, est l'idée de la « productivité » du langage et des
discours, et tout spécialement des discours institutionnels. Dans cette

perspective, les langages et discours de l'État et de ses politiques publiques constituent et encodent des significations particulières à propos de l'être et de l'agir politique. C'est par et à travers l'inscription, dans le discours des politiques, de ces significations que sont construits les sujets et les objets autorisés de l'intervention étatique, la nature de cette dernière ainsi que sa portée. C'est par et à travers elle également que sont constituées les modalités particulières de régulation – jugements moraux, procédures et règles – qui gouvernent les domaines et les sujets de cette intervention.

Pour les analystes féministes, le genre est un des éléments formateurs de l'État et des régimes providentiels (Adams et Padamsee, 2001). Si les politiques publiques ont un genre *(Lien social et politiques - RIAC* 2002), ce n'est pas seulement dans leurs effets et leurs conséquences. Les chercheuses féministes influencées par le virage discursif avancent des propositions qui privilégient l'analyse des termes du discours public et en particulier de ceux concernant les arrangements sociaux, économiques et politiques impliquant les rapports de sexe. Les politiques publiques sont, de fait, porteuses de présuppositions implicites, et bien souvent de langages explicites concernant les femmes comme travailleuses, citoyennes, mères ou bénéficiaires de l'aide de l'État. Ces représentations sont inscrites à l'intérieur de discours institutionnels où elles s'articulent à d'autres présuppositions et représentations concernant, par exemple, les responsabilités respectives de la famille et des communautés, de l'État et du marché dans le bien-être des citoyens, ou encore les causes de la pauvreté, les fondations de la citoyenneté ou la nature des solidarités sociales et familiales. Ces constructions discursives ont des effets structurants sur la matérialité des relations sociales. En effet, « enchâssées dans la loi et les politiques publiques, incorporées dans les institutions, et renforcées à travers des règlements et des sanctions » (Brodie, 1998 : 27, traduction libre), les présuppositions et représentations inscrites dans les discours des politiques publiques constituent les femmes en différents types de sujets, ceci avec des conséquences sur leurs conditions de vie et de travail, ainsi que sur le caractère et la nature de leur accès aux droits de citoyenneté. Comme le soulignent Fraser et Gordon (1997), les signi-fications construites dans le langage des représentations politiques se cristallisent souvent autour de mots clés qui, comme le montre le présent ouvrage, inscrivent au cœur des politiques certains types de sujets féminins (« les aidantes naturelles » dans les politiques de santé – voir le chapitre de Saillant *et al*.), assortissent d'autres de jugements moraux (« la dépendance à l'aide sociale » des mères assistées – voir le chapitre de Michaud), ou encore expriment, sous forme de métaphore, des préférences gouvernementales pour un certain type de solution (« la tolérance zéro » en matière de violence – voir le chapitre de Parent et Coderre). Ces mots clés et les significations qu'ils portent contribuent de façon importante à organiser les directions et modalités de l'intervention de l'État, ainsi que le rapport des femmes à ce dernier.

Pour Brodie, une bonne part du processus de restructuration de l'intervention publique auquel nous avons assisté au cours de la dernière décennie a consisté en un effort soutenu, de la part des différents gouvernements, de déconstruction et de « recodage du domaine du politique ». Cet effort vise à établir un consensus sociopolitique autour du déploiement de nouvelles définitions de la relation État-société, ainsi que des sujets et des objets légitimes des politiques publiques. La tâche des analystes féministes, dans ce nouveau contexte, devient donc de « comprendre les nouveaux espaces et les représentations générés par cette nouvelle réalité et de développer un modèle de culture politique approprié à cette situation » (1998 : 25, traduction libre). Cette perspective dirige notre attention vers les questions suivantes : comment les transformations récentes des politiques publiques au Canada sont-elles ancrées dans de nouvelles constructions discursives des femmes, des hommes et des arrangements familiaux ? Comment sont-elles articulées à de nouvelles conceptions des rapports entre État, marché, famille et communauté ? Comment sont-elles déployées et comment opèrent-elles à l'intérieur de projets de restructuration de l'intervention publique ? Et quels en sont les effets sur les conditions de vie et de travail des femmes canadiennes et sur les conditions de leur citoyenneté ?

S'inscrivant dans cette perspective, Jacinthe Michaud prend comme point de départ l'adoption, en 1997, de la politique « Ontario au travail » par le gouvernement conservateur de Mike Harris pour analyser les transformations des fondements des politiques d'assistance publique au Canada. L'instauration de conditions liant l'obtention des prestations à une participation à des activités de formation ou à une contribution en travail de la part des bénéficiaires – ce que l'on appelle le travail obligatoire, ou Workfare – caractérise en effet les réformes récentes de l'assistance sociale dans plusieurs provinces canadiennes. L'auteure suggère que les mères seules assistées sociales sont une des principales cibles des mesures de travail obligatoire, et examine ces réformes sous cet angle. Dans la première partie du chapitre, Michaud met en relief les fondements discursifs des principaux arguments avancés par les défenseurs du travail obligatoire et souligne leur ancrage dans un discours individualisant et moralisateur construit autour de la notion de « dépendance » comme antithèse d'une citoyenneté essentiellement fondée sur le travail salarié. La deuxième partie du chapitre présente les différents volets de la politique « Ontario au travail », en insistant sur le rôle prévu pour le secteur communautaire dans la mise au travail des prestataires. Dans la dernière partie du chapitre, Michaud offre une discussion serrée des principales positions féministes concernant la mise au travail des mères seules. Elle soutient que ni les revendications féministes de reconnaissance du travail parental des femmes comme contribution sociale ni celles favorisant le développement de moyens permettant une véritable intégration des femmes assistées au monde du travail salarié ne remettent en question les notions de contribution en travail et de réciprocité caractéristiques des discours du Workfare. Une conception plus inclusive de la citoyenneté est nécessaire, fondée sur des notions de droit et d'obligation de l'État envers le bien-être et la dignité des membres de la communauté politique.

Chapitre 5

Le chapitre de Saillant, Tremblay, Clément et Charles porte sur l'évolution des politiques de soins de santé au Québec, et sur la place que celles-ci réservent aux femmes comme soignantes bénévoles dans la communauté et la famille. Dans les premières sections du texte, les auteures rappellent les moments clés et les éléments principaux des transformations qu'ont subies, depuis les années 1960, les politiques ayant trait aux soins et services aux personnes ayant des problèmes de santé mentale, ainsi qu'aux personnes âgées en perte d'autonomie. Empruntant une approche généalogique en matière d'élaboration de politiques, les auteures proposent une analyse sociohistorique permettant de retracer l'émergence de principes d'organisation des soins de santé qui, soutiennent-elles, préfigurent les orientations qui caractérisent la mise en place, à partir de 1996, de ce que l'on a appelé « le virage ambulatoire » et, en particulier, d'orientations généralisant le déplacement de responsabilités en matière de soins vers les communautés et les familles. Dans la dernière partie du texte, les auteures s'attardent sur la dimension discursive de ce déplacement et tentent d'en cerner les effets. Elles soulignent le caractère idéalisé et « entièrement imaginé » des tropes de la « communauté » et de la « famille » qui masquent, dans le langage des politiques, l'accentuation du travail de soins demandé aux femmes dans la famille et dans les groupes communautaires. Elles discutent également des difficultés, paradoxes et ambiguïtés des analyses féministes traitant du lien entre femmes et soins tel qu'il est inscrit dans l'appellation d'« aidantes naturelles », qui organise le rapport des femmes à ces nouvelles politiques. Finalement, elles exposent les conséquences matérielles directes de ces changements sur la vie des femmes aidantes, enrôlées bon gré mal gré dans un travail de soins à leurs proches autrefois de responsabilité publique, ainsi que sur les travailleuses des organismes communautaires œuvrant dans le secteur du maintien à domicile.

Les gouvernements et les *think tank* du néolibéralisme, tel le C.D. Howe Institute, apparaissent dans les deux chapitres précédents comme les acteurs clés des redéfinitions actuelles du langage des politiques. Il est également juste de souligner, comme le fait Michaud dans le présent ouvrage, le caractère largement hégémonique du substrat discursif des positions privilégiées par ces acteurs dans les processus actuels de transformation des politiques publiques. Cela dit, il demeure important de rappeler que les présuppositions et représentations inscrites dans les discours politiques ne sont que « temporairement fixées » à l'échelle historique, et qu'elles sont également – du moins potentiellement – l'objet de contestations et de luttes politico-discursives, c'est-à-dire de luttes sur le terrain des significations à propos de la définition des problèmes politiques et sociaux légitimes qui appellent à l'intervention de l'État, ainsi que des interprétations qui donnent à ces enjeux leurs significations et façonnent leurs modes de résolution (Evans et Wekerle, 1997; Masson, 1999). Le chapitre de Colette Parent et Cécile Coderre, ainsi que celui de Denyse Côté, présentent des exemples de luttes récentes sur le terrain du discours politique, mettant en scène des groupes de femmes engagés dans des processus d'élaboration de politiques publiques concernant la définition des problèmes et l'orientation à donner à l'action étatique en matière, respectivement, de violence faite aux femmes et d'économie sociale.

Parent et Coderre s'intéressent aux politiques fédérales sur la violence faite aux femmes, et en particulier à la promotion d'objectifs visant la « tolérance zéro » en matière de violence. Prenant pour objet les travaux du Comité canadien sur la violence faite aux femmes, de 1991 à 1993, elles s'interrogent sur la genèse d'une réponse étatique – les recommandations du Comité – qui couple un prisme d'analyse résolument féministe à une politique perçue par les auteures comme fondamentalement répressive, celle de la tolérance zéro. Pour mieux comprendre cette réponse, Parent et Coderre rappellent d'abord les principales composantes et les transformations des discours féministes sur la question de la violence faite aux femmes. Cette section démontre l'importance d'une approche historique et non homogénéisante des analyses féministes qui soutiennent l'élaboration des demandes faites, au nom des femmes, dans les processus d'élaboration de politiques publiques. Les auteures mettent ensuite en relief les principales tensions et controverses ayant marqué les rapports entre les instances gouvernementales et les organisations féministes avant, et dans le cadre des travaux du Comité. L'examen du contenu discursif des témoignages individuels et des mémoires des groupes de femmes présentés au Comité lors de ses consultations publiques révèle la complexité de la vision des femmes et des groupes de femmes à propos de la violence, et leur rejet de la solution de « tolérance zéro » au profit d'une action à multiples facettes, critique de l'intervention pénale et soucieuse d'adaptation aux besoins de différentes catégories de femmes (autochtones, immigrantes, femmes des minorités visibles, etc.). Les recommandations du Comité illustrent l'articulation d'un certain discours féministe à des orientations néoconservatrices favorisant des solutions fondées sur la surveillance et la criminalisation. Le chapitre se clôt sur le sort fait à l'impératif de tolérance zéro avec l'arrivée au pouvoir des libéraux et la réorientation de l'action gouvernementale vers des solutions de type néolibéral.

Denyse Côté, pour sa part, examine la portée des luttes des groupes de femmes sur la définition opératoire des mesures d'économie sociale mises en place par le gouvernement du Québec au cours de la période 1996-1998. L'auteure rappelle l'existence d'un modèle particulier de restructuration étatique au Québec où de nouvelles formes de gouvernance, auxquelles participent des actrices et acteurs de la société civile, offrent des ouvertures à l'action des groupes de femmes et du mouvement communautaire autonome et suggèrent la possibilité d'une atténuation des influences néolibérales par des orientations plus nettement sociales-démocrates. Dans cette optique, la décision gouvernementale d'implanter des mesures d'économie sociale est analysée par Côté comme une réponse partielle aux revendications exprimées par les groupes de femmes québécois lors de la « Marche du pain et des roses » de 1995. Plutôt que de donner lieu à une action unilatérale de la part du gouvernement, cette réponse s'est matérialisée dans l'ouverture d'une arène politique de débats et d'affrontements ainsi que d'une période d'expérimentation de modèles institutionnels de cogestion régionale des mesures d'économie sociale dans laquelle se sont engagés groupes de femmes, secteur communautaire et acteurs étatiques. Le texte relate les différents moments de cet engagement politique et discursif du point de vue des groupes de femmes. Il retrace les enjeux et les difficultés, ainsi que les espoirs et les aléas de leurs tentatives pour élaborer et imposer, à travers les mesures d'économie sociale, une vision féministe du développement « d'infrastructures sociales » permettant l'amélioration de la qualité de vie et la création d'emplois de qualité pour les femmes. La conclusion met en lumière les résultats plutôt mitigés des efforts des groupes de femmes pour influencer les politiques dans le domaine de l'économie sociale au Québec.

Le chapitre de Caroline Andrew poursuit la réflexion amorcée dans les deux chapitres précédents sur la capacité des féministes et des groupes de femmes d'influencer les restructurations actuelles des politiques publiques. Privilégiant une approche de type plutôt institutionnaliste, l'auteure s'intéresse aux possibilités de représentation des femmes et des questions qui les touchent dans les nouvelles arènes politiques créées par la récente vague de fusions municipales et, plus largement, par la reconfiguration des gouvernements locaux au Canada. Andrew souligne l'importance, pour l'amélioration du bien-être des femmes, d'un palier de gouvernement généralement négligé tant par les analystes féministes que par les groupes de femmes eux-mêmes, et qui se retrouve profondément affecté tant par l'augmentation de la taille des municipalités que par la transformation des rapports entre le provincial et le municipal. Puisqu'il est, de l'aveu de l'auteure, encore trop tôt pour apprécier pleinement l'impact des fusions, le chapitre propose un cadre d'analyse propre à discerner, sous une forme qui demeure largement prospective, les ouvertures tout comme les principaux obstacles à une plus grande activité politique des femmes dans les nouvelles municipalités. Andrew suggère qu'une telle analyse doit tenir compte, d'une part, de la capacité d'action des villes – et de ses variations dans les différents contextes politiques – et, d'autre part, des effets des fusions municipales sur les avenues de représentation des femmes et de leurs enjeux, et ce, à la fois dans les structures formelles et informelles de participation et dans les programmes et politiques des villes fusionnées. Bien que reconnaissant que ces effets n'aient pas été, à ce jour, « particulièrement positifs » pour les femmes, Andrew soutient qu'un facteur clé d'influence demeure, d'abord et avant tout, la mobilisation du mouvement des femmes autour d'une lecture féministe des enjeux locaux, mobilisation qui, sauf au Québec et dans certaines grandes villes canadiennes, se fait cependant encore attendre.

2. Des défis stratégiques et analytiques

Les contributions au présent ouvrage tracent un portrait plutôt sombre des effets sur les femmes de la récente ronde de transformations des politiques publiques au Canada. Un tel constat, qui coïncide par ailleurs avec les conclusions des analystes anglophones sur le sujet, tend à générer des doutes, sinon un réel pessimisme quant à l'existence même de possibilités d'élaboration de stratégies d'action politique féministes effectives dans ce contexte. En effet, le caractère hégémonique, c'est-à-dire largement partagé, de l'idéologie néolibérale et de son pendant néoconservateur chez certains gouvernements provinciaux, tout comme la fermeture des avenues de représentation politique des enjeux de genre et l'affaiblissement de la légitimité politique du mouvement des femmes au niveau fédéral ainsi que dans plusieurs provinces (Jenson et Phillips, 1996), semblent laisser peu d'espace aux espoirs d'institutionnalisation dans les politiques publiques de revendications à la fois progressistes et empreintes d'idéaux d'égalité et d'équité entre les sexes. L'absence, particulièrement notable, d'orientations stratégiques pour l'action politique des femmes dans les écrits féministes canadiens sur le sujet non seulement reflète mais aussi suscite un sentiment d'impuissance mêlé d'un certain fatalisme qui semble – ironiquement – faire écho au fameux « *There is no alternative* » attribué à l'ex-première ministre britannique, Margaret Thatcher.

Cette absence a conduit la directrice de cet ouvrage à inviter les auteures à consentir l'effort supplémentaire de réfléchir aux avenues de changement souhaitables et aux pistes d'action, pour le mouvement des femmes, suggérées par leurs analyses. La manière dont celles-ci ont relevé ce défi révèle l'influence, sur les écrits féministes francophones canadiens, des développements récents dans le champ des théories féministes de l'État, des politiques publiques et des régimes providentiels pour qui, comme le rappelle Bergeron (dans le présent ouvrage), « l'État demeure un lieu de luttes politiques et de représentation politique et sociale ». Les analyses inspirées des révisions féministes des propositions d'Esping-Andersen, de même que celles influencées par des approches plus discursives ou institutionnalistes continuent toutes à mettre l'accent sur le potentiel transformateur des luttes politiques et de l'action collective. « *Politics matter* » : les variations provinciales dans les choix politiques et les modèles privilégiés de restructuration de l'intervention étatique, l'affiliation partisane et l'idéologie des gouvernements au pouvoir, les revirements électoraux, les mobilisations des groupes de femmes et de leurs allié(e)s, les rapports de forces entre acteurs en présence dans les réseaux de politiques publiques ainsi que, plus largement, la nature des relations entre l'État et les organisations de la société civile, tous ces facteurs continuent, selon nos collaboratrices, à faire une différence dans la façon dont les revendications féministes sont reçues et interprétées par les institutions politiques. Pour la plupart des auteures de cet ouvrage, et malgré le caractère difficile de l'action politique féministe dans le présent contexte, il demeure important, pour les femmes et les groupes de femmes, de chercher à influencer l'État et ses politiques.

Les pistes suggérées sont schématiques, certainement exigeantes, et non sans risques. On y retrouve, au premier chef, la poursuite des mobilisations, pressions et demandes des femmes canadiennes pour des politiques qui vont dans le sens d'une plus grande démarchandisation ainsi que d'une défamilisation de l'accès aux ressources nécessaires au bien-être des citoyennes. Une fiscalité plus redistributive (chapitre de Rose) soutenant une intervention de l'État axée sur la formulation de meilleures politiques de conciliation travail-famille (chapitres de Tremblay et de Bergeron), l'élaboration de programmes d'assurances publiques fondés sur l'appartenance citoyenne (chapitre de Michaud) et l'accroissement des services publics de santé, des services sociaux et de maintien à domicile (chapitre de Saillant *et al.*) en constituent les principales propositions. Sur le plan discursif, les principaux enjeux identifiés appellent à des luttes contre-hégémoniques visant à refixer les termes du discours politique sur des objectifs d'égalité et d'équité entre les sexes (chapitre de Bergeron), ainsi qu'à y réintégrer les notions de droits individuels et collectifs et d'obligation étatique envers le bien-être et le maintien de la dignité des membres de la communauté politique (chapitre de Michaud). Un renouveau de la réflexion féministe, suggère Michaud, et surtout une très grande vigilance sont toutefois de rigueur dans cette entreprise. Il faut en effet tenir compte des risques réels que représentent la réarticulation et la perversion éventuelle des revendications et analyses féministes à l'intérieur de discours néolibéraux (chapitre de Michaud) et néoconservateurs (chapitre de Parent et Coderre). En l'absence de véritables alternatives politiques au néolibéralisme et au néoconservatisme ambiants, les auteures restent timides sur le plan des tactiques et des stratégies concrètes. Parmi les rares suggestions, celles d'un investissement des espaces politiques ouverts par les transformations du palier local (chapitre d'Andrew), et l'établissement d'une politique d'alliances et de coalitions faite, notamment, d'un meilleur arrimage des luttes féministes et des luttes syndicales (chapitre de Rose), et du renforcement des convergences, déjà perceptibles à l'échelle internationale, entre revendications féministes et luttes altermondialistes (chapitre de Saillant *et al.*).

L'examen critique des contributions à cet ouvrage suggère également que le développement de schémas interprétatifs et la production d'études de politiques qui rendent adéquatement compte de la diversité que recouvre la catégorie « femmes » demeure un défi à relever par les analystes féministes francophones canadiennes. Comme on le sait, « le genre ne vient jamais seul ». De fait, les rapports sociaux de sexe se combinent aux autres systèmes de différenciation et de hiérarchisation sociales qui structurent, dans leurs similarités et leur diversité, les réalités des femmes au Canada. On trouve des éléments d'une telle problématique dite « des intersections », entre autres, dans le chapitre de Rose, où l'articulation des rapports sociaux de sexe, des arrangements familiaux et des niveaux de revenus (indicateurs de la classe sociale) permet une analyse complexe et nuancée des conséquences sur les femmes des transformations des politiques fiscales ainsi que, par exemple, dans le chapitre de Michaud qui souligne le caractère à la fois genré et racialisé de la notion de dépendance à la base des discours du Workfare. On ne peut que constater toutefois que, même s'il est largement passé dans l'usage en théorie féministe de considérer genre, « race » et ethnicité, orientation sexuelle, classe sociale et statut d'immigration comme intimement interreliés, l'examen de l'inscription de ces intersections dans le discours des politiques, ainsi que dans les effets différenciés de ces dernières sur la vie matérielle des femmes demeure encore marginal dans les travaux en langue française dans le domaine.

Loin de moi l'intention de minimiser les difficultés réelles que représente ce défi analytique. Mais, dans cette perspective, je crois qu'il serait utile aux études féministes des transformations des politiques publiques de tenter de voir, comme le propose Acker, « la classe, la race et le genre [etc.] comme des aspects, reliés entre eux de façon complexe, *des mêmes activités pratiques [et discursives]* plutôt que comme des systèmes autonomes qui se recoupent ». Cela nous permettrait d'en arriver à mettre véritablement en jeu, dans nos analyses, « les femmes » comme une catégorie structurée par de complexes « régimes d'inégalités » (2000 : 205, mes italiques, traduction libre).

Notes

1. J'aimerais personnellement remercier Manon Tremblay, professeure à l'École d'études politiques et directrice du Centre de recherche sur Femmes et politique de l'Université d'Ottawa, pour sa collaboration à l'organisation de la série de conférences d'où ce livre tire ses origines, ainsi que pour avoir bien voulu faire profiter l'entreprise que représente la publication d'un ouvrage collectif tel que celui-ci de son temps et de ses conseils précieux. Mes remerciements également à la Faculté des sciences sociales de l'Université d'Ottawa pour sa contribution financière à la publication.

2. Un troisième facteur explicatif, suggéré par Manon Tremblay (communication personnelle), a trait au fait que les femmes sont encore numériquement minoritaires en science politique au Canada, tout comme parmi les chercheur(e)s de diverses origines disciplinaires qui s'intéressent aux transformations des politiques publiques canadiennes.

Références

ACKER, Joan (2000), « Revisiting Class: Thinking From Gender, Race, and Organizations », *Social Politics,* 7, 2 : 192-214.

ADAMS, Julia et Tasleem Padamsee (2001), « Signs and Regimes: Rereading Feminist Work on Welfare States », *Social Politics,* 8, (été) : 1-23.

BANASZAK, Lee Ann, Karen Beckwith et Dieter Rucht (2003), *Women's Movements Facing the Reconfigured State,* Cambridge, Cambridge University Press.

BAKKER, Isabella (dir.) (1996), *Rethinking Restructuring: Gender and Change in Canada,* Toronto, University of Toronto Press.

BRADFORD, Neil (1999), « The Policy Influence of Economic Ideas: Interests, Institutions and Innovation in Canada », *Studies in Political Economy,* 59 : 17-60.

BRODIE, Janine (dir.) (1996), *Women and Canadian Public Policy,* Toronto, Harcourt Brace.

BRODIE, Janine (1998), « Restructuring and the Politics of Marginalization », dans Manon Tremblay et Caroline Andrew (dir.), *Women and Political Representation in Canada,* Ottawa, Les Presses de l'Université d'Ottawa, p. 19-37.

ESPING-ANDERSEN, Gøsta (1990), *The Three Worlds of Welfare Capitalism,* Cambridge, Polity Press.

EVANS, Patricia M. et Gerda R. Wekerle (1997), « The Shifting Terrain of Women's Welfare: Theory, Discourse and Activism », dans Patricia M. Evans et Gerda R. Wekerle (dir.), *Women and the Canadian Welfare State: Challenges and Change*, Toronto, University of Toronto Press, p. 3-27.

FRASER, Nancy et Linda Gordon (1997), « Decoding "Dependency": Inscriptions of Power in a Keyword of the U.S. Welfare State », dans Mary Lyndon Shanley et Uma Narayan (dir.), *Reconstructing Political Theory. Feminist Perspectives*, University Park, PA, Pennsylvania State University Press, p. 25-47.

JENSON, Jane et Susan D. Phillips (1996), « Regime Shift: New Citizenship Practices in Canada », *International Journal of Canadian Studies*, 14 : 111-135.

LIEN SOCIAL ET POLITIQUES - RIAC (2002), numéro spécial, « Le genre des politiques publiques : des constats et des actions », 47 (printemps).

MASSON, Dominique (1999), « Repenser l'État. Nouvelles perspectives féministes », *Recherches féministes*, 12, 1 : 5-24.

MISRA, Joya et Frances Akins (1998), « The Welfare State and Women: Structure, Agency, and Diversity », *Social Politics*, 5, 3 : 259-285.

O'CONNOR, Julia S., Ann Shola Orloff et Sheila Shaver (1999), *States, Markets, Families. Gender, Liberalism and Social Policy in Australia, Canada, Great Britain and the United States*, Cambridge, Cambridge University Press.

ORLOFF, Ann (1993), « Gender and the Social Rights of Citizenship: The Comparative Analysis of Gender Relations and Welfare States », *American Sociological Review*, 58 : 303-328.

ORLOFF, Ann (1996), « Gender in the welfare state », *Annual Review of Sociology*, 22 : 51-78.

OSTNER, Ilona et Stephan Lessenich (1996), « Droits de citoyenneté sociale, capacité de gain et attaches familiales », dans W. Ablshauser, R. Delorme *et al.* (dir.), *Comparer les systèmes de protection sociale en Europe*, Paris, ministère du Travail et des Affaires sociales, p. 183-202.

SAINSBURY, Diane (2000), « Les droits sociaux des femmes et des hommes », dans Ballmer-Cao, Thanh-Huyen, Véronique Mottier et Lea Sgier (dir.), *Genre et politique. Débats et perspectives*, Paris, Gallimard, p. 233-280.

1

La fiscalité néolibérale a-t-elle un genre ?

Ruth Rose
Département de sciences économiques
Université du Québec à Montréal

Introduction

Ce texte vise à analyser l'impact sur les femmes du néolibéralisme dans la fiscalité au Canada. Nous utiliserons le mot « fiscalité » pour désigner non seulement les taxes et impôts par lesquels l'État se finance, mais aussi les programmes de sécurité du revenu dont certains, de plus en plus nombreux, sont administrés par le biais du régime d'impôt sur le revenu des particuliers. En fait, on peut voir le régime fiscal et les programmes de sécurité du revenu comme un continuum sur lequel certains individus reçoivent davantage de l'État que ce qu'ils lui en donnent et d'autres contribuent davantage aux coffres de l'État que ce qu'ils en reçoivent. Dans le deuxième cas, on peut parler d'un genre d'impôt négatif. Plus largement, la fiscalité sert à financer l'ensemble des programmes étatiques. Donc, le niveau global de taxation détermine dans quelle mesure l'État peut fournir des services, redistribuer des revenus et intervenir pour assurer le bon fonctionnement de l'économie, toutes questions qui intéressent hautement les femmes.

Les femmes se retrouvent dans la fiscalité à divers titres : en tant que contribuables, en tant que « dépendantes d'un conjoint », en tant que responsables d'enfants, en tant que bénéficiaires de certains abris fiscaux et en tant que bénéficiaires des mesures d'assistance administrées par le biais du régime d'impôt sur le revenu des particuliers. Comme citoyennes et comme utilisatrices des services publics, elles sont aussi directement affectées lorsque les gouvernements coupent ces services afin de réduire les impôts. Finalement, considérés ensemble, la fiscalité et les programmes de sécurité du revenu reflètent les attitudes des gouvernements et de la société à l'égard de la participation des femmes au marché du travail.

L'idéologie néolibérale qui guide actuellement les politiques publiques au Canada, comme presque partout au monde, préconise une réduction du rôle de l'État. Les réductions d'impôts que promettent presque tous les partis politiques bénéficient surtout aux corporations et aux particuliers à revenu élevé, pas du tout aux plus pauvres et très peu à la classe moyenne qui est, pourtant, le groupe que les partis politiques cherchent à séduire par ce genre de politique. De plus, les réductions d'impôts entraînent nécessairement une diminution de la capacité qu'ont des gouvernements d'agir afin de protéger la population contre les méfaits d'un marché voué à la recherche des meilleurs profits pour quelques-uns.

Ce retour vers un capitalisme sauvage fragilise le progrès des femmes vers l'autonomie financière et l'égalité économique par rapport aux hommes. En regard de la fiscalité canadienne, le néolibéralisme se manifeste d'au moins cinq façons qui touchent particulièrement les femmes. Premièrement, en se basant sur le principe que l'on doit recourir aux ressources familiales avant de recevoir une aide étatique, on renforce la dépendance des femmes envers leur conjoint parce qu'on permet aux conjoints de s'approprier les avantages fiscaux non utilisés par les femmes[1]. Deuxièmement, on remplace de plus en plus des mesures universelles par des mesures sélectives ciblant les ménages pauvres. Ces deux tendances signifient que les femmes ne peuvent accéder directement – c'est-à-dire sur une base individuelle – à des programmes parce que l'admissibilité est plutôt basée sur le revenu familial et donc en tout ou en partie sur le revenu de leur conjoint. Leur situation économique continue donc d'être liée à leur statut marital. Troisièmement, à mesure que les gouvernements coupent dans les services publics, notamment dans le secteur du maintien à domicile des personnes âgées en perte d'autonomie, ils créent de nouvelles mesures fiscales afin d'encourager les familles à prendre en charge cette responsabilité. Par conséquent, il arrive souvent que la femme quitte son emploi pour s'occuper d'un parent, un beau-parent ou un conjoint malade ou invalide, ce qui permet à son conjoint de bénéficier d'un avantage fiscal. Quatrièmement, les régimes fiscaux deviennent de plus en plus régressifs, c'est-à-dire que les taux de taxation sont plus élevés pour les pauvres et la classe moyenne que pour les nantis. En même temps, on sabre dans les programmes destinés aux pauvres. Par conséquent, il y a de moins en moins de redistribution du revenu, non seulement des riches vers les pauvres, mais aussi des personnes sans enfants vers les familles avec enfants. Cinquièmement, on a remanié le régime fiscal et les programmes de sécurité du revenu de façon à concentrer l'aide étatique sur les ménages où le chef travaille mais gagne un faible salaire, plutôt que sur les bénéficiaires de l'aide sociale. Ce genre de politique a pour objectif de maintenir un bassin de main-d'œuvre à faible salaire pour les entreprises, une main-d'œuvre largement féminine.

Deux axes théoriques inspirent l'analyse présentée ici : tout d'abord, la catégorisation d'Esping-Andersen (1990) des trois régimes d'État-providence – soit social-démocrate, conservateur et libéral, et ensuite la question de la place du genre dans ces États-providence (Sainsbury, 1994). Après avoir développé un schéma d'analyse des différentes approches concernant les questions de la fiscalité et du soutien du revenu selon le type d'État-providence, le rapport différent des femmes et des hommes à ces régimes ainsi qu'au marché du travail sera examiné. Nous tenterons de démontrer que c'est seulement dans un État-providence social-démocrate que les femmes peuvent atteindre une réelle autonomie financière. Dans un état de type conservateur, leur sort continue d'être intimement lié à leur statut marital même si le soutien aux mères monoparentales et, plus largement, aux familles avec enfants est relativement généreux. Quant aux États-providence libéraux, le statut marital, c'est-à-dire la présence d'un homme et son salaire, y est encore plus important puisque les programmes sociaux sont quasi inexistants ou de très piètre qualité. Parmi les pays industrialisés, c'est dans ce genre de régime que l'on retrouve les taux de pauvreté les plus élevés pour les femmes et les enfants (Gauthier, 1998).

Une esquisse de l'évolution historique de certains éléments du régime fiscal et des programmes de sécurité du revenu au Canada au cours du XXe siècle permettra ensuite d'identifier les périodes pendant lesquelles on s'est rapproché d'un modèle social-démocrate et celles où, au contraire, on s'est plutôt inspiré du modèle libéral exemplifié par les États-Unis. L'analyse se terminera avec un examen des tendances récentes et de leur impact sur les femmes qui continuent d'assumer la majeure partie des travaux ménagers et des soins aux personnes à l'intérieur de la famille, tout en étant de plus en plus présentes sur le marché du travail.

1.   Le genre dans l'État-providence – Trois types d'État-providence

Dans son œuvre de 1990, *The Three Worlds of Welfare Capitalism,* Esping-Andersen propose une classification des États-providence en trois groupes : libéral, conservateur et social-démocrate. Selon lui, l'État-providence est fondé sur l'établissement de droits sociaux inviolables, conçus sur un pied d'égalité juridique et pratique avec les droits de propriété et accordés sur la base de la citoyenneté, et non pas de la performance. Ces droits servent à « démarchandiser » (« decommodify » en anglais) le statut des individus vis-à-vis du marché. Selon Esping-Andersen , « la démarchandisation se produit lorsqu'un service est offert comme un droit, et lorsqu'une personne peut atteindre un niveau de vie décent sans être dépendant du marché[2] » (Esping-Andersen, 1990 : 21-22). Conjointement avec le type de droits sociaux que confère un État-providence, l'on doit aussi tenir compte de l'interaction entre les activités étatiques et les rôles du marché et de la famille dans la réponse aux besoins sociaux (Esping-Andersen, 1990 : 21). Comme nous allons le voir, la démarchandisation du travail est particulièrement importante pour les femmes dont une grande partie des activités économiques s'effectue en dehors du marché et sans rémunération. D'ailleurs, Esping-Andersen (1990 : 23) mentionne qu'un des indices importants de la démarchandisation est l'existence de congés de maternité et parentaux assortis de bénéfices généreux.

D'après Esping-Andersen, les définitions des trois types d'État-providence sont liées à leurs origines historiques et aux alliances politiques et sociales qui les ont créés, ainsi qu'à la philosophie d'intervention publique qui sous-tend les mesures mises en place. Un État-providence libéral, comme celui des États-Unis, du Canada ou de l'Australie, recourt surtout à des mesures ciblant les pauvres[3], accompagnées de modestes régimes d'assurance sociale ou de transferts universels. Les États-providence conservateurs, comme l'Allemagne, l'Autriche, la France ou l'Italie, ont leurs origines dans la création de privilèges pour une élite de fonctionnaires. Ces privilèges ont été étendus plus tard à d'autres classes sociales, en grande partie afin de prévenir la contestation sociale et maintenir en place les classes sociales et les différences de statut. Finalement, les États-providence sociaux-démocrates, qui regroupent les pays scandinaves, s'appuient principalement sur des mesures universalistes relativement généreuses et doivent leur stabilité politique à une alliance entre la classe ouvrière, les agriculteurs (traditionnellement conservateurs sur le plan politique) et la classe moyenne.

1.1. *Une catégorisation des États-providence selon la place accordée aux femmes*

Récemment, un grand nombre d'analyses féministes ont questionné le fonctionnement des États-providence du point de vue des femmes (Lewis, 1993; Sainsbury, 1994; Pascall, 1997; Evans et Wekerle, 1997; Hobson et Berggren, 1997; Boyd, 1997). Il est utile de distinguer ici deux dimensions d'une analyse visant à identifier le degré auquel un ensemble de politiques sociales répondent aux besoins des femmes : le niveau d'engagement de l'État dans l'ensemble de l'économie, d'une part, et le type de mesure utilisé, d'autre part.

Alors que le rapport des hommes à l'économie et aux divers éléments de l'État-providence est défini principalement par leur participation au marché du travail, celui des femmes est coloré par le fait qu'elles continuent d'assumer la plus grande part des responsabilités familiales : éducation et soins des enfants, soins aux adultes en perte d'autonomie et travail ménager. Partant de la classification d'Esping-

Andersen qui, rappelons-le, a souligné l'importance des rôles familiaux, Siaroff (1994) a affiné cette typologie en fonction de trois critères : « l'orientation vers le bien-être familial », le sexe du parent qui reçoit les bénéfices familiaux et la « désirabilité du travail des femmes ». L'orientation vers le bien-être familial (*family welfare orientation*) est mesurée par le niveau des dépenses de sécurité sociale, le niveau des dépenses dirigées spécifiquement vers les familles, le degré d'investissement dans des services de garde et des congés parentaux. La désirabilité du travail des femmes (*female work desirability*) est mesurée par le ratio femmes-hommes en ce qui concerne les salaires, le nombre de personnes travaillant comme gestionnaires, le nombre de personnes effectuant des études postsecondaires, la participation au marché du travail et les taux de chômage.

Siaroff[4] (1994) identifie cinq pays scandinaves caractérisés à la fois par un niveau élevé des dépenses dans le domaine du bien-être familial, un indice élevé de désirabilité du travail des femmes et le fait que les femmes soient les bénéficiaires des prestations familiales. Il s'agit de la Suède, la Finlande, le Danemark, la Norvège et l'Islande (quoique ce dernier pays soit caractérisé par un niveau plus modeste de dépenses au chapitre du bien-être familial). Tous ces pays sont des États-providence de type social-démocrate selon la caractérisation d'Esping-Andersen.

Six pays, que l'on peut caractériser comme des États-providence de type conservateur, ont un indice élevé de dépenses dans le domaine du bien-être familial. Toutefois, la Belgique et la France ont un niveau de dépenses nettement supérieur aux quatre autres, soit le Luxembourg, les Pays-Bas, l'Autriche et l'Allemagne. Dans tous ces pays, une grande partie ou même la totalité des avantages familiaux sont versés aux pères et l'indice de désirabilité du travail des femmes est plutôt faible.

À l'opposé du groupe conservateur sur les deux échelles, l'on retrouve des États-providence libéraux, soit cinq pays anglo-saxons : le Royaume-Uni, la Nouvelle-Zélande, le Canada, les États-Unis et l'Australie. Alors que le statut des femmes sur le marché du travail est relativement élevé dans ces pays, il y a peu de dépenses dirigées vers le bien-être et les familles, mais les bénéfices qui existent sont versés principalement aux femmes.

Complétant l'analyse, l'on retrouve sept autres pays (l'Irlande, le Portugal, la Grèce, l'Espagne, l'Italie, la Suisse et le Japon) qui accordent peu de place aux femmes sur le marché du travail et, en même temps, dépensent peu pour le bien-être familial. De plus, la plupart des bénéfices familiaux existants sont versés aux hommes. Au fond, ces pays ont peu développé la dimension providentielle de leur structure sociale et économique et ils demeurent conservateurs en ce qui concerne la place des femmes sur le marché du travail et leur rôle familial.

1.2. Le type de mesure visant à assurer la sécurité du revenu selon le genre

Une autre dimension importante de l'analyse du rapport des femmes à l'État-providence a trait, d'une part, à la nature des bénéfices et, d'autre part, à l'importance que l'on accorde à la famille pour assurer la sécurité financière des femmes et des enfants et pour fournir des soins aux personnes. Tous les États-providence fondent leur système de sécurité du revenu sur des régimes d'assurance conçus pour assurer la continuité du revenu des hommes lorsque ceux-ci ne sont pas en mesure de travailler. Les prestations, relativement généreuses, sont déterminées selon le montant et la durée des cotisations antérieures et sont considérées, en conséquence, comme un droit. Alors que les États libéraux mettent plus d'accent sur des assurances privées, les États conservateurs et sociaux-démocrates recourent davantage à des assurances publiques ou semi-publiques[5].

Dans tous les pays, la sécurité financière des femmes a d'abord été liée à leur statut marital : historiquement, on préconisait des « salaires familiaux » pour les hommes pour que ceux-ci soient capables de subvenir aux besoins d'une conjointe et des enfants, alors que l'on considérait qu'il était normal pour une femme de rester au foyer. En conséquence, les régimes d'assurance offrent des rentes de veuves (devenues plus récemment des rentes de conjoint survivant afin d'éliminer un terme sexué et pour rendre des veufs admissibles, même si les femmes en demeurent les principales bénéficiaires). Les rentes de conjoint survivant sont moins généreuses que les prestations payées aux cotisants avant leur décès (très majoritairement des hommes) mais généralement plus élevées que les prestations d'aide sociale. De plus, ces rentes ne sont pas récupérées par l'État[6], lorsque le ou la bénéficiaire gagne d'autres revenus et elles sont associées à un statut social acceptable, ce qui n'est pas le cas de l'assistance sociale, par exemple. Les régimes fiscaux, également, ont été conçus en fonction de l'unité familiale, accordant aux hommes une exemption additionnelle pour leur conjointe au foyer et, dans certains cas, pour les enfants.

Là où les pays diffèrent, c'est dans la conception de la sécurité du revenu pour les femmes qui ont rompu avec leur rôle traditionnel dans la famille patriarcale. Historiquement, dans les États-providence libéraux, les mères célibataires ou divorcées – ou les femmes célibataires sans emploi, notamment les plus âgées – devaient recourir aux programmes d'assistance qui non seulement accordaient des bénéfices piètres, mais étaient aussi assortis d'un contrôle des mœurs des femmes (Guest, 1993 : 92). Aujourd'hui, on n'invoque pas la « bonne réputation » explicitement, mais l'on vérifie qu'il n'y ait pas d'homme présent pour assumer le soutien de la femme et de ses enfants.

Il est aussi significatif qu'à mesure que la participation des femmes au marché du travail soit devenue « normale » dans les États libéraux, les programmes d'assistance sociale aient été remis en cause. Les bénéfices ont été diminués et on a instauré de nouvelles restrictions sur l'accessibilité de façon à forcer les femmes à s'intégrer au marché du travail ou à y rester lorsqu'elles y étaient déjà. Les mesures adoptées aux États-Unis par le gouvernement Clinton dans le cadre du nouveau *Personal Responsibility and Work Opportunity Reconciliation Act of 1996* (Greenberg and Savner, 1996) restreignant le droit à l'assistance à deux ans par période d'admissibilité et à cinq ans au cours de toute une vie, ainsi que les coupures à répétition dans les programmes canadiens d'aide sociale (Conseil national du bien-être social, 1997) illustrent cette tendance. En d'autres mots, l'indice élevé de la « désirabilité du travail des femmes » qu'a trouvé Siaroff (1994) pour les États libéraux n'est pas innocent.

Dans les États conservateurs, notamment les Pays-Bas (Bussemaker et van Kersbergen, 1994), on a plutôt étendu le principe de démarchandisation aux mères sans conjoint en fournissant des prestations sociales généreuses, à caractère universel ou avec test de revenus. Le recours à ces programmes est peu stigmatisant sur le plan du statut social, notamment quand les enfants sont jeunes. La France aussi a développé un système complexe mais relativement généreux de mesures de soutien au revenu pour les familles nombreuses et les mères monoparentales (Lefaucheur, 1995).

Dans les États-providence sociaux-démocrates, on a aussi opté pour l'intégration des femmes au marché du travail, ce qui leur donne accès aux programmes de sécurité du revenu conçus d'abord pour les hommes, soit les assurances publiques. On ajoute cependant à ces mécanismes des allocations familiales universelles pour tenir compte des coûts des enfants, des programmes généreux de congés parentaux comme composante à part entière des assurances publiques, et des services publics de bonne qualité en ce qui concerne les soins aux enfants (services de garde) et aux adultes nécessitant des soins (programmes de maintien à domicile ou résidences offrant des soins de longue durée). En même temps, les régimes d'assistance fondés sur un test de revenus prennent peu de place et mettent surtout l'accent sur l'aide au logement sans porter atteinte au lien avec le marché du travail. On cherche à rendre les femmes réellement autonomes par rapport aux hommes.

C'est une approche à double tranchant cependant. Par exemple, en Suède on a aussi presque éliminé les rentes de conjoint survivant sauf pour des mesures à durée limitée (six mois ou jusqu'à ce que le plus jeune enfant ait atteint l'âge de 12 ans) ou comprenant un test de revenus (Försäkringskassan, 2001). Des débats sociétaux approfondis ont mené à la conclusion que seuls des hommes riches peuvent se permettre de soutenir une femme au foyer. En conséquence, la Suède a choisi de créer de généreux programmes pour le soutien des enfants, les vrais dépendants, et, par ailleurs, d'œuvrer pour que les femmes puissent gagner leur vie convenablement elles-mêmes (Winkler, 1996).

Cette approche semble donner de bons résultats en matière de réduction autant des inégalités entre les hommes et les femmes que de la pauvreté des femmes et des enfants (Smeeding *et al.*, 2000). Cependant, elle repose sur une politique de plein emploi et une politique de réduction des écarts de salaire pour tout le monde et pas seulement pour les femmes. Dans la mesure où ces deux conditions ne sont pas remplies et où les femmes ne trouvent pas un emploi avec un salaire décent, l'élimination des mesures traditionnelles qui leur donnait accès, de façon indirecte, aux revenus des hommes risque de les laisser doublement démunies (Pressman, 2000).

2.   Le Canada : un État libéral qui a flirté avec la social-démocratie

Dans le schéma d'Esping-Andersen, le Canada est classé comme un État-providence libéral, ce qui est peu surprenant étant donné que son approche en matière de sécurité du revenu s'est inspirée d'abord de celle de la Grande-Bretagne et ensuite de celle des États-Unis. Néanmoins, ses liens avec l'Europe font en sorte qu'il est plus proche des modèles conservateurs et sociaux-démocrates que son voisin du Sud. Le Québec, en particulier, est l'émule de la France dans un grand nombre de ses programmes sociaux et, dans un curieux mélange, on peut retrouver des éléments des trois types d'État-providence dans cette province. Après un survol du développement historique de l'État-providence au Canada afin de mieux situer les tendances récentes, nous examinerons de plus près la place spécifique des femmes. Étant donné le partage des compétences entre les gouvernements fédéral et provinciaux en matière de soutien du revenu et de la fiscalité, il est impossible de comprendre ce qui se passe au Canada sans regarder les politiques provinciales en plus des programmes fédéraux. Parce que le Québec est la seule des provinces qui a son propre régime fiscal, distinct du régime fédéral, et parce qu'il a été innovateur à plusieurs égards dans les programmes sociaux, notamment en ce qui concerne la politique familiale, nous illustrerons nos propos avec des exemples provenant principalement de cette province.

2.1 La création, la consolidation et la remise en cause de l'État-providence

Comme partout dans les pays industrialisés, les premiers éléments de l'État-providence canadien apparaissent à la fin du XIXᵉ siècle avec la création d'écoles gratuites dans certaines provinces à partir de 1852, la *Loi des unions ouvrières* de 1872 (qui reconnaît la légalité des syndicats et leur accorde certains droits) et l'adoption de lois sur les établissements industriels qui restreignent les heures de travail ainsi que le travail des enfants, tout en prévoyant certaines mesures de prévention des accidents du travail. Ce sont les lois sur l'indemnisation des accidents du travail (adoptées au Québec en 1909 et en Ontario en 1914) qui constituent les premiers éléments des régimes de sécurité du revenu modernes (Guest, 1993 : chap. 3 et 4).

Cependant, c'est surtout au cours des années 1930, dans le contexte de la Grande Dépression, ainsi que pendant la Deuxième Guerre mondiale, que sont établies les véritables assises de l'État-providence. C'est alors qu'ont été créés les premiers régimes publics de pensions[7], les premiers programmes permanents d'aide sociale, l'assurance-chômage, les allocations familiales, les régimes actuels d'impôt sur le revenu, les lois sur le salaire minimum et sur l'obligation des employeurs à négocier avec un syndicat reconnu.

Après la guerre et jusque dans les années 1960, il y eut une expansion lente de l'État-providence au Canada avec, par exemple, une amélioration des programmes de la sécurité de la vieillesse en 1951, la création de l'assistance-chômage en 1957, une loi sur l'assurance-hospitalisation en 1958, des subventions directes aux universités à partir de 1951, ainsi que la construction de logements sociaux (Guest, 1994 : chap. 9).

Entre 1960 et 1975, l'État-providence a été consolidé au Canada. C'est l'époque où on s'est rapproché le plus du modèle social-démocrate. Parmi les mesures adoptées, notons (Guest, 1993 : chap. 10 et 11) :

- la consolidation du régime de retraite public en 1965 avec la création du Régime de pensions du Canada (RPC) et du Régime des rentes du Québec (RRQ), la Pension de sécurité de la vieillesse et le Supplément de revenu garanti;

- la création en 1966 du Régime d'assistance publique du Canada (RAPC)[8] qui a eu pour effet d'intégrer un ensemble de régimes catégoriels d'assistance sociale, avec la condition que toutes les personnes dans le besoin devaient être admissibles, quelle que soit la raison du besoin. Ce régime marque aussi le début d'un financement étatique et récurrent des services de garde;
- la création d'un programme fédéral de partage des coûts de l'enseignement postsecondaire;
- la création d'un régime universel d'assurance-santé en complément au régime d'assurance-hospitalisation;
- une réforme majeure du régime d'assurance-chômage en 1971 qui a eu pour effet de le rendre plus généreux, d'accroître sa couverture et d'augmenter le nombre de personnes admissibles. En même temps, le gouvernement fédéral introduisait les premières prestations de maternité;
- une hausse majeure des allocations familiales universelles en 1974.

Dès 1975, cependant, les gouvernements ont commencé à questionner cet élan progressiste et on voit apparaître les premières politiques relevant d'une optique néolibérale. Au cours des 25 années suivantes, les programmes publics d'assurance et d'assistance ont été progressivement érodés et une bonne partie des régimes universels, notamment les allocations familiales et la pension de sécurité de la vieillesse, ont été remplacés par des régimes d'assistance de moins en moins généreux. Certains éléments des services de santé ont été privatisés. Grâce à la résistance de la population, notamment des personnes âgées, plusieurs de ces tentatives de désengagement de l'État se sont soldées, cependant, par un échec ou par des coupures de moindre envergure que celles envisagées au départ.

Aujourd'hui, le régime d'assurance-emploi n'est qu'un pâle reflet de ce qu'il était en 1971. Il n'existe plus aucune mesure universelle pour les enfants (sauf un crédit d'impôt non remboursable au Québec). Les coupures dans les transferts fédéraux aux provinces, ainsi que l'adhésion de ces dernières à des préceptes néolibéraux, ont donné lieu à une érosion majeure des régimes d'assistance sociale et des services de santé. Dans certaines provinces, ces coupures ont mis en cause le financement public des services de garde, alors que dans d'autres, notamment au Québec et en Colombie-Britannique, les gouvernements provinciaux ont choisi au contraire d'investir dans ces services (Childcare Resource And Research Unit, 2000 : 122). Cependant, il y a lieu de craindre que leur véritable objectif ne soit de forcer les mères monoparentales à quitter l'aide sociale. Au Québec, par exemple, la mise sur pied de la politique des services de garde à 5 $ par jour a été accompagnée par la décision de considérer aptes et disponibles au travail les mères assistées sociales dès que leur plus jeune enfant atteint l'âge de deux ans. Auparavant, elles étaient exonérées de l'obligation de chercher un emploi ou de participer à une mesure d'employabilité et recevaient un supplément d'environ 100 $ par mois, jusqu'à ce que leur plus jeune enfant atteigne l'âge de la première année scolaire[9].

3. Les femmes et la fiscalité

Dans l'introduction, nous avons identifié cinq éléments de la fiscalité canadienne qui permettent de cerner l'orientation politique à l'égard des femmes et des enfants. Alors que le premier élément date de la création du régime fiscal, les quatre autres reflètent le virage néolibéral qui s'amorce en 1975. Comme nous allons le voir, ces cinq éléments sont interreliés et contribuent à un projet de société où l'État prend de moins en moins de place, renvoyant ainsi les individus à leurs propres ressources et à celles de leur famille. Pour une femme, cela signifie ou bien trouver un mari prêt à la soutenir financièrement, ou bien se débrouiller sur le marché du travail. En même temps, le néolibéralisme contribue à éroder les conditions de travail et les salaires de la vaste majorité des travailleuses et travailleurs, rendant de plus en plus difficile l'une ou l'autre des options. Examinons maintenant chacun de ces éléments.

3.1. Traiter les femmes comme dépendantes

Les régimes fiscaux canadien et québécois sont basés sur l'individu : normalement les conjoints remplissent deux formulaires d'impôt distincts.

Cependant, lorsqu'un des conjoints n'a que peu, ou encore pas, de revenus, le régime lui permet de transférer à l'autre conjoint certains crédits non remboursables. De plus, la plupart des crédits et prestations ciblant les pauvres – crédits remboursables pour la taxe de vente ou pour l'impôt foncier, prestations pour enfants au fédéral et allocations familiales du Québec, Supplément de revenu garanti pour les personnes âgées, etc. – sont basés sur le revenu familial, ce qui implique qu'un contribuable doit tenir compte du revenu de son conjoint ou sa conjointe pour déterminer son admissibilité à ces crédits ou prestations.

Notons que pour bénéficier d'un crédit non remboursable (ou une déduction, ou une exemption), par opposition à un crédit remboursable, il faut disposer de suffisamment de revenus pour être appelé à payer des impôts parce que ce genre de mesure ne fait que réduire les impôts à payer[10]. Donc, au lieu d'aider directement une personne ayant peu ou pas de revenus, un crédit non remboursable donne un avantage au contribuable qui accepte de « prendre en charge » cette personne. Le fait que le Canada accorde un crédit non remboursable pour personne mariée et qu'il permet le transfert d'autres crédits entre conjoints signifie qu'il est toujours considéré comme normal qu'un certain nombre de femmes restent au foyer et demeurent dépendantes de leur conjoint. Par ailleurs, ce genre de mesure a été critiqué par plusieurs parce qu'il rend plus difficile l'intégration des femmes au marché du travail : elles sont, à toutes fins pratiques, taxées au taux marginal d'imposition de leur conjoint sur environ les premiers 10 000 $ de leurs gains (Young, 2000 : 61).

En 1999, 63 % des contribuables canadiens qui ont réclamé un crédit non remboursable pour leur conjoint ou l'équivalent étaient des hommes (Agence des douanes et du revenu du Canada, 2001 : tableau 4). Cependant, cette ligne dans les Statistiques sur le revenu confond le montant pour conjoint avec celui pour l'équivalent d'un conjoint qui est généralement réclamé par les responsables de famille monoparentale, dont environ 85 % sont des femmes. Un calcul approximatif suggère que chez les couples, ce sont les hommes qui réclament le montant pour conjoint dans 80 à 90 % des cas. Dans le cas du poste « montants transférés d'un conjoint », 80,2 % des personnes qui réclament ces avantages sont des hommes (Agence des douanes et du revenu du Canada, 2001 : tableau 4).

De même, au Québec, où les statistiques fiscales distinguent les montants pour conjoint et ceux pour les responsables de famille monoparentale, les hommes représentent 87 % des personnes qui réclament le montant pour conjoint (ministère des Finances et ministère du Revenu, 1999 : 81).

Au Canada, l'exemption ou crédit non remboursable pour personne mariée a peu changé depuis la création du régime d'impôt en 1917 (Young, 2000 : 60). Cependant, en 1998 au Québec, la mesure analogue a été renforcée par la mise en place d'un montant forfaitaire de 2 350 $ qui remplace une trentaine de déductions et crédits non remboursables (ministère des Finances, 1997 : 15). Si un contribuable veut réclamer à la fois le montant de base et le montant forfaitaire pour son conjoint, il doit utiliser le régime d'impôt simplifié et réclamer le montant forfaitaire pour lui-même aussi. Cette innovation a suivi d'une année la réforme de la politique familiale qui a aboli les allocations de naissance et pour jeunes enfants, allocations qui étaient versées aux mères dans la vaste majorité des cas. Elle a eu pour effet de rétablir, dans une certaine mesure, le revenu disponible des familles ayant de jeunes enfants et une mère au foyer, mais aux dépens des mères et au profit des pères.

3.2. Le remplacement des mesures universelles par des mesures ciblant les ménages pauvres

Deux séries de réformes illustrent la tendance à remplacer des mesures universelles par des mesures destinées aux pauvres : l'abolition progressive des allocations familiales fédérales entre 1979 et 1993, d'une part, et les tentatives de mettre un terme au caractère universel de la Pension de sécurité de la vieillesse entre 1984 et 1997, d'autre part.

a)   Les allocations familiales

Le Canada a créé des allocations familiales universelles en 1945, à la fin de la guerre. Ces allocations visaient à combler les salaires des travailleurs non qualifiés, dont les montants avaient été gelés pendant la guerre. Dans un contexte où de nombreuses femmes devaient quitter l'emploi occupé pendant la guerre afin de laisser la place aux hommes, les allocations familiales servaient à assurer l'entretien des enfants

(Vaillancourt, 1988 : 364-366; Guest, 1993 : 184-186). Malgré les tentatives de Duplessis, alors premier ministre du Québec, de faire verser les allocations familiales aux pères de famille dans cette province, les efforts de Thérèse Casgrain ont finalement conduit au paiement des allocations familiales aux mères québécoises, comme partout ailleurs au Canada (Vaillancourt, 1988 : 368).

Ce n'est qu'en 1974, dans le contexte d'une flambée d'inflation provoquée par la crise du pétrole, que les allocations familiales ont été bonifiées de façon significative (Guest, 1993 : 253).

Cinq ans plus tard, alors que les premiers signes d'un virage vers le néolibéralisme apparaissent, le gouvernement fédéral commence à remplacer une partie des allocations universelles et des exemptions pour enfants par un crédit d'impôt remboursable, ciblant les pauvres (Guest, 1993 : 270-271). Cette initiative s'est soldée en 1993 par la disparition complète des allocations familiales et des exemptions fiscales pour enfants au profit de la Prestation fiscale canadienne pour enfants, une mesure d'assistance.

Globalement, mes analyses démontrent que la création de la Prestation fiscale canadienne pour enfants a eu pour effet de réduire de façon significative les montants reçus par les familles disposant de revenus supérieurs à environ 30 000 $. Ce sont surtout les pères qui ont perdu les exemptions pour enfants, alors que les mères ont troqué des allocations universelles pour des prestations basées sur le revenu familial. Celles dont le revenu familial était supérieur à environ 50 000 $ ainsi que les bénéficiaires de l'aide sociale ont perdu le plus (Rose, 1998a : 101).

b)   La Pension de sécurité de la vieillesse

La Pension de sécurité de la vieillesse était la composante universelle du régime public de retraite jusqu'en 1989. Combinée au Supplément de revenu garanti, elle assurait en l'an 2001 un revenu minimum garanti de 11 328 $ pour une personne seule de plus de 65 ans, et de 18 367 $ pour un couple âgé (SSQ, 2001). À partir de 1984, le gouvernement fédéral, les conservateurs d'abord et les libéraux par la suite, ont essayé d'éliminer le caractère universel de la Pension de sécurité de la vieillesse et de réduire les montants attribués aux individus et aux couples de la classe moyenne. Chaque fois, le gouvernement promettait de protéger les personnes âgées pauvres qui sont, rappelons-le, très majoritairement des femmes vivant seules. Cependant, l'histoire récente démontre qu'après que les gouvernements aient coupé le soutien au revenu de la classe moyenne, sous prétexte de vouloir concentrer les ressources sur les plus pauvres, ils procèdent à de nouvelles ponctions sur les ménages à faible revenu aussi. En utilisant cette stratégie de gruger à la marge d'abord la classe moyenne, et ensuite la classe pauvre, ils minent aussi la solidarité sociale et le consensus politique nécessaire pour maintenir un État-providence interventionniste.

Dans le cadre de la lutte contre l'inflation, le gouvernement libéral de Trudeau a limité la hausse de la Pension de sécurité de la vieillesse à 6 % en 1984, et à 5 % en 1985. Cependant, le Supplément de revenu garanti a été pleinement indexé et a même été augmenté du même montant que la coupure dans la Pension de sécurité de la vieillesse. Donc, les plus pauvres n'ont pas été touchés, mais les personnes retraitées de la classe moyenne ont perdu un peu.

En janvier 1985, le ministre de la Santé nationale et du Bien-être social, Jake Epp, a publié un document d'étude dans lequel il affirme, au nom du gouvernement, que « le principe de l'universalité est l'élément fondamental de notre filet de sécurité sociale. Son intégrité ne doit pas être remise en question et elle ne le sera pas » (gouvernement du Canada, 1985 : 5). Malgré ces belles paroles, ce document propose une nouvelle réduction des allocations familiales universelles, mesure qui, lorsque mise en vigueur, a nui surtout aux familles de la classe moyenne. Le document traite aussi explicitement des prestations pour personnes âgées, mais recommande de ne pas les modifier (gouvernement du Canada, 1985 : 11). Cependant, lors de la présentation de son budget, le ministre des Finances du gouvernement conservateur, Michael Wilson, a annoncé la non-indexation pour les premiers 3 % d'inflation de l'ensemble du régime fiscal ainsi que des allocations familiales et de la Pension de sécurité de la vieillesse. Face à l'opposition unanime des personnes âgées, Wilson a reculé sur la Pension de sécurité de la vieillesse, mais pas sur les allocations familiales qui ont poursuivi leur déclin (CNBES, 1989 : 6).

Quatre ans plus tard, le gouvernement conservateur est revenu à la charge, annonçant qu'à partir de 1989, la Pension de sécurité de la vieillesse et les allocations familiales doivent être remboursées en partie ou en totalité par les contribuables ayant un revenu supérieur à 50 000 $, ce seuil étant également assujetti à la non-indexation pour le premier 3 % d'inflation. C'était la fin de l'universalité. Cependant, la vaste majorité des personnes âgées continuent de toucher la Pension de sécurité de la vieillesse parce que le seuil de revenus à partir duquel un remboursement est exigé est relativement élevé. Un simple calcul montre cependant que si l'inflation se maintient au dessus de 3 % par année, 10 ans plus tard ce seuil aura perdu 25 % de sa valeur, et au bout de 22 ans, la moitié[11]. Donc, chaque année, un plus grand nombre de personnes âgées perdent une partie ou la totalité de cette prestation. De plus, à partir de 1994, le crédit d'impôt non remboursable en raison de l'âge, universel auparavant, a été récupéré par l'État fédéral à partir d'un revenu de 25 921 $ pour disparaître complètement à partir d'un revenu d'environ 40 000 $[12]. Là aussi, la désindexation faisait croître le nombre de contribuables de la classe moyenne touchés par cette coupure année après année.

Impatient, Paul Martin, ministre des Finances dans un gouvernement libéral revenu au pouvoir, a annoncé en 1996 qu'il allait remplacer la Pension de sécurité de la vieillesse, le Supplément de revenu garanti et le crédit en raison de l'âge par une seule « Prestation aux aîné(e)s » non imposable (gouvernement du Canada, 1996a). Une partie de cette prestation aurait été récupérée par le fédéral à un taux de 50 % à partir d'un revenu individuel d'environ 10 000 $ pour les personnes seules et d'un revenu familial d'environ 17 000 $ pour les couples, comme c'était déjà le cas avec le Supplément de revenu garanti. Cependant, l'autre partie de cette prestation – l'équivalent de la Pension de sécurité de la vieillesse – devait être récupérée à un taux de 20 % à partir d'un **revenu familial** de 25 921 $. Cette mesure comportait donc trois coupures. Premièrement, le seuil de récupération de la Pension de sécurité de la vieillesse aurait été coupé de moitié, le gouvernement n'étant pas prêt à attendre 22 années encore pour que l'inflation donne le même résultat. Deuxièmement, le taux de récupération devait augmenter de 15 à 20 %. Troisièmement, la récupération de la prestation pour aîné(e)s devait s'appliquer sur la base du revenu familial, plutôt que sur le revenu individuel, comme c'est le cas pour la Pension de sécurité de la vieillesse.

Le groupe qui aurait perdu le plus avec cette proposition était les femmes de la classe moyenne vivant en couple. Pour beaucoup de ces femmes, surtout celles des cohortes démographiques plus âgées qui ont peu participé au marché du travail, la Pension de sécurité de la vieillesse représente leur seul revenu autonome. Le versement de celle-ci allait désormais être fonction du revenu du conjoint, comme l'est déjà le Supplément de revenu garanti. L'opposition unanime des groupes de personnes âgées, du mouvement féministe, des syndicats et d'autres groupes communautaires n'a pas fait fléchir le gouvernement. Cependant, les milieux financiers ont fait remarquer que les personnes seules et les couples âgés de la classe moyenne allaient se faire imposer, en pratique, à un taux de 70 % pour la fourchette de revenus allant d'environ 26 000 $ à 50 000 $ (74 000 $ pour un couple). Puisqu'une grande partie de ces revenus proviennent des Régimes enregistrés d'épargne retraite, ces personnes n'auraient plus intérêt à investir dans cet instrument[13]. Donc, pour préserver ce domaine sacro-saint, source d'énormes profits pour les milieux financiers, le ministre Martin a discrètement retiré la proposition.

3.3. *La privatisation et l'obligation de recourir aux ressources familiales avant de faire appel aux mesures étatiques.*

Le fait que les femmes ayant un conjoint soient encore traitées comme dépendantes par la fiscalité et que l'accès à l'aide sociale et aux autres programmes ayant un test de revenus soit basé sur le revenu familial reflètent un des principes centraux de l'État-providence de type libéral à l'effet que les gens doivent avoir recours à leur famille avant d'avoir droit à un soutien public. Deux autres types de politiques illustrent cette orientation : d'abord, le virage ambulatoire dans le domaine de la santé, accompagné par le renforcement des mesures fiscales accordées aux contribuables qui hébergent des membres de leur famille malades, handicapées ou en perte d'autonomie et, ensuite, des mesures visant à assurer qu'un parent non gardien – les pères dans la grande majorité des cas – paient des pensions alimentaires pour leurs enfants.

a)   *Le virage ambulatoire et des mesures fiscales reliées*

Plusieurs recherches ont démontré que, à la suite des coupures dans les soins de santé publics et devant l'insuffisance des services de maintien à domicile, ce sont les femmes qui prennent la relève dans la majorité des cas et, dans plusieurs cas, celles-ci vont même jusqu'à quitter leur emploi pour pouvoir s'occuper d'un proche (AFEAS *et al.*, 1998; Conseil du statut de la femme, 1999; voir également Saillant *et al.* dans le présent ouvrage). Au cours des années récentes, les deux paliers de gouvernement ont aussi introduit de nouvelles mesures fiscales pour encourager les familles à assumer ces responsabilités.

Il existe depuis longtemps un crédit d'impôt non remboursable (une exemption avant 1988) pour un adulte à charge ayant une déficience. Le contribuable qui assure les besoins essentiels de cette personne peut aussi réclamer un montant pour le handicap de cette personne et déduire ses frais médicaux. En 1998, le gouvernement fédéral a créé un nouveau crédit non remboursable pour les « aidants naturels » et Québec a créé un crédit remboursable pour l'hébergement d'un parent âgé d'au moins 70 ans (ou d'au moins 60 ans si cette personne a une déficience grave et prolongée).

Malheureusement, les statistiques fiscales ne permettent pas d'identifier les personnes qui bénéficient de ces mesures. On peut, toutefois, émettre l'hypothèse que les crédits non remboursables sont réclamés beaucoup plus souvent par les hommes, alors que ce sont habituellement les femmes qui s'occupent de la personne handicapée ou malade. Lors du recensement de 1996, 19,1 % des femmes, mais seulement 13,6 % des hommes, ont rapporté offrir des soins non rémunérés aux personnes âgées. Un calcul approximatif indique que les femmes effectuent 62 % du total des heures de travail non rémunéré relié à ce genre de soins (Statistique Canada, 1996). Si une femme a quitté son emploi pour s'occuper d'une personne malade, handicapée ou en perte d'autonomie, elle n'a pas de revenus et pas d'impôt à payer; donc, un crédit non remboursable ne lui sert à rien. Au Québec, le fait que le crédit pour l'hébergement d'un parent soit remboursable permettrait, en principe, à la femme d'en bénéficier. Cependant, si le couple dépose un rapport conjoint ou si la femme se fie à l'homme pour remplir sa déclaration d'impôts, il n'est pas sûr qu'elle en verra la couleur. Bien sûr, l'on peut penser que les contribuables qui réclament ces avantages fiscaux pour les personnes à charge leur offrent un soutien financier. Cependant, il est tout à fait possible que la valeur des crédits dépassent les montants consacrés aux besoins de la personne à charge. Du point de vue d'une analyse différenciée selon le sexe, l'on doit constater de nouveau que le régime fiscal tient compte des contributions monétaires au soutien d'un adulte dépendant mais pas des contributions en temps et en soins.

b)   *Des mesures visant à assurer que les parents non gardiens*
      paient des pensions alimentaires pour leurs enfants

Jusqu'en 1997, les pensions alimentaires versées pour les enfants, autant que celles payées pour le soutien d'un ex-conjoint, étaient déductibles d'impôt par les débiteurs, généralement les pères, et devaient être déclarées comme revenu par les créanciers, généralement les mères. En cette année, les gouvernements fédéral et du Québec ont modifié leur régime fiscal pour que toute nouvelle pension accordée pour un enfant, ou toute pension révisée, ne soit plus déductible par le débiteur. En même temps, ils ont établi des lignes directrices pour déterminer les montants de ces pensions (gouvernement du Canada, 1996b). Au cours de cette même période, plusieurs provinces, dont le Québec, ont aussi mis sur pied des agences de perception automatique des pensions alimentaires.

Dans l'ensemble, ces mesures ont été bénéfiques pour les mères ayant la garde de leur enfant. Néanmoins, leur objectif premier était de réduire le nombre de familles monoparentales bénéficiaires de l'aide sociale. En effet, les pensions alimentaires payées pour des enfants continuent d'être déduites des prestations d'aide sociale payables pour les besoins essentiels de la mère. De plus, si une femme n'intente pas les poursuites juridiques nécessaires pour l'obtention d'une telle pension, le ministère responsable de l'aide sociale peut le faire à sa place.

Au Québec, le fait de déduire les pensions alimentaires de la prestation d'aide sociale de la mère est particulièrement contestable étant donné que les besoins essentiels des enfants sont assurés uniquement par les prestations fédérales pour enfants et les allocations familiales du Québec. Aucun montant n'est prévu pour les enfants à l'aide sociale. La règle fait en sorte que si une mère monoparentale reçoit une pension alimentaire importante (plus de 6 000 $ par année ou 7 200 $ si un des enfants a moins de 5 ans), elle n'est pas admissible à l'aide sociale. Si elle est peu disponible pour le travail, par exemple si ses enfants sont jeunes ou si elle en a plusieurs (ce qui peut expliquer des pensions alimentaires relativement élevées), elle doit vivre avec la seule pension alimentaire plus les allocations et prestations pour enfants. En pratique, les enfants ne bénéficient pas du soutien du père parce que leur niveau de vie est à peine plus élevé que si la famille recevait des prestations d'aide sociale. De plus, la famille n'est pas admissible aux prestations spéciales de l'aide sociale comme les soins dentaires et d'optométrie, les frais de déplacement à l'hôpital, etc.

Un autre effet pervers des nouvelles règles concernant les pensions alimentaires pour enfants est le fait que les pères, qui n'ont plus l'avantage de pouvoir déduire la pension payée et qui ne veulent pas que la pension fasse l'objet d'une déduction automatique de leur salaire, tentent de convaincre la mère de régler la question par une entente privée, sans passer par un tribunal. En conséquence, le montant de la pension peut être fixé à un niveau inférieur aux lignes directrices et les mères doivent entreprendre une nouvelle poursuite si la pension n'est pas payée régulièrement. De plus, un certain nombre de pères revendiquent la garde partagée afin de réduire, voire éliminer, la pension alimentaire qu'ils doivent payer[14].

3.4 *Un régime fiscal qui redistribue de moins en moins aux pauvres et aux familles avec enfants*

En 1970, le taux marginal d'imposition le plus élevé était de 80 %[15]. Même si ce taux s'appliquait à partir d'un revenu équivalent à presque deux millions de dollars aujourd'hui, on doit constater que le régime fiscal était beaucoup plus progressif à l'époque que maintenant. Cela veut dire que les ménages à revenu élevé et les corporations supportaient une plus grande part du fardeau fiscal. Les taxes à la consommation, des taxes supportées de façon disproportionnée par les familles à revenus moyen et faible, étaient aussi moins importantes à l'époque. En 1972, il y a eu une première réduction du taux marginal le plus élevé à 64 % et ce taux s'appliquait à des revenus supérieurs à environ 250 000 $. En 2001, le taux maximum d'imposition pour un résidant du Québec est de 48,7 % (ceux des provinces riches sont plus faibles et ceux des provinces pauvres plus élevés) et il s'applique à partir d'un revenu imposable de 100 000 $. De nouvelles réductions d'impôts sont prévues pour les années à venir aux deux paliers de gouvernements et elles bénéficieront de façon disproportionnée aux contribuables à revenu élevé.

3.5. La concentration de l'aide étatique sur les ménages travaillant à faible salaire

La dernière tendance dans le continuum fiscalité-programmes de sécurité du revenu est la concentration de l'aide sur les familles avec enfants où le pourvoyeur travaille à faible salaire. Ce genre de politique représente la carotte pour inciter les responsables de famille, particulièrement les responsables de famille monoparentale, à s'abstenir de recourir à l'aide sociale. Le bâton qui l'accompagne sont des coupes majeures dans les bénéfices des programmes de dernier recours ainsi que des critères d'admissibilité plus restrictifs (CNBES, 1997).

Cette tendance a débuté en 1979 avec la création du programme SUPRET (Supplément au revenu du travail) au Québec, modelé sur le Earned Income Tax Credit (EITC) américain. Au cours de la décennie suivante, toutes les provinces ont adopté des programmes similaires. Au Québec, ce programme a été remanié en 1988 pour devenir le programme APPORT (Aide aux parents pour leur revenu du travail) auquel seules les familles avec enfants sont admissibles. Par contre, aux États-Unis, le Earned Income Tax Credit, à l'origine réservé aux familles avec enfants, a commencé à accorder des bénéfices aux personnes et aux couples sans enfants à partir de 1995 (Rose, 1998b : 249-253).

Ce genre de programme accorde un supplément en proportion du revenu **gagné**. Au Québec, le salaire correspondant au supplément maximum a toujours été fixé au niveau où la prestation d'aide sociale devient nulle. Il vise ainsi à atténuer le fait que les gains du travail sont déduits à 100 % de la prestation d'aide sociale (après un certain montant exonéré). Ainsi, le supplément redonne une partie du montant perdu, généralement entre 30 et 45 %. Dès que le revenu (de toute source) dépasse le seuil d'admissibilité à l'aide sociale, le supplément est réduit, contribuant ainsi à des taux effectifs d'imposition et de récupération de bénéfices publics qui peuvent dépasser 100 %[16].

En 1993, le gouvernement fédéral s'est inspiré du programme du Québec pour introduire un petit supplément au revenu gagné (8 %) comme composante de sa nouvelle prestation fiscale pour enfant. Cependant, en 1997, au moment où il a aboli le Régime d'assistance publique du Canada, il a changé d'approche en accordant ce montant à toutes les familles ayant un revenu inférieur à 20 921 $. Cela visait à permettre aux provinces de réduire, voire d'éliminer complètement, les montants accordés pour les enfants aux familles bénéficiaires de l'aide sociale[17]. En d'autres mots, le gouvernement fédéral ne contribue plus à la hauteur de 50 % aux frais provinciaux d'aide sociale. Toutefois, en donnant des montants substantiels aux familles pauvres – montants qui atteindront 2 400 $ en l'an 2004 pour un premier enfant et 2 200 $ pour chaque enfant additionnel (ministère des Finances, 2000 : 13) – il permet aux provinces « de retirer les enfants de l'aide sociale ». En principe, pour devenir indépendants de l'aide sociale eux-mêmes, les parents doivent gagner seulement assez pour subvenir à leurs propres besoins essentiels et non pas à ceux de leurs enfants.

En même temps, il y a eu une légère augmentation de l'aide destinée aux familles à faibles salaires. En 1997 aussi, le Québec a créé un nouveau programme d'assurance-médicaments, obligatoire pour toute personne non couverte par une assurance privée. Pour un grand nombre de gens travaillant pour des petits employeurs, ce nouveau programme représente un grand avantage. En particulier, il permet à des personnes ayant une maladie chronique et exigeant des dépenses importantes au chapitre des médicaments de continuer à travailler, parce qu'elles n'ont plus besoin de devenir prestataires de l'aide sociale pour obtenir le remboursement de ces médicaments. Par contre, le nouveau programme exige une contribution de la part des bénéficiaires de l'aide sociale et des personnes âgées, alors qu'auparavant, ces personnes recevaient leurs médicaments gratuitement. De plus, certains médicaments, notamment pour les maladies chroniques comme le SIDA, auparavant distribués gratuitement, sont maintenant tarifés autant pour les personnes assurées par un régime privé que pour celles couvertes par le régime public. Avec le virage ambulatoire, les gens doivent aussi payer un grand nombre de médicaments qui, antérieurement, étaient dispensés gratuitement dans les hôpitaux.

Le Québec a également remanié son programme d'aide au logement de façon à réduire les montants accordés aux prestataires de l'aide sociale et aux personnes âgées les plus pauvres, tout en l'étendant aux familles ayant des revenus un peu plus élevés. Cette mesure a eu pour effet d'accorder une aide nouvelle, modeste, aux familles ayant des revenus d'environ 10 000 $ à 25 000 $. Son objectif était, comme les deux mesures précédentes, d'accroître l'écart entre le revenu et les bénéfices offerts par le programme d'aide sociale, d'une part, et ceux auxquels une personne a accès en travaillant, d'autre part.

4. Une vue d'ensemble

Dans leur démarche vers la réduction de la taille de l'État, les deux paliers de gouvernement ont souvent invoqué la nécessité de concentrer leur aide sur les plus pauvres, arguant que les ménages plus riches n'ont pas besoin d'allocations familiales, de prestations d'assurance-chômage, de pensions publiques, etc. Toutefois, par « plus pauvres », ils n'incluent pas les prestataires de l'aide sociale qui, au contraire, doivent être forcés à s'intégrer au marché du travail et devenir autonomes. En 1998, les femmes représentaient 58 % des adultes pauvres (CNBES, 2000 : 94). De plus, 41 % des enfants pauvres vivaient dans une famille monoparentale ayant une femme comme chef, alors que ces familles ne représentaient qu'environ 15 % du total des familles avec des enfants (CNBES, 2000 : 18, 19 et 86). On peut donc se demander si, comme le prétendent nos gouvernements, l'ensemble des politiques discutées ici ont effectivement eu pour effet d'avantager les femmes et les familles pauvres, du moins celles qui ne sont pas bénéficiaires de l'aide sociale.

Les graphiques 1, 2 et 3 montrent les effets sur le revenu disponible de l'ensemble des changements effectués par les gouvernements fédéral et du Québec entre 1994 et 2000 aux régimes fiscaux, aux taux de contribution à l'assurance-emploi et au Régime des rentes du Québec, à l'aide sociale et aux politiques de soutien au revenu des familles[18] pour, respectivement, une personne seule, une famille monoparentale avec deux enfants et une famille biparentale avec deux enfants où les deux parents travaillent. Pour les niveaux de revenus où les lignes sont en dessous de l'axe horizontal 0, les ménages ont moins d'argent dans leurs poches en 2000 qu'en 1994. Là où les lignes sont en haut de l'axe horizontal 0, les ménages ont bénéficié d'une hausse du revenu disponible entre 1994 et 2000.

L'année 1994 a été choisie comme année du départ de l'analyse parce que c'est à ce moment qu'une politique d'austérité a eu pour conséquence le gel des prestations de l'aide sociale, des bénéfices familiaux et des crédits non remboursables au Québec. Si le point de départ de l'analyse avait été 1985, année où le gouvernement fédéral a annoncé la non-indexation de son régime d'impôt pour le premier 3 % de l'inflation, les résultats auraient probablement été très similaires.

Les graphiques démontrent que sur la période 1994 à 2000, seuls les individus et les familles les plus riches ont vu une augmentation significative de leur niveau de revenu disponible. Pour les personnes seules gagnant entre 10 000 et 30 000 $, il y a eu quelques petits gains, mais les plus pauvres, soit les personnes seules bénéficiaires de l'aide sociale, ont perdu environ 800 $. Ce sont les individus dont les revenus privés (salaires et revenus de propriété) sont supérieurs à 50 000 $ pour qui les gains ont été les plus significatifs, principalement à cause des réductions d'impôts accordées par les deux paliers de gouvernement. Au Québec, environ 7 % des personnes seules sont dans ce groupe (Institut de la statistique du Québec, 1996 : tableau 1). Parmi l'ensemble des femmes qui ont rempli une déclaration de revenus en 1995, seulement 3,9 % ont déclaré un revenu de 50 000 $ ou plus, comparativement à 15,0 % des hommes.

EFFETS SUR LE REVENU DISPONIBLE DES CHANGEMENTS DU RÉGIME FISCAL,
DE L'AIDE SOCIALE, DES CONTRIBUTIONS AUX ASSURANCES SOCIALES ET DE
LA POLITIQUE FAMILIALE DES GOUVERNEMENTS FÉDÉRAL ET QUÉBÉCOIS
1994 À 2000 (en $ constants de 2000)

Graphique 1 : Personne seule

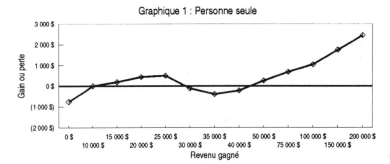

Graphique 2 : Famille monoparentale avec deux enfants d'âge scolaire

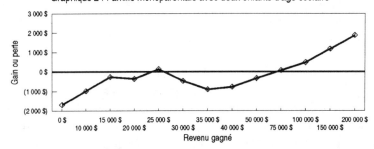

Graphique 3 : Famille biparentale avec deux enfants d'âge scolaire

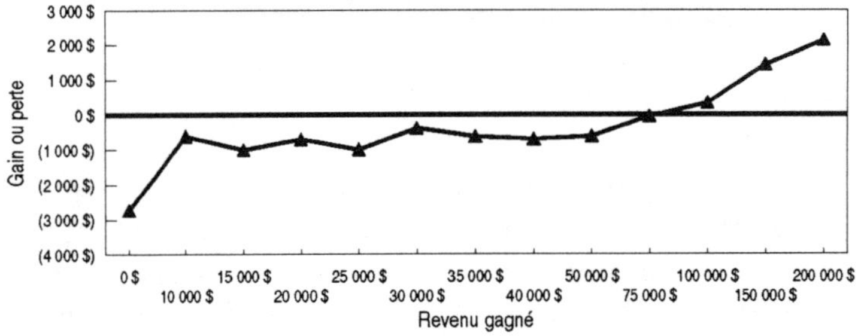

Cependant, ces données ne nous permettent pas de savoir si les personnes vivent seules ou en famille (Institut de la statistique du Québec, 1996 : tableaux 2 et 3).

Chez les familles, seules celles ayant un revenu d'emploi supérieur à 75 000 $ ont bénéficié des orientations politiques des gouvernements au cours de cette période. Il s'agit d'un peu plus de 15 % de l'ensemble des familles (Institut de la statistique du Québec, 1996). La presque totalité de ces familles sont biparentales. Le graphique 2 montre que les familles monoparentales dont le revenu gagné se situait dans une fourchette d'environ 15 000 à 25 000 $ avaient en l'an 2000 des revenus disponibles inférieurs de quelques centaines de dollars à ceux de 1994. Pourtant, c'est le groupe qui devait être le plus aidé par la politique gouvernementale. De plus, les familles monoparentales bénéficiaires de l'aide sociale ont perdu presque 1 800 $ et les familles de classe moyenne (fourchette d'environ 25 000 à 75 000 $) ont aussi subi des pertes significatives. Chez les familles biparentales où les deux conjoints travaillent, toutes celles dont le revenu gagné était inférieur à 75 000 $ ont subi des pertes au cours de la période, et ce sont les familles biparentales bénéficiaires de l'aide sociale qui ont perdu le plus.

Bref, l'ensemble des politiques fiscales et de soutien du revenu au cours de la période 1994 à 2000 ont eu pour effet d'agrandir les écarts du revenu disponible. Les familles à faible revenu et celles de la classe moyenne inférieure ont perdu le plus. Du point de vue des femmes, particulièrement celles qui vivent seules ou qui sont chefs de famille monoparentale et qui ont un taux de pauvreté bien supérieur à la moyenne, ces politiques n'ont rien de réconfortant.

Conclusion

Dans le schéma des États-providence d'Esping-Andersen, le Canada et le Québec se classent parmi les États libéraux, mais ils sont un peu plus proches des modèles conservateurs et sociaux-démocrates européens que de celui des États-Unis. Cependant, c'est dans les domaines qui visent à faciliter l'intégration des femmes au marché du travail que le Canada et le Québec ont fait le plus de progrès au cours des années récentes, notamment en ce qui concerne les prestations de maternité et parentales, ainsi que les services de garde. Malheureusement, les salaires et les conditions de travail continuent de se détériorer.

En ce qui concerne les autres politiques sociales, le Canada se rapproche de plus en plus des États-Unis, comme le font d'ailleurs aussi les pays européens sous la pression de la mondialisation et du libre-échange. La fiscalité canadienne devient de moins en moins redistributive et la dimension familiale, c'est-à-dire les mesures visant à inciter les contribuables à prendre en charge les membres de leur famille, a été renforcée ces dernières années. Les programmes d'aide sociale sont de plus en plus inaccessibles et les prestations de moins en moins généreuses. Le régime d'assurance-chômage et les régimes publics de retraite, à un moindre degré, ont subi des coupes répétées. Des réductions dans les services de santé et la mise en place du virage ambulatoire ont beaucoup alourdi le fardeau de soins des adultes malades, invalides ou en perte d'autonomie, fardeau que les femmes doivent assumer de nouveau.

Pour contrer ces tendances, les femmes doivent continuer de combattre sur plusieurs fronts. Il faut chercher à prévenir la pauvreté au départ plutôt que de pallier ses effets. L'essentiel de la bataille doit donc se faire sur le marché du travail parce qu'un revenu de travail adéquat a toujours été, pour les femmes comme pour les hommes, la meilleure façon d'éviter la pauvreté. De plus, c'est dans les sociétés égalitaires et les économies prospères qu'il est le plus facile, politiquement et fiscalement, de créer et de maintenir des services publics accessibles et des programmes généreux de soutien du revenu. Les programmes d'équité salariale et d'accès à l'égalité en matière d'embauche et de promotion figurent aussi parmi les instruments que peuvent utiliser les femmes pour améliorer leur situation. Néanmoins, la syndicalisation et la militance syndicale semblent donner de meilleurs résultats, entre autres parce qu'en l'absence d'un syndicat fort, les programmes d'équité salariale donnent peu de résultats. D'autres combats doivent être menés conjointement avec les hommes, notamment en ce qui concerne l'augmentation des salaires minimums et la négociation collective des salaires et des conditions de travail.

De plus, il faut une politique macroéconomique de soutien à la création d'emplois, ce qui suppose un gouvernement davantage social-démocrate, bien enraciné dans la population et s'appuyant sur un mouvement syndical fort.

La lutte pour l'amélioration des mesures de conciliation famille-travail demeure tout aussi importante. Il s'agirait surtout de congés rémunérés pour responsabilités parentales, y compris après la période périnatale, de services de garde plus accessibles et à meilleur prix et de la flexibilité des heures de travail. Les femmes doivent également poursuivre les luttes pour une amélioration des services publics de santé, de maintien à domicile des personnes malades, handicapées ou en perte d'autonomie, de garde à l'enfance ainsi que des programmes récréatifs après l'école pour des enfants plus âgés. Non seulement ces services sont-ils essentiels pour une amélioration de la qualité de vie des femmes et de leurs familles, mais ils sont aussi source d'emplois potentiellement stables et décemment rémunérés pour elles.

Quant aux programmes sociaux, un retour vers des allocations familiales universelles, même si elles sont combinées à des prestations ciblées pour les familles pauvres, aurait pour effet de renforcer l'idée d'une responsabilité sociale pour les enfants, les vrais dépendants incapables de gagner leur vie. Si les femmes pouvaient compter sur un appui étatique pour leurs enfants, la combinaison de cet appui avec leur salaire serait peut-être suffisante pour assurer convenablement leurs besoins. Un renforcement des programmes publics d'assurance sociale, notamment l'assurance-chômage, le Régime des rentes du Québec ou le Régime de pensions du Canada, et les programmes de prestation de maternité et parentale contribuerait aussi à la démarchandisation du travail et à la prévention de la pauvreté. Un programme de prêts et bourses plus généreux permettrait également aux femmes d'acquérir la formation dont elles ont besoin pour bien se placer sur le marché du travail.

Quant aux programmes d'aide sociale, à mon avis, ils seront toujours un pis-aller. Certes, le niveau de prestations pourrait être relevé, notamment pour les familles avec enfants, et l'ensemble du système pourrait être moins stigmatisant et moins contrôlant. Néanmoins, ce genre de programme ne donnera jamais un niveau de revenus réellement adéquat et ne permet pas aux femmes d'atteindre une véritable autonomie. Un programme d'aide au coût du logement accessible à la partie inférieure de la classe moyenne répondrait mieux au problème d'insuffisance de revenus d'un grand nombre de ménages, tout en leur permettant de maintenir un lien avec le marché du travail.

Quant à la fiscalité au sens restreint, les tendances néolibérales récentes n'ont rien de reluisant pour les femmes. Pour soutenir les diverses mesures esquissées ci-haut, il faudrait une fiscalité beaucoup plus redistributive qui donnerait à l'État des recettes suffisamment élevées pour payer les services publics et les programmes de soutien du revenu dont les femmes ont besoin.

Notes

1. Les régimes fiscaux canadien et québécois sont conçus de façon non sexuée en ce sens qu'une femme peut, aussi bien qu'un homme, réclamer le montant pour conjoint. Cependant, comme nous allons le démontrer, la mesure a été conçue pour alléger les impôts d'un homme pourvoyeur et ce genre de mesure continue d'être utilisé par des hommes dans plus de 80 % des cas. Afin d'alléger le texte, nous allons donc parler du conjoint contribuable qui réclame un montant pour sa conjointe au foyer.

2. Traduction libre de « De-commodification occurs when a service is rendered as a matter of right, and when a person can maintain a livelihood without reliance on the market ».

3. Les mesures ciblant les pauvres impliquent un test de revenus familiaux et quelquefois un test d'actifs. En d'autres mots, seuls les ménages ayant un revenu (ou des actifs) inférieur au seuil fixé par le programme sont admissibles au plein montant. À mesure que le revenu augmente au-delà de ce seuil, le montant accordé diminue pour éventuellement atteindre zéro. Si le ménage a des actifs supérieurs au seuil fixé, le montant accordé peut aussi être diminué.

4. Les données utilisées sont celles des années 1980 et du début des années 1990 et ne reflètent que partiellement la convergence des politiques européennes qui résulte du renforcement progressif de l'Union européenne.

5. Par l'expression « semi-publics », nous désignons des régimes d'assurance créés pour tout un secteur de l'économie plutôt que pour une entreprise particulière. Ces régimes sont typiques des pays européens, mais l'on trouve des équivalents au Canada, notamment dans les secteurs publics et parapublics. Au Québec, dans le cadre d'un régime de décrets de convention collective couvrant, par exemple, l'ensemble des industries de la construction ou du vêtement, l'administration de certains régimes d'avantages sociaux (régimes de retraite, assurances-maladie et salaire, vacances, etc.) a été établie sur une base sectorielle.

6. Nous utilisons l'expression « récupérer » une prestation ou un montant accordé par le régime fiscal lorsque cette prestation est réduite en fonction du revenu dépassant un certain seuil. En anglais, on parle d'un *clawback*. Par exemple, lorsque le revenu familial dépasse environ 23 000 $, les montants du crédit pour la taxe sur les produits et services (TPS), ainsi que la prestation nationale pour enfant, sont réduits. À des niveaux de revenus suffisamment élevés, ils vont disparaître.

7. En 1927, le gouvernement fédéral a adopté la *Loi sur les pensions de la vieillesse* par lequel il offrait de rembourser la moitié des coûts d'un régime de pension de la vieillesse pour les personnes âgées de 70 ans ou plus dans le besoin. Les cinq provinces de l'Ouest ont signé des ententes tout de suite, mais le Québec et les quatre provinces maritimes ont attendu jusqu'en 1936 après que le gouvernement fédéral ait augmenté sa contribution à 75 % (Guest, 1993 : 113).

8. Le RAPC était un programme par lequel le gouvernement fédéral acceptait de financer 50 % des coûts des régimes provinciaux d'aide sociale ainsi que « des services de bien-être social aux personnes dans le besoin ou qui pourraient le devenir » (gouvernement du Canada, 1994 : 4). Au début, les services de garde figuraient parmi les services financés pour les prestataires de l'aide sociale. Quelques années plus tard, le gouvernement a ouvert la porte à des programmes d'aide financière pour les frais de garde pour l'ensemble des parents à faibles revenus.

9. Le projet de loi 186, *Loi sur le soutien du revenu et favorisant l'emploi et la solidarité sociale* (chapitre 36, 35ᵉ législature, 2ᵉ session), sanctionné le 20 juin 1998, prévoyait cette mesure. Cependant, en raison d'une insuffisance du nombre de places en services de garde reconnus, en 2002, l'âge charnière est encore à cinq ans, ou plutôt au moment de l'entrée du plus jeune à la maternelle, laquelle est offerte à temps plein partout au Québec.

10. Une déduction ou une exemption réduit le revenu imposable. L'économie d'impôt qui en résulte est donc fonction du taux marginal d'imposition et les personnes à revenu élevé retirent un plus grand avantage que celles à revenu faible. En 1988, les gouvernements fédéral et du Québec ont

transformé la plupart des exemptions personnelles (et quelques années plus tard, certaines déductions standards comme celles pour les cotisations à l'assurance-chômage et les RPC/RRQ) en crédits d'impôt non remboursables. Ceux-ci sont calculés à un taux uniforme pour tout le monde (17 % au fédéral et 20 % au Québec en 1988); ils réduisent l'impôt à payer, mais ne donnent pas de bénéfice si la personne n'a pas suffisamment de revenus pour devoir payer de l'impôt. Au fédéral, les gens commencent à payer de l'impôt avec un revenu d'un peu plus de 7 000 $. Au Québec, ce seuil est d'environ 10 000 $.

11. En 2000, le gouvernement fédéral a rétabli l'indexation de ce seuil. Il a donc été partiellement désindexé pendant 11 années (ministère des Finances, 2000 : 155).

12. Le montant en raison de l'âge était de 3 531 $ au niveau fédéral en 2000. Il était récupéré à un taux de 15 % sur les revenus dépassant 26 284 $. Donc, si le revenu net d'une personne âgée était de 27 284 $, soit 1 000 $ de plus que le seuil établi, le montant auquel elle avait droit était diminué de 150 $, soit 15 % des 1 000 $ excédentaires.

13. Lorsqu'un contribuable place de l'argent dans son REER avant sa retraite, il réduit ses impôts. Par contre, après la retraite, les montants retirés du REER sont imposables. En général, les personnes ont un revenu moins élevé à la retraite qu'auparavant et sont donc imposées à un taux plus faible. Cependant, si le gouvernement venait chercher 70 $ de chaque 100 $ retiré d'un REER (le taux marginal d'imposition régulier d'environ 50 $ par 100 $ plus le 20 $ proposé dans le cadre du programme de la prestation pour aîné(e)s), les gens trouveraient plus avantageux d'investir leur argent dans n'importe quel instrument autre qu'un REER. Certes, ils ne bénéficieraient pas de l'avantage fiscal avant la retraite, mais après la retraite, cet argent ne serait pas imposable.

14. Ces informations proviennent d'échanges avec des permanents et des membres de la Fédération des associations des familles monoparentales et recomposées du Québec lors d'un projet de formation portant sur la fiscalité et les pensions alimentaires en 1998 et 1999.

15. Les informations présentées dans ce paragraphe ont été reconstituées à partir des formulaires d'impôt pour les différentes années.

16. Lorsque le revenu d'une mère monoparentale dépasse environ 10 000 $, elle n'est plus admissible à l'aide sociale, mais elle doit payer de l'impôt fédéral et provincial à un taux marginal d'imposition d'environ 30 % (au Québec). À ce taux s'ajoutent les cotisations à l'assurance-emploi, au Régime des rentes du Québec et à l'assurance-médicaments, plus la récupération du programme APPORT à environ 40 %. De plus, le montant reçu à titre d'allocation de logement peut être réduit. Pour chaque 1 000 $ gagné, l'État

récupère environ 800 $. Ces taux élevés de récupération (variant de 60 à plus de 100 %) s'appliquent jusqu'à ce que la personne gagne environ 40 000 $ parce que, progressivement, on récupère l'allocation du Québec et la prestation fiscale pour enfants, les crédits pour la TPS, la TVQ et l'impôt foncier, ainsi que d'autres programmes d'aide aux pauvres. Par le passé, le taux de récupération a pu dépasser 100 % dans certains intervalles de revenus mais Québec a travaillé pour atténuer ce problème. Cependant, dans certaines provinces, surtout là où il y a encore un programme d'aide financière aux familles pauvres pour les frais de garde, il peut y avoir des taux dépassant 100 % pour certains groupes de pauvres (voir Rose 1998b pour plus de détails).

17. Par le passé aussi, les augmentations des allocations ou prestations fédérales pour enfants se sont soldées par une diminution des prestations d'aide sociale accordées aux familles, de façon à ce que l'on ne leur accorde pas plus que les montants jugés absolument nécessaires pour combler leurs besoins essentiels. Ce qui était différent avec la réforme de 1997, c'était qu'il y avait une entente fédérale-provinciale explicite permettant aux provinces de profiter des augmentations de la Prestation pour enfants pour réduire leurs dépenses d'aide sociale et affecter les montants ainsi économisés à d'autres « prestations et services pour les familles à revenu faible » dont des suppléments au revenu gagné, des services de garde à l'enfance ou d'autres services pour les enfants « à risque » (Ministres fédéral, provinciaux et territoriaux responsables des services sociales, 1999 : ii). Ces mécanismes ont été conçus dans le cadre de l'entente sur l'Union sociale entre les deux paliers de gouvernement, entente à laquelle le Québec n'a pas souscrit. Néanmoins, le Québec participe aux discussions dans ce cadre et il a utilisé le plus gros de l'argent dégagé par ce mécanisme pour financer sa nouvelle politique de services de garde.

18. Le revenu disponible est celui dont dispose un individu ou une famille après qu'ils ont payé leurs impôts et les cotisations obligatoires aux régimes sociaux et qu'ils ont reçu tous les transferts que le gouvernement leur doit. Les données présentées ici ne tiennent pas compte de la hausse des taxes de vente décrétée par le gouvernement du Québec en 1998, mais elles incluent la hausse du crédit de taxe de vente qui a eu lieu en même temps. Donc, elles sous-estiment la diminution du revenu disponible (après taxe de vente) de toutes les familles. Les graphiques ne tiennent pas compte, non plus, de l'instauration de l'obligation pour certaines personnes de cotiser au nouveau régime d'assurance-médicaments parce qu'elles ont, quand même, reçu un bénéfice en échange, sauf pour les personnes âgées et les bénéficiaires de l'aide sociale qui ont dû commencer à payer pour un bénéfice qu'ils recevaient gratuitement auparavant. Finalement, parce que l'analyse ne tient

pas compte de programmes spécifiques, elle ne montre pas les effets des coupures à l'assurance-chômage ou au Régime des rentes du Québec.

Références

AGENCE DES DOUANES ET DU REVENU DU CANADA (ADRC) (2001), *Statistiques sur le revenu 2001 – Année d'imposition 1999*, données provisoires universelles, disponible sur le site Internet www.ccra-adrc, gouv.ca, consulté le 1 décembre 2001.

ASSOCIATION FÉMININE D'ÉDUCATION ET D'ACTION SOCIALE (AFÉAS), Denyse Côté, Éric Gagnon, Claude Gilbert, Nancy Guberman, Francine Saillant, Nicole Thivierge et Marielle Tremblay (1998), *Qui donnera les soins ? Les incidences du virage ambulatoire et des mesures d'économie sociale sur les femmes du Québec*, Ottawa, Condition féminine Canada, recherche en matière de politiques.

BOYD, Susan B. (dir.) (1997), *Challenging the Public/Private Divide, Feminism, Law and Public Policy*, Toronto, University of Toronto Press.

BUSSEMAKER, Jet et Kees van Kersbergen (1994), « Gender and Welfare States : Some Theoretical Reflections », dans Sainsbury, Diane (dir.), *Gendering Welfare States*, London, Sage Publications, p. 8-25.

CHILDCARE RESOURCE AND RESEARCH UNIT (CRRU) (2000), *Early Childhood Care and Education in Canada : Provinces and Territories 1998*, University of Toronto, Centre for Urban and Community Studies.

COHEN, Marjorie (1997), « From the Welfare State to Vampire Capitalism », dans Patricia M. Evans et Gerda R. Wekerle (dir.), *Women and the Canadian Welfare State*, Toronto, University of Toronto Press, p. 28-67.

CONSEIL DU STATUT DE LA FEMME DU QUÉBEC (CSF) (1999), *Virage ambulatoire : le prix caché pour les femmes*, recherche et rédaction par Marie Moisan, Québec, Gouvernement du Québec.

CONSEIL NATIONAL DU BIEN-ÊTRE SOCIAL (CNBES) (1989), *Guide des pensions*, Ottawa, ministre des Approvisionnements et Services Canada.

CONSEIL NATIONAL DU BIEN-ÊTRE SOCIAL (CNBES) (1997), *Un autre regard sur la réforme du bien-être social*, Ottawa, ministère des Travaux publics et Services gouvernementaux Canada.

CONSEIL NATIONAL DU BIEN-ÊTRE SOCIAL (CNBES) (2000), *Profil de la pauvreté, 1998*, Ottawa, ministère des Travaux publics et Services gouvernementaux Canada.

DEMCZUK, Irène, Michèle Caron, Ruth Rose et Lyne Bouchard (2002), *La reconnaissance des couples de lesbiennes : un droit sans équivoque*, Ottawa, Condition féminine Canada, recherche en matière de politiques.

DÉVELOPPEMENT DES RESSOURCES HUMAINES DU CANADA (DRHC) (2000), « Modifications apportées aux prestations de maternité et parentales le 31 décembre 2000 ». Disponible sur le site Internet www.hrdc-drhc.gc.ca/insur/claimant/10-00x.shtml, consulté le 11 décembre 2000.

ESPING-ANDERSEN, Gøsta (1990), *The Three Worlds of Welfare Capitalism*, Princeton, New Jersey, Princeton University Press.

EVANS, Patricia M. et Gerda R. Wekerle (dir.) (1997), *Women and the Canadian Welfare State*, Toronto, University of Toronto Press.

FÖRSÄKRINGSKASSAN (Caisse d'assurances) (2001), *Les assurances sociales*, brochure d'information disponible sur le site Internet www.fk.se.

GAUTHIER, Anne-Hélène (1998), « Trois, quatre ou cinq modèles de politiques familiales au sein des pays européens et néœuropéens ? », dans Renée B. Dandurand, Pierre Lefebvre et Jean-Pierre Lamoureux (dir.), *Quelle politique familiale à l'aube de l'an 2000 ?*, Montréal, L'Harmattan, p. 299-323.

GOUVERNEMENT DU CANADA (1985), *Prestations aux enfants et aux personnes âgées*, Document d'étude.

GOUVERNEMENT DU CANADA (1994), *Réformer le Régime d'assistance publique du Canada : un document d'information*, Ottawa, ministre des Approvisionnements et Services Canada.

GOUVERNEMENT DU CANADA (1996a), *La Prestation aux aîné(e)s : assurer l'avenir*, Ottawa, présenté dans le cadre du budget de 1996.

GOUVERNEMENT DU CANADA (1996b), *Le nouveau système de pensions alimentaires pour enfants*, Ottawa, présenté dans le cadre du budget de 1996.

GREENBERG, Mark et Steve Savner (1996), *A Detailed Summary of Key Provisions of the Temporary Assistance for Needy Families Block Grant of H.R. 3734*, Washington, D.C., Center for Law and Social Policy.

GUEST, Dennis (1993), *Histoire de la sécurité sociale au Canada*, traduit de l'anglais par Hervé Juste, en collaboration avec Patricia Juste, Cap-Saint-Ignace, Québec, Boréal.

HOBSON, Barbara et Anne-Marie Berggren (dir.) (1997), *Crossing Borders, Gender and Citizenship in Transition*, Stockholm, Swedish Council for Planning and Coordination.

INSTITUT DE LA STATISTIQUE DU QUÉBEC (1996), « Répartition des particuliers bénéficiaires d'un revenu, selon la tranche de revenus, Québec, 1996 », disponible sur le site Internet www.stat.gouv.qc.ca/donstat/indmen/revenu/province/tableau6a.htm, consulté le 19 octobre 1999.

LEFAUCHEUR, Nadine (1995), « French Policies Toward Lone Parents : Social Categories and Social Policies », dans Katherine McFate, Roger Lawson et William Julius Wilson (dir.), *Poverty, Inequality and the Future of Social Policy*, New York, Russell Sage Foundation, p. 257-289.

LEWIS, Jane (dir.) (1993), *Women and Social Policies in Europe, Work, Family and the State*, Aldershot, England, Edward Elgar Publishing Company.

MINISTÈRE DES FINANCES, GOUVERNEMENT DU CANADA (2000), *Le plan budgétaire de 2000*, déposé à la Chambre des communes par le ministre des Finances, l'honorable Paul Martin, le 28 février.

MINISTÈRE DES FINANCES, GOUVERNEMENT DU QUÉBEC (1997), *Budget 1997-1998, Discours sur le budget et renseignements supplémentaires*, prononcé le 25 mars par M. Bernard Landry, ministre d'État de l'Économie et des Finances.

MINISTÈRE DES FINANCES ET MINISTÈRE DU REVENU, GOUVERNEMENT DU QUÉBEC (1999), *Statistiques fiscales des particuliers, Année d'imposition 1997, Édition 1999*, Québec, Gouvernement du Québec.

MINISTRES FÉDÉRAL, PROVINCIAUX ET TERRITORIAUX RESPONSABLES DES SERVICES SOCIAUX (1999), *La prestation nationale pour enfants – Rapport d'étape : 1999*, Ottawa, ministère des Travaux publics et Services gouvernementaux Canada.

MINISTRY OF SOCIAL DEVELOPMENT AND ECONOMIC SECURITY, British Columbia (2001), « B.C. Families Will Benefit from Expanded Child-Care Plan », News Release, 8 Janvier. Disponible sur le site Internet www.sdes.gov.bc.ca/NEWSREL/2001/NR01.htm, consulté le 22 janvier 2001.

PASCALL, Gillian (1997), *Social Policy, A New Feminist Analysis*, London, Routledge.

PRESSMAN, Stephen (2000), « Explaining the Gender Poverty Gap in Developed and Transitional Economies », Luxembourg Income Study Working Paper, n° 243, Syracuse University. Disponible sur le site Internet www.lis.ceps.lu.

ROSE, Ruth (1998a), « Sous prétexte d'aider les pauvres, on étend l'appauvrissement », *Possibles*, 3-4 : p. 95-115.

ROSE, Ruth (1998b), « Politiques pour les familles pauvres : supplément au revenu gagné et revenus minimums garantis », dans Renée B. Dandurand, Pierre Lefebvre et Jean-Pierre Lamoureux (dir.), *Quelle politique familiale à l'aube de l'an 2000 ?*, Montréal, L'Harmattan, p. 247-288.

SAINSBURY, Diane (dir.) (1994), *Gendering Welfare States*, London, Sage Publications.

SIAROFF, Alan (1994), « Work, Welfare and Gender Equality: A New Typology », dans Sainsbury (dir.), *Gendering Welfare States*, London, Sage Publications, p. 82-100.

SMEEDING, Timothy M., Lee Rainwater et Gary Burtless (2000), « United States Poverty in a Cross-National Context », Syracuse University, Luxembourg Income Study Working Paper, n° 244. Disponible sur le site Internet www.lis.ceps.lu.

SSQ (2001), *Bulletin sur les lois sociales 2001*, Québec, SSQ (compagnie d'assurances).

STATISTIQUE CANADA (1996), « Population de 15 ans et plus... par heures consacrées aux soins des personnes âgées sans rémunération, Canada, recensement de 1996 », tableau 93F0027XDB96016 au catalogue. Disponible sur le site Internet www.statcan.ca/francais/census96/mar17/house/table11/E11-f.pdf.

VAILLANCOURT, Yves (1988), *L'évolution des politiques sociales au Québec 1940-1960*, Montréal, Les Presses de l'Université de Montréal.

WINKLER, Celia (1996), *The Canary in the Coal Mine : Single Mothers and the Welfare State, the Swedish Experience*, University of Oregon, Department of Sociology, Ph.D., dissertation.

YOUNG, Claire F. L. (2000), *Les femmes, l'impôt et les programmes sociaux : Répercussions selon le sexe du financement des programmes sociaux par l'entremise du régime fiscal*, Ottawa, Condition féminine Canada.

2

Les statuts d'emploi et le temps de travail des femmes : enjeux et défis pour les politiques publiques au Québec et au Canada

Diane-Gabrielle Tremblay[1]
Télé-Université
Université du Québec

Introduction

On nous a demandé de traiter de la thématique de l'emploi et du temps de travail afin d'analyser les transformations qui touchent la situation des femmes et de fournir une meilleure compréhension des conséquences pour ces dernières des transformations survenues au cours des dernières années. Notre article se concentre donc sur la situation des femmes sur le marché du travail québécois et canadien, sujet que l'on nous a demandé de traiter dans le contexte des politiques d'emploi. Nous devons souligner que la situation des femmes sur le marché du travail québécois et canadien dépend autant, sinon davantage des pratiques de gestion et du style de gestion des ressources humaines des entreprises (Tremblay et Rolland,

1998) et de l'évolution des mentalités sur le marché du travail, que de l'évolution des politiques d'emploi en tant que telles. En fait, ce sont surtout les politiques familiales et les politiques sociales (traitées par ailleurs) qui influent sur cette participation des femmes. En effet, si les politiques d'emploi influent fortement sur l'insertion des jeunes (hommes et femmes) sur le marché du travail, elles n'ont pas une incidence aussi forte sur les femmes adultes, considérées en tant que groupe. Aussi, nous ferons le point sur la situation des femmes sur le marché du travail et ferons état, ce faisant, des éléments qui influent sur les réalités observées. Nous indiquerons notamment que si la situation peut sembler s'être améliorée, l'absence relative de programmes de conciliation emploi-famille peut être vue comme limitant la participation des femmes sur le marché du travail et induisant une participation différenciée des femmes et des hommes (Tremblay et Amherdt, 2000). Nous y reviendrons plus loin. Mais avant d'exposer la situation des femmes sur le marché du travail, les transformations et aspirations observées au cours des dernières années en la matière, nous exposerons dans un premier temps certains éléments du cadre théorique féministe qui sous-tend notre analyse.

Ainsi, la première partie de notre texte expose notre cadre théorique en se référant aux travaux féministes en économie du travail et de l'emploi, ainsi que certains travaux féministes concernant le rôle de l'État et du marché en regard des transformations de l'emploi. La deuxième traite de l'évolution de la situation des femmes sur le marché du travail au Québec et au Canada (selon la disponibilité des données), alors que la troisième met l'accent sur l'articulation emploi-famille-vie personnelle et des aspirations des femmes en matière de temps de travail, un domaine où les politiques de l'emploi sont importantes dans certains pays, dont la France (voir Tremblay, 2000; De Terssac et Tremblay, 2000), alors qu'elles sont peu développées ici. Nous ne ferons pas de comparaison inter-nationale terme à terme ici, puisque cela se retrouve dans De Terssac et Tremblay (2000) et d'autres ouvrages cités dans ce dernier, ainsi que dans Tremblay et Villeneuve (1998), où nous avons fait des comparaisons approfondies en matière de politiques familiales et de temps de travail entre le Québec, le Canada et plusieurs pays européens (la France, l'Allemagne, les Pays-Bas, les pays scandinaves et l'Europe du Sud en général), nous pourrons toutefois évoquer quelques différences ici et là, tout en renvoyant à ces ouvrages pour des comparaisons approfondies.

L'idée maîtresse du chapitre est la suivante : si les femmes ont accru leur participation sur le marché du travail, elles restent encore largement confinées dans des secteurs relativement traditionnels, elles ont encore des revenus moyens inférieurs aux hommes, elles ont souvent des emplois précaires ou non standards, et par ailleurs elles réduisent souvent leur temps de travail pour assumer la conciliation de leurs activités profes-sionnelles, personnelles et familiales. Elles ont d'ailleurs des aspirations en matière de temps de travail qui s'expliquent largement par cette difficulté de conciliation des divers temps sociaux (De Terssac et Tremblay, 2000). Nous ne présentons pas d'hypothèse précise à tester, puisque nos démarches de recherche sont généralement inspirées par une démarche inductive – et non déductive – à l'instar des travaux de nombreux économistes institutionnalistes, auxquels nous nous associons (Tremblay, 2002). Nous considérons d'ailleurs que les travaux des économistes féministes s'apparentent souvent à ceux des économistes institutionnalistes, comme nous l'avons déjà expliqué (Tremblay, 1996) et comme nous l'exposerons rapidement dans la première partie du texte.

1. Le cadre théorique

Nous nous revendiquons de la tradition institutionnaliste en économie du travail (Tremblay, 1996, 2002; Bellemare *et al.*, 1996), ce qui signifie entre autres que nous rejetons la vision dominante en sciences économiques, selon laquelle le marché (de concurrence pure et parfaite) fonctionne bien et représente simultanément la meilleure façon de fonctionner. Les travaux institutionnalistes mettent en évidence le fait que les institutions (État, syndicats, associations et corporations professionnelles, etc.) jouent un rôle dominant dans l'activité économique et les résultats observés dans l'économie, notamment en ce qui concerne la situation des femmes sur le marché du travail. Alors que les économistes orthodoxes ou néoclassiques considèrent que les prix régulent bien l'activité économique (ce qui pourrait porter à penser que les femmes seraient privilégiées sur le marché du travail puisqu'elles « coûtent » souvent moins cher !), les économistes féministes institutionnalistes mettront de l'avant les théories de la discrimination (Feiner, 1994; Peterson et Lewis, 1999) et de la segmentation du marché du travail (Tremblay, 1997) pour expliquer les écarts observés sur le marché du travail, qu'il s'agisse de la place occupée dans les meilleurs emplois, des salaires ou des horaires de travail et conditions de travail en général. Les théories sur la discrimination en sciences économiques montrent bien que les femmes se trouvent dans des situations moins avantageuses précisément parce qu'elles sont des femmes et non pour des raisons de prix (ou de salaires – puisque c'est le « prix » sur le marché du travail) (Ferber et Nelson, 1993; Peterson et Lewis, 1999; Feiner, 1994).

Les économistes féministes ont une tradition de recherche assez longue, mais ce n'est que très récemment que ce champ s'est vu attribuer une certaine reconnaissance, avec la naissance de la revue *Feminist Economics* et la publication de l'ouvrage *The Elgar Companion to Feminist Economics* (Peterson et Lewis, 1999), chez un éditeur prestigieux, Edward Elgar. Un des aspects les plus révolutionnaires de l'économie féministe contemporaine, selon ce dernier ouvrage, est que ce cadre théorique conteste l'objet même de la recherche en sciences économiques, à savoir à qui la pensée économique est-elle redevable et comment peut-elle contribuer à améliorer des vies humaines? Voilà la traduction de l'objet révolutionnaire identifié comme central dans la pensée des économistes féministes. De fait, nos travaux avec quelques collègues économistes (Bellemare *et al.*, 1996) nous avaient amenées à nous associer à la tradition institutionnaliste pour ces raisons, d'où la parenté entre les deux écoles de pensée, à notre avis. En effet, la pensée féministe comme la tradition institutionnaliste en économie se préoccupent du « réel » comme le chômage, le sous-emploi, la pauvreté par exemple (ce que ne font pas tellement les économistes néoclassiques orthodoxes). Considérant que ces problèmes découlent de la philosophie du laisser-faire ou du libéralisme en vigueur, ces deux écoles cherchent à trouver des solutions à ces problèmes, à améliorer la vie des individus en créant des institutions ou proposant des législations qui viendront corriger ce que les institutionnalistes voient comme des dysfonctions du marché, alors que les néoclassiques ou orthodoxes les voient comme le résultat du libre jeu des forces du marché, considéré préférable aux institutions, qui viennent entraver ce libre jeu et produire des résultats qui ne sont pas optimaux, aux yeux des orthodoxes.

Les économistes féministes institutionnalistes considèrent que la régulation automatique du marché et l'équilibre qui peut éventuellement être réalisé sur la base d'ajustements de prix, du libre jeu de l'offre et de la demande, représentent mal la réalité, en particulier celle des femmes sur le marché du travail. Au contraire, le libre jeu des forces du marché a longtemps contribué à exclure les femmes de certains secteurs d'activité et, encore aujourd'hui, il semble qu'il conduise à des écarts de salaire qui ne devraient pas exister si l'on tenait simplement compte du « capital humain » accumulé par les femmes. En d'autres mots, même lorsqu'elles ont un capital humain équivalent aux hommes (sur le plan des diplômes, de connaissances, de savoir-faire, etc.), on constate que le libre jeu du marché conduit à des écarts de salaire entre hommes et femmes (Dussault, 1987); un pourcentage de l'écart de salaire est donc encore aujourd'hui attribuable à de la discrimination pure. De même, la concentration des femmes (avec les jeunes) dans les emplois précaires résulte également en partie de discrimination. En effet, certaines femmes s'ajustent aux contraintes qui leur sont imposées en matière d'articulation emploi-famille, en acceptant des formes d'emploi à horaires réduits, à temps partiel ou occasionnel, mais cette adaptation est faite dans un contexte de *contraintes* que les économistes féministes institutionnalistes mettent de l'avant pour montrer que le libre jeu du marché ne conduit pas à un équilibre, ou à des situations équitables ou également souhaitées par les hommes et les femmes sur le marché du travail.

Pour être honnêtes, il faut reconnaître que certaines économistes féministes qui s'associent au courant dominant (*mainstream*) ont aussi contribué à une meilleure compréhension de nombre de sujets en économie du travail et ont même parfois contribué à réduire le biais sexué dans les recherches ou travaux économiques orthodoxes. C'est notamment le cas en ce qui concerne la ségrégation professionnelle, la discrimination en emploi et les écarts de salaire, où des économistes féministes ont montré par des techniques économétriques (techniques mathématiques, plutôt typiques du courant dominant ou *mainstream*) que ces phénomènes existaient bel et bien en raison de phénomènes de discrimination à l'encontre des femmes (Peterson et Lewis, 1999 : 361).

Cependant, bien qu'un certain nombre d'économistes féministes considèrent que l'économie dominante (*mainstream economics*) peut être améliorée, un nombre de plus en plus important juge que l'économie orthodoxe telle qu'enseignée dans la majorité des universités nord-américaines, voire ailleurs, a besoin de plus que de simples révisions (Peterson et Lewis, 1999 : 361). Nombre d'économistes féministes ayant contribué à des ouvrages collectifs comme ceux de Peterson et Lewis (1999), ou encore Ferber et Nelson (1993) considèrent que le paradigme dominant ne permet pas d'expliquer un grand nombre de phénomènes. À notre avis, c'est particulièrement vrai dans le champ de l'économie du travail, où les théories sur la discrimination ou la segmentation du marché du travail offrent des explications plus satisfaisantes que la théorie néoclassique du marché du travail ou encore celle du capital humain (Tremblay, 1997, 2002). C'est donc ce cadre théorique en économie féministe (*feminist economics*) qui inspire nos recherches, comme notre démarche théorique de nature inductive, s'inspirant du cadre institu-tionnaliste.

2.   La situation des femmes sur le marché du travail

L'indicateur sexospécifique du développement humain (ISDH), une adaptation de l'indicateur du développement humain du Programme des Nations unies pour le développement, indique que c'est au Canada que les conditions de vie seraient les plus favorables pour les femmes. Cela signifie que si l'on tient compte à la fois de la richesse par habitant, du niveau de santé et du niveau éducatif, selon le sexe bien sûr, le Canada présente un indice de 0,932 sur le maximum de 1 (qui signifierait une parfaite égalité entre hommes et femmes), et vient donc au premier rang de tous les pays[2].

Il faut reconnaître qu'en l'espace de quatre décennies, le taux d'activité des femmes a presque triplé au Canada, passant de 18,3 à 56,8 % de 1951 à 1995 chez les femmes âgées de 25 ans et plus. Chez les femmes mariées, l'augmentation du taux d'activité a été encore plus marquée, bondissant de 9,6 % en 1951 à 61,4 % en 1995[3]. Des données plus récentes traitent plutôt des femmes avec enfants, et montrent que l'augmentation de l'activité féminine se poursuit. Les femmes avec des enfants de moins de 16 ans sont passées d'un taux d'activité de 34,5 en 1976 à 73,4 % en l'an 2000 au Québec. Il y a toujours des différences selon l'âge des enfants; les femmes avec enfants de moins de six ans étant actives à 68 %, alors que celles ayant des enfants de 6 à 16 ans le sont à 77 %. Selon les prévisions, le taux d'activité des femmes au Canada passera à 63 % en l'an 2005[4], les jeunes (hommes et femmes) étant très actifs sur le marché du travail canadien, bien que ce soit souvent à temps partiel.

2.1. La participation au marché du travail

Contrairement à la situation qui a prévalu durant la première moitié du siècle, la participation des femmes à la main-d'œuvre rémunérée n'est plus liée aux divers stades de la vie familiale que sont le mariage, la naissance du premier enfant, l'entrée des enfants à l'école ou le divorce. Les mesures de congés parentaux se sont améliorées, et la durée moyenne d'absence du travail correspond d'assez près à la durée du congé de maternité, soit 5,5 mois, alors que le congé autorisé et rémunéré était de six mois jusqu'en 2001.

Précisons que c'est depuis 1971 que des modifications apportées à la *Loi sur l'assurance-chômage*, devenue depuis *l'assurance-emploi*, ont introduit un congé de maternité payé pour les femmes. Cette disposition permet aux femmes admissibles, soit celles qui ont travaillé 700 heures au cours des 52 semaines précédant l'accouchement (c'était seulement 300 heures avant 1997) d'avoir accès à des prestations équivalant à 55 % de la rémunération assurable moyenne sur l'année, et ce, jusqu'à un maximum de 413 $ par semaine, pour une période maximale de 15 semaines, au moment de la naissance de l'enfant. Depuis 1990, les parents admissibles à l'assurance-emploi ont aussi droit à un congé parental pour la naissance ou l'adoption d'un enfant et depuis janvier 2001, le congé parental est allongé à un an et il peut être pris par un seul des parents ou partagé entre les deux. Ce sont cependant surtout les femmes qui s'en prévalent, mais on verra d'ici quelques années si les hommes commencent aussi à prendre une partie de ce congé.

Il faut noter que les travailleuses autonomes (non salariées) ne sont pas couvertes par ce congé (dont les prestations viennent de l'asssurance-emploi, à laquelle elles ne cotisent pas) et qu'elles ont toujours eu tendance à recommencer à travailler plus rapidement. En effet, alors que seulement 16 % des employées rémunérées sont retournées au travail dans le mois suivant l'accouchement, 80 % des travailleuses autonomes l'ont fait (Marshall, 1999). Le congé allongé à un an ne changera sans doute pas cette différence entre les deux groupes.

Pour les femmes salariées, par contre, l'allongement du congé parental de six mois à un an aura sans doute une incidence importante dans les prochaines années, bien que celles ayant de faibles revenus ou qui sont en situation de monoparentalité pourraient trouver difficile de prolonger cette période, alors qu'elles ont des dépenses plus importantes au moment de la venue d'un enfant. En effet, les politiques familiales et politiques sociales sont celles qui influent le plus sur la participation des femmes au marché du travail, outre les mesures relatives à l'éducation et à la scolarité.

On note d'ailleurs qu'au fil des ans, le taux d'activité des femmes (de 15 ans et plus) a beaucoup augmenté alors que celui des hommes diminuait (tableau 1)[5]. Dans l'ensemble, l'augmentation du côté des femmes a compensé la baisse chez les hommes, que l'on observe surtout chez les hommes âgés et les jeunes qui poursuivent leurs études.

Tableau 1 : Taux d'activité selon le sexe, Canada

	Taux d'activité selon le sexe (%)		
Année	Femmes	Hommes	Total
1976	47,7	77,6	61,5
1980	50,4	78,3	64,2
1990	58,5	76,1	67,1
2000	59,5	72,5	65,9

Source : Statistique Canada (1999), cité dans Jenson (2001).

On note aussi que les hommes en couple sont plus actifs que lorsqu'ils sont seuls, mais c'est surtout chez les femmes que les taux d'activité sont en baisse lorsqu'elles ont des enfants. On observe que les mères d'enfants d'âge préscolaire sont moins actives sur le marché du travail, et que celles qui sont en couple le sont davantage que celles qui sont seules avec des enfants. La présence d'enfants a donc une certaine incidence sur l'activité des femmes sur le marché du travail, bien que celles-ci soient de plus en plus actives et se retirent moins longtemps lorsqu'elles ont des enfants.

Tableau 2 : Taux d'activité des parents ayant de jeunes enfants, Canada

	Taux d'activité (%)
Pères seuls	85
Mères seules avec enfants d'âge préscolaire	55
Mères seules avec enfants d'âge scolaire	75
Hommes en couple	94
Mères en couple avec enfants d'âge préscolaire	69
Mères en couple avec enfants d'âge scolaire	79

Source : Vanier Institute of the Family (2001).

La présence d'enfants est un aspect important dans l'activité féminine au Québec comme au Canada, mais l'âge des enfants a un effet sur l'activité également. Comme le montre le tableau 3, on observe toutefois une légère baisse du pourcentage de familles avec enfants; de 1981 à 1996 (dernier recensement disponible, celui de 2001 n'étant pas traité), le pourcentage de familles avec enfants est passé de 70 à 66 % au Québec et de 68 % à 65 % au Canada.

Selon les prévisions, c'est chez les femmes en âge d'avoir des enfants, c'est-à-dire celles qui ont entre 25 et 44 ans, que la progression du taux d'activité féminine sera la plus importante, atteignant 91 % en l'an 2005[6] selon les prévisions et ce, malgré le fait que les mesures de conciliation emploi-famille ne sont pas très fréquentes dans les entreprises. En effet, nous avons pu constater que seulement une entreprise privée sur cinq au Québec offre des mesures d'aménagement ou de réduction du temps de travail à cette fin; les autres mesures sont encore moins fréquentes (Tremblay et Amherdt, 2000), ce qui signifie que le taux d'activité s'accroît malgré le faible soutien offert en entreprise. Toutefois, il est clair que les politiques familiales du Québec et du Canada, que l'on peut situer dans une position intermédiaire entre la Scandinavie (soutien plus fort de l'État) et l'Europe du Sud ou les États-Unis (soutien le plus faible), ont une incidence sur l'activité féminine, la soutenant davantage que dans les derniers pays évoqués (Tremblay et Villeneuve, 1998).

Tableau 3 : Taux d'activité [1] des femmes de 15 ans et plus vivant dans les familles, selon la présence d'enfants et l'âge du plus jeune enfant[2], Québec, 1976 et 2000

Avec enfants						Sans enfants
	Moins de 16 ans	Moins de 6 ans	Moins de 3 ans	De 3 à 5 ans	De 6 à 15 ans	
1976			%			
Québec	35,4	30,2	28,9	32,2	40,1	40,4
Ontario	49,0	41,4	37,4	46,6	56,1	48,1
Canada	43,1	35,7	32,0	41,0	50,1	44,2
2000						
Québec	73,4	68,7	65,1	73,4	77,3	52,6
Ontario	75,0	69,1	65,7	74,2	80,6	57,8
Canada	74,7	68,1	64,9	72,8	79,4	56,5

Source : Institut de la statistique du Québec : www.stat.gouv.qc.ca, le 13 février 2001.
1. Incluant les chômeuses et les travailleuses.
2. Enfants de moins de 16 ans.

Tableau 4 : Répartition des mères de 15 ans et plus selon l'occupation d'un emploi et l'âge du plus jeune enfant[1], Québec, Ontario et Canada, 2000

Âge du plus jeune enfant		Mères		
	Total	Temps plein	Temps partiel	Sans emploi[2]
	%			
Moins de 3 ans				
Québec	100,0	47,0	13,8	39,2
Ontario	100,0	45,4	16,7	37,9
Canada	100,0	43,2	17,7	39,1
De 3 à 5 ans				
Québec	100,0	49,8	18,1	32,0
Ontario	100,0	51,8	17,7	30,5
Canada	100,0	47,7	20,1	32,2
De 6 à 15 ans				
Québec	100,0	55,4	16,6	28,0
Ontario	100,0	58,0	18,2	23,9
Canada	100,0	55,2	19,3	25,5

Source : Institut de la statistique du Québec : www.stat.gouv.qc.ca, le 14 février 2001.
1. Enfants de moins de 16 ans.
2. Comprend les inactives et les chômeuses.

Chez les mères d'enfants d'âge préscolaire, la participation au marché du travail a malgré tout progressé de façon fulgurante. En l'an 2000, les mères d'enfants de moins de trois ans travaillent à temps plein pour 47 % d'entre elles; 14 % travaillent à temps partiel, le reste étant soit inactives, soit en chômage. Pour les mères d'enfants de trois à cinq ans, les pourcentages sont de 50 % travaillant à temps plein et 18 % à temps partiel; pour les mères d'enfants de 6 à 15 ans, les pourcentages sont de 55 % et de 16 % respectivement. Les autres sont soit inactives ou en

Tableau 5 : Indicateurs de l'emploi selon le sexe, l'âge et la situation familiale, Québec, Ontario, Canada, 1999

1999	Taux d'emploi	Travail-leurs	Répartition des travail-leurs	Travailleurs à temps partiel	
	%	'000	%	'000	%
Canada - Les deux sexes, 15 ans et plus	60,6	14 531.2	--	26 819	18,5
Ontario - Les deux sexes, 15 ans et plus	62,4	56 881	--	1 024.3	18,0
Québec - Les deux sexes, 15 ans et plus	57,0	3 357.4	100,0	5 658	16,9
Québec - Hommes de 15 ans et plus	64,0	1 849.9	100,0	1 777	9,6
Québec - Femmes de 15 ans et plus	50,2	1 507.5	100,0	3 881	25,7
Québec - Femmes de 20-44 ans dans les familles	70,6	7 172	100,0	1 538	21,4
Avec enfants de moins de 16 ans	66,8	4 656	64,9	1 088	23,4
Plus jeune enfant moins de 3 ans	60,9	1 196	16,7	312	26,1
Plus jeune enfant de 3 ans à 5 ans	65,2	1 026	14,3	223	21,7
Plus jeune enfant de 6 à 15 ans	70,9	2 434	33,9	553	22,7
Conjoint présent	68,1	4 082	56,9	984	24,1
Sans conjoint	58,8	574	8,0	104	18,1
Sans enfants de moins de 16 ans	78,9	2 516	35,1	450	12,9
Conjoint présent	79,1	2 311	32,2	416	18,0
Sans conjoint	76,2	205	2,9	34	16,6

Source : Institut de la statistique du Québec : www.stst.gouv.qc.ca, 2 novembre 2000.

chômage. On voit que le taux d'occupation d'un emploi à temps plein augmente avec l'âge des enfants (tableau 4).

Si l'on veut comparer avec les hommes, on notera que 50 % des femmes de 15 ans et plus sont actives contre 64 % des hommes au Québec (tableau 5). Dans le groupe le plus actif, soit celui des 25-44 ans, 72 % des femmes sont actives contre 83 % des hommes en 1999. Les taux tendent à se rejoindre de plus en plus, le taux des hommes ayant eu tendance à diminuer quelque peu, mais surtout dans les groupes d'âge plus avancés, alors que le taux des femmes augmente.

2.2   De plus en plus de familles à deux revenus

En toute logique, l'arrivée en force des femmes sur le marché du travail va de pair avec une croissance du nombre de familles où les deux conjoints occupent un emploi rémunéré, y compris ceux ayant des enfants. Au Québec, les deux conjoints travaillent dans 70 % des familles biparentales ayant de jeunes enfants (Secrétariat à la famille, 1997).

La structure familiale actuelle diffère donc radicalement de celle qui dominait il y a quelques décennies et qui se composait d'un père au travail et d'une mère au foyer. Aujourd'hui, la majorité des parents travaillent, aussi bien les pères que les mères, et le nombre de ménages où aucun parent ne s'occupe à temps plein de ses enfants ne cesse d'augmenter.

Si les deux conjoints travaillent maintenant dans la plupart des familles, c'est entre autres parce que les femmes le souhaitent. C'est aussi parce que, pour une majorité de familles, il faut cumuler deux revenus pour parvenir à maintenir un niveau de vie équivalent à celui qu'un seul revenu permettait de soutenir durant les années 1970. Pour maintenir le pouvoir d'achat moyen gagné après 45 heures de travail par semaine en 1970, il fallait en travailler de 65 à 80 heures en 1992. De même, sans le revenu des femmes, le pourcentage des familles pauvres en 1992 serait passé de 9,7 à 21,4 % en 1994 (Tremblay et Villeneuve, 1998).

Le revenu moyen de l'ensemble des familles biparentales au Canada est de 58 233 $ en 1999, incluant 4 842 $ de revenus provenant de transferts publics, alors que le revenu des familles monoparentales est de 26 693 $, dont 6 686 $ de revenus de transfert, et le revenu des mères seules, qui composent la majorité des familles monoparentales, est de 24 997 $, dont 7 214 $ proviennent de revenus de transfert et 16 310 $ sont des revenus d'emploi (Québec, 2000). Il y a évidemment des écarts importants selon les catégories socioprofessionnelles, mais les femmes sont malheureusement concentrées dans les catégories les moins bien rémunérées.

Cependant, si les besoins économiques de leur famille incitent les femmes à rester sur le marché du travail, la majorité d'entre elles ne remettraient pas en question leur activité en emploi, même si le ménage avait des revenus suffisants par ailleurs. L'enquête de Descarries et Corbeil (1995) indique que c'est le cas pour près des trois quarts des quelque 500 mères interrogées[7]. Notre propre recherche indique que nombre de femmes seraient intéressées à réduire leur temps de travail à quatre jours, mais plusieurs ne peuvent se le permettre financièrement (Tremblay et Vaillancourt-Laflamme, 2001).

Par ailleurs, les données sur l'activité féminine (Statistique Canada 2002a, 2002b; Tremblay, 1997) montrent que plus les femmes ont des niveaux de scolarité élevés, plus elles sont actives sur le marché du travail et plus elles tendent à travailler à temps plein. Les organismes statistiques canadien et québécois prévoient aussi une poursuite de la tendance à l'augmentation du taux d'activité féminine. On note malgré tout un écart de revenus non négligeable (tableau 6), essentiellement parce que malgré les mesures d'équité salariale adoptées au Québec, le fait que les femmes soient dans des catégories professionnelles différentes des hommes (tableau 7) maintient des différences de salaires pour un pourcentage important d'entre elles. Encore aujourd'hui, les femmes sont d'abord secrétaires, commis, caissières, infirmières. Les 15 professions les plus féminines n'ont pas encore tellement changé, malgré le fait que l'on incite les jeunes filles à entrer dans des métiers non traditionnels, mieux rémunérés (voir le tableau 5). On constate ici une limite importante des politiques d'équité en emploi, à savoir le fait que les femmes sont encore concentrées dans des secteurs traditionnellement féminins. Les politiques d'équité salariale ne peuvent venir à bout de cet écart salarial imputable aux différences de catégories socioprofessionnelles.

Tableau 6 : Revenu médium d'emploi[1] selon le sexe par grande catégorie professionnelle, Québec, 1996

Grandes catégories professionnelles	Total	Hommes	Femmes
	$		
Total	**21 119**	**26 025**	**16 574**
Gestion	35 035	40 077	27 335
Affaires, finance et administration	22 946	28 401	21 109
Sciences naturelles et appliquées et professions apparentées	37 102	39 070	30 049
Secteur de la santé	27 941	35 798	26 046
Sciences sociales, enseignement, administration publique et religion	36 036	42 845	32 069
Arts, culture, sports et loisirs	14 891	16 910	12 497
Ventes et services	10 950	16 548	8 340
Métiers, transport et machinerie	24 690	25 054	12 067
Professions propres au secteur primaire	12 024	13 813	8 016
Transformation, fabrication et services d'utilité publique	19 784	24 960	12 957

Source : Statistique Canada, Recensement de 1996, dans Institut de la statistique du Québec : www.stat.gouv.qc.ca, le 14 juin 1999 (dernières données disponibles auprès de l'ISQ).

1. Revenu total d'emploi en dollars canadiens (équivalent à 0,65 du dollar américain environ) en 1995 pour les gens ayant un revenu d'emploi positif.

Tableau 7 : Les 15 principales professions féminines

Professions	Effectif	Part dans l'ensemble des professions
	n	%
1996		
Secrétaires (sauf domaines juridiques et médical)	110 100	7,3
Vendeuses et commis-vendeuses, vente au détail	70 670	4,7
Commis à la comptabilité et personnel assimilé	61 275	4,0
Caissières	59 140	3,9
Infirmières et diplômées	50 815	3,3
Serveuses d'aliments et de boissons	41 730	2,7
Institutrices à la maternelle et au niveau primaire	39 100	2,6
Commis de travail général de bureau	39 000	2,6
Conductrices de machines à coudre	31 405	2,1
Aides et auxiliaires médicales	29 680	2,0
Caissières des services financiers	24 905	1,6
Réceptionnistes et standardistes	24 700	1,6
Nettoyeuses	24 320	1,6
Professeures au niveau secondaire	23 750	1,6
Directrice de la vente au détail	23 140	1,5
Total	**653 730**	**43,1**

Source : Statistique Canada, Recensement du Canada, Classification type des professions de 1991, dans Institut de la statistique du Québec : www.stat.gouv.qc.ca, le 10 juin 1999.

Ajoutons que les femmes sont davantage présentes que les hommes dans les diverses formes d'emploi « non standard » ou atypiques, comme le travail à temps partiel, à contrat, temporaire, etc., à un point tel qu'il est difficile d'en traiter comme d'un emploi atypique ou non standard pour les femmes, puisque cela devient pratiquement la norme dans leur cas. En effet, les femmes de tous âges et les jeunes hommes sont les groupes que l'on retrouve dans ces divers types d'emploi, très développés dans le contexte nord-américain. Il faut noter que les femmes représentent les trois quarts des personnes travaillant à temps partiel et environ 40 à 50 % de celles travaillant dans les formes d'emploi à contrat, temporaire, occasionnel ou autonome[8]. Cela a aussi une incidence sur leurs revenus, surtout en ce qui concerne les emplois à temps partiel ou temporaires, qui se traduisent par une durée réduite de travail, et donc des revenus moindres.

2.3. La progression des emplois et des horaires non standards

On assiste à un déclin progressif et constant de l'horaire de travail normal de jour (le « neuf à cinq ») au profit des horaires atypiques ou « non standards » : rotatifs, de soir, de nuit, irréguliers, brisés, etc. Le tableau suivant montre l'évolution des horaires de travail entre les années 1991 et 1995, années pour lesquelles on possède les données les plus précises et comparables sur les diverses formes d'emploi à l'échelle canadienne. Les données proviennent d'un supplément à l'enquête sur la population active qui n'a pas été repris sous cette forme précise, mais les données d'autres enquêtes (ne comprenant pas des chiffres parfaitement comparables pour chaque catégorie) laissent penser que les tendances se poursuivent, sans nécessairement s'accentuer davantage[9]. Pour les années 1990, exception faite de l'horaire normal de jour et du travail sur appel, qui ont régressé durant cette période, tous les autres types d'horaire, en l'occurrence des horaires non standards, ont progressé. Les femmes dans les services sont très concernées par ces développements, puisqu'elles représentent la majorité des employés dans les secteurs du commerce, de la santé, de la restauration, où ces horaires sont les plus fréquents.

Tableau 8 : Évolution des horaires de travail au Canada, 1991-1995

Types d'horaires	1991 (%)	1995 (%)
Horaire normal de jour	70,0	68,0
Travail sur appel	2,6	2,4
Horaire rotatif	9,2	10,2
Horaire régulier	10,2	10,5
Horaire de soir régulier	4,9	5,1
Horaire de nuit	1,4	1,8
Horaire brisé	0,8	1,0
Autre	0,9	0,9

Source : *Enquête sur les horaires et les conditions de travail de 1995*, Statistique Canada, données citées dans Lipsett et Reesor (1997).

La progression des horaires non standards répond de plus en plus à une exigence des employeurs et non pas à une préférence des employés, et généralement pas à un objectif d'articulation emploi-famille, quoique certaines personnes prétendent par exemple que les femmes « préfèrent » le temps partiel; en fait, lorsqu'elles prennent un emploi à temps partiel plutôt qu'à temps plein, c'est généralement soit parce qu'elles ont des enfants en bas âge, soit parce qu'elles se rapprochent de la retraite. Les exigences de l'employeur ressortent parmi les raisons fournies par les salariés qui travaillent avec ce type d'horaire non standard (tableau 9). Parmi les salariés à temps plein, ceux qui travaillent involontairement à des horaires non standards sont proportionnellement plus nombreux que ceux qui, parmi les salariés à temps partiel, se trouvent dans la même situation; mais dans les deux cas, les horaires non standards imposés ont progressé entre 1991 et 1995.

Tableau 9 : Raisons pour travailler à des horaires non standards, Canada, 1991-1995

	% d'employés à temps plein		% d'employés à temps partiel	
Raison	1991	1995	1991	1995
Exigence de l'emploi	86,9	90,2	47,5	53,4
Raisons personnelles	7,5	5,9	47,1	42,4
Autre	5,6	3,9	5,4	4,2
Part de l'emploi salarié	81,8	82,0	18,2	18,0

Source : Lipsett et Reesor (1997 : 7). Calcul basé sur les données de l'*Enquête sur les hotaires et les conditions de travail*, Statistique Canada.
Note : Les employés à temps plein travaillent 30 heures ou plus par semaine; les employés à temps partiel, moins de 30 heures.

Dans une enquête sur les horaires de travail et l'articulation emploi-famille, nous avons d'ailleurs observé que moins de 20 % des entreprises du secteur privé au Québec offrent des horaires flexibles choisis par les salariés, alors que c'est là la demande la plus fréquente des parents qui souhaitent mieux harmoniser leurs responsabilités professionnelles et familiales (Tremblay et Amherdt, 2000; Tremblay et Vaillancourt-Laflamme, 2000a).

Il convient de souligner ce paradoxe, mis en évidence par les recherches précitées[10]. Si les horaires non standards occasionnent souvent des difficultés pour l'articulation entre l'emploi et la famille, les horaires souples ou variables, la semaine réduite à quatre jours et le travail à temps partiel sont considérés par bon nombre de femmes comme une des solutions aux problèmes de conciliation, comme elles nous l'ont indiqué dans nos enquêtes. Ces horaires réduits peuvent toutefois être source de discrimination à l'endroit des femmes et nuire à leur progression de carrière; c'est apparemment ce qui se produit, même lorsqu'on affirme le contraire dans les milieux de travail. En effet, la discrimination prend des formes plus subtiles qu'auparavant; si les femmes sont plus présentes sur le marché du travail, on s'attend malgré tout à ce qu'elles assument l'essentiel des responsabilités familiales, tout en demeurant aussi disponibles pour l'emploi et l'employeur. Même lorsque les jeunes hommes souhaitent participer davantage aux responsabilités, voire les partager également, il semble que les employeurs et collègues de travail considèrent souvent que c'est aux conjointes de s'occuper des problèmes domestiques, des maladies des enfants et autres imprévus lorsque ceux-ci surviennent (Tremblay, 2001). De ce fait, les femmes peuvent paraître moins fiables concernant la présence sur les lieux de travail et être l'objet de discrimination lorsqu'il y a des promotions à attribuer, puisqu'elles ne sont pas assez disponibles, soit en raison du partage inégalitaire des tâches au sein du couple, soit en raison de la mentalité traditionnelle d'un employeur, qui s'attend à ce que les hommes transfèrent à leurs conjointes l'essentiel des responsabilités domestiques et familiales, et en particulier celles concernant les soins aux enfants et les imprévus.

Tableau 10 : Type d'emploi, selon le sexe

	Pourcentage	
	Femmes	**Hommes**
Emplois non standards - 1999	41	29
Emplois non standards - 1989	35	-
Emplois à temps partiel (moins de 30 heures par semaine) - 1999	28	10
Travail autonome - 1999	13	20
Travail autonome - 1990	10	17

Source : Statistique Canada (2001), cité dans Jenson (2001).

Les femmes sont de fait surreprésentées dans les emplois non standards (ce qui inclut le temps partiel, les postes occasionnels, temporaires, etc.).

Tableau 11 : Emploi à temps partiel et congés parentaux selon le sexe, 2000

	Pourcentage	
	Femmes	**Hommes**
Part de l'emploi à temps partiel - 2000[1]	69	31
Part des prestations régulières d'assurance-emploi	40	60
Part des congé parentaux dans l'assurance-emploi	98	2

Source : Statistique Canada (2001), cité dans Jenson (2001).
1. Status of Women Canada (2001).

Le tableau 11 montre que les femmes occupent une part considérable des emplois à temps partiel (69 %), même si ce sont 28 % d'entre elles qui travaillent à temps partiel (les trois quarts donc à temps plein). Ce tableau montre aussi qu'elles obtiennent une part plus faible des prestations d'assurance-emploi ordinaires (ce qui signifie qu'elles ont des emplois précaires, moins souvent admissibles en raison des heures de travail trop réduites ou du statut autonome). À l'inverse, elles obtiennent l'essentiel (98 %) des prestations d'assurance-emploi liées à la maternité, les pères n'en prenant que 2 %, ce qui signifie qu'ils ont une moindre participation dans les congés parentaux. Peut-être que l'allongement du congé parental à un an en incitera certains à prendre au moins un mois, peut-être davantage, mais il n'y a pas d'incitatif particulier, contrairement à la Suède, où un mois est réservé au père.

Parmi les conditions de travail difficiles pour l'articulation emploi-famille, on note les horaires qui ne sont pas de jour, ce que présente le tableau 12.

Le tableau 12 montre qu'au Québec environ 30 % d'hommes et de femmes n'ont pas un horaire normal de jour, 71,3 % des femmes et 69,4 % des hommes ayant un horaire normal de jour. On note que c'est près de 79 % des femmes avec conjoint et des enfants de moins de 16 ans qui ont un horaire normal de jour, mais seulement 62 % de celles qui n'ont pas de conjoint, mais ont des enfants. On imagine donc les difficultés

Tableau 12 : Proportion des employés rémunérés qui ont un horaire normal de jour[1] selon le sexe et selon la situation familiale, Québec, Ontario et Canada, 1995.

	Total	Sexe		Situation familiale des hommes		Situation familiale des femmes		
		Hommes	Femmes	Avec conjoint et enfants < 16 ans	Sans conjoint mais avec enfants < 16 ans	Autre[2]	Avec conjoint et enfants < 16 ans	Sans conjoint mais avec enfants < 16 ans
				%				
Québec	70,34	69,48	71,30	76,94	--	66,28	78,96	62,00
Ontario	67,28	64,47	70,40	69,70	--	62,96	73,70	--
Canada	67,97	66,75	69,30	72,64	44,84	65,01	73,37	--

Source : Statistique Canada, *Enquête sur les horaires et les conditions de travail*, novembre 1995, dans Institut de la statistique du Québec : www.stst.gouv.qc.ca

1. Le travail commence le matin et se termine l'après-midi, donc comprend l'horaire type de 9h à 17h.
2. Autre situation familiale : enfants de 16 ans ou plus et des personnes seules.
-- : Donnée non significatives en raison de la taille de l'échantillon.

supplémentaires que cela représente, compte tenu du fait que la très grande majorité des garderies ne sont ouvertes que de 7h à 18h, du lundi au vendredi. D'ailleurs, des recherches que nous avons menées dans des secteurs à horaires variables témoignent clairement de ces difficultés accrues, surtout en région ou lorsque les parents travailleurs n'ont pas de famille immédiate habitant près de chez eux et acceptant de prendre en charge les enfants à des horaires changeants (Tremblay, 2001).

Il faut souligner enfin que c'est le caractère volontaire ou involontaire de la situation d'horaire non standard, c'est-à-dire le fait que l'horaire soit choisi par l'employé ou imposé par l'employeur, qui fait de la variabilité de l'horaire un problème ou un élément de solution aux problèmes de conciliation (Tremblay et Villeneuve, 1998; Tremblay et Vaillancourt-Laflamme, 2000b). En effet, imposé par l'employeur, la variabilité pose problème, alors que choisie par l'employé, c'est souvent une partie de la solution à des problèmes de conciliation emploi-famille, bien que cela contribue par contre parfois à accentuer la discrimination à l'endroit des femmes en emploi, surtout lorsqu'elles ne travaillent pas aux moments cruciaux pour faire carrière dans l'organisation.

Comme les horaires de fin de semaine se multiplient, et qu'ils présentent un défi particulier du point de vue de l'articulation emploi-famille, nous nous sommes intéressée aux horaires de travail couvrant le samedi et le dimanche. Nous avons constaté que 13,8 % travaillent habituellement le samedi au Québec et 16,4 % au Canada, et que 9,5 % travaillent habituellement le dimanche, contre 10,3 % au Canada. Le pourcentage est de l'ordre de 9 % qui travaillent habituellement le samedi et le dimanche. Ces taux ne sont pas négligeables et représentent une nouvelle tendance du développement du marché du travail féminin; les femmes étant fortement concentrées dans les services, et notamment dans les services de restauration, d'hôtellerie, de santé et du commerce, qui fonctionnent les samedis et les dimanches; elles travaillent de plus en plus la fin de semaine et en dehors du « neuf à cinq », du lundi au vendredi.

2.4. Le mariage entre les horaires et les emplois non standards

Les horaires de travail non standards sont beaucoup plus fréquents dans les emplois atypiques ou non standards, tels que l'emploi à temps partiel, l'emploi occasionnel ou temporaire ou, encore, le travail à son propre compte, que dans les emplois standards (réguliers à temps plein). Selon la terminologie de Statistique Canada, « l'emploi non standard comprend l'emploi à temps partiel, l'emploi à temps plein de courte durée et le travail autonome à temps plein de longue durée. Le travail à temps partiel représente moins de 30 heures par semaine, l'emploi de courte durée est un emploi d'au plus trois mois et le travailleur autonome est le travailleur indépendant sans employés » (Développement des ressources humaines Canada, 1994 : 22). Ainsi, selon une étude de Statistique Canada[11] :

- le travail par poste est bien plus répandu chez les personnes qui travaillent à temps partiel (61 %) que chez celles qui occupent un emploi à temps plein (23 %) (Sunter, 1993); notons que selon Statistique Canada, le terme « travail par poste » désigne divers types d'horaire incluant : l'horaire régulier de soir ou de nuit, l'horaire rotatif, l'horaire fractionné, le travail sur appel et toute autre forme d'horaire irrégulier;
- parmi les personnes qui travaillent à temps partiel par poste, 65 % ont des horaires irréguliers, des horaires brisés ou sont sur appel, alors que chez les personnes qui travaillent par poste à temps plein, ce pourcentage est seulement de 39 % (Sunter, 1993);
- parmi les hommes qui occupent un emploi à temps partiel, seulement 29 % travaillent selon des horaires normaux de jour, alors que 71 % ont un horaire par poste (57 % chez les femmes) (Sunter, 1993);
- parmi les personnes qui occupent un emploi à temps partiel (dont les trois quarts sont des femmes, rappelons-le), une sur quatre travaille la fin de semaine, comparativement à une sur treize chez les personnes qui occupent un emploi à temps plein (Winters, 1994).

La diversification des formes d'emploi est aussi une tendance de fond qui caractérise l'ensemble du marché du travail nord-américain depuis les années 1970 (Tremblay, 1997). La majorité des emplois demeurent pour l'instant des emplois standards, mais les emplois non standards tiennent une place grandissante par rapport à l'emploi total. Ainsi, entre 1976 et 1995, la proportion d'emplois non standards a augmenté régulièrement; elle est passée, selon les évaluations les plus conservatrices, de 25 à 30 % de l'emploi total, tandis que 44 % de la croissance globale de l'emploi était attribuable à une progression de l'emploi non standard (Développement des ressources humaines Canada, 1994 : 22). Certaines évaluations vont même jusqu'à dire que près de la moitié des emplois actuels ne sont plus des emplois standards; les données des recensements indiquent d'ailleurs qu'à peine une personne sur deux a travaillé « régulièrement à temps plein toute l'année » selon la formulation de la question du recensement. La croissance des emplois atypiques n'est pas près de se résorber, puisqu'elle est liée étroitement à celle du secteur des services, un secteur en plein développement (Tremblay, 1997).

La diversification des formes d'emploi et celle des horaires de travail constituent deux tendances étroitement liées l'une à l'autre. Comme le nombre de femmes qui occupent des emplois atypiques en raison des exigences de l'entreprise est en forte croissance, puisque par ailleurs les horaires atypiques se concentrent dans les emplois atypiques, il faut constater que le nombre de femmes qui subissent des horaires non standards contre leur volonté augmente au même rythme que le nombre d'emplois atypiques. Cela se traduit par des difficultés accrues d'articulation emploi-famille.

2.5. *Au plus, une femme sur trois détient un emploi standard avec un horaire standard*

En reprenant les statistiques sur le type d'emploi et celles sur le type d'horaire, on constate que si l'on définissait l'emploi régulier ou standard comme étant un emploi à temps plein, permanent, du lundi au vendredi, de neuf à cinq, occupé à l'extérieur de la maison pour un employeur unique, ce qui correspond à la définition la plus courante, cela signifie qu'à peine un travailleur canadien sur trois (32,9 %) détenait ce genre d'emploi. Comme les femmes représentent 69,5 des personnes travaillant à temps partiel, le taux d'emploi régulier est encore plus faible chez elles, et ne dépasse donc sans doute pas une femme sur trois.

Il convient de noter d'ailleurs que le taux de chômage des femmes est depuis quelques décennies inférieur à celui des hommes au Québec et au Canada, précisément parce que les femmes acceptent plus facilement les emplois atypiques dans les services. Comme les services présentent la plus forte croissance, les femmes se trouvent ainsi plus « à l'abri » du chômage que les hommes. Au Québec, le taux de chômage des femmes est de 8,1 % pour l'année 2000, alors que celui des hommes est de 8,6 %, en baisse très forte depuis un an puisqu'il était de 9,7 % en 1999. Tous ces taux sont en baisse en l'an 2000, la situation économique s'étant nettement améliorée au Canada et au Québec au cours de la dernière année, après plus de deux décennies de taux de chômage élevés. Au cours des deux dernières décennies, en effet, les taux québécois de chômage étaient plus élevés : autour de 10 % pour le Québec, mais toujours un peu moins au Canada – 8 ou 9 % – en raison des taux toujours plus faibles de la province de l'Ontario. Le taux d'activité global des femmes est de 56 % et leur taux d'emploi, de 51 %. Pour les hommes, toujours en 2000, les taux respectifs sont de 70 % et de 64 %.

Autant les horaires atypiques *choisis* par les femmes pourraient contribuer à mieux articuler l'emploi, la famille et la vie personnelle, autant les horaires atypiques *imposés* compliquent la tâche à cet égard. Comme on observe au Québec et au Canada une progression des horaires et formes d'emploi non réguliers, il est clair que si les femmes ont fait des progrès en matière de taux d'activité sur le marché du travail, les problèmes d'emploi et d'articulation emploi-famille ne sont pas réglés pour autant. Ce sont surtout les horaires de travail qui sont au centre des débats actuels, les horaires irréguliers et de fin de semaine évoqués plus haut, mais aussi la durée des horaires de travail.

On observe actuellement une polarisation des heures de travail de plus en plus importante. Les hommes font des heures de plus en plus longues, 10,5 % faisant entre 41 et 49 heures et 15 % faisant 50 heures et plus par semaine selon les dernières données disponibles (1998). Les femmes sont pour leur part concentrées davantage dans les horaires plus courts; la majorité (54 %) travaille entre 35 et 40 heures, mais les autres font plutôt 30-34 heures (18 %) ou 15-29 heures (11 %). Ainsi, la polarisation des heures de travail observée se traduit par une différenciation selon le sexe et les secteurs d'activité ou catégories professionnelles. Les femmes sont plutôt dans les services et les commerces et font 40 heures ou moins, alors que les hommes ouvriers et cadres (bien que les femmes gestionnaires ou professionnelles soient aussi de plus en plus nombreuses dans ces catégories) sont les groupes qui font souvent 40-50 heures et plus.

La répartition différenciée du travail salarié se traduit aussi dans la division du temps de travail productif global, cela incluant les activités domestiques. Les données de l'Institut de la statistique du Québec et de Statistique Canada montrent que les femmes s'investissent encore davantage que les hommes dans la sphère familiale, même si ces derniers ont fait quelques progrès... Nous avons obtenu des témoignages allant dans ce même sens dans le cadre d'une recherche sur la participation des pères à la conciliation emploi-famille (Tremblay 2001, 2003a, 2003b).

On note que la présence d'enfants tend à faire croître le taux de participation des hommes au travail domestique (incluant les soins aux enfants). Alors que les hommes sont 79 % à participer aux responsabilités familiales et domestiques en présence d'enfants de 5 à 19 ans, ils sont 90 % à participer lorsqu'il y a au moins un enfant de moins de 5 ans. Si leur participation semble s'être accrue selon les données de Statistique Canada en 2001, le temps affecté par les femmes au travail domestique est supérieur, quoique les hommes ont toujours leurs champs privilégiés d'activité domestique (réparations, tonte du gazon et entretien extérieur, etc.).

Tableau 13 : Statistiques sur la semaine de travail, selon la durée, le sexe et l'âge, Québec, Ontario et Canada, 1976, 1990 et 1998

	Unité	1976	1990	1998 Total	Hommes	Femmes	15-24 ans	25-54 ans	55 ans et +
Canada									
Durée moyenne habituelle (à tous les emplois)	h	39,0	38,2	37,4	40,9	33,3	29,1	39,1	37,1
Nombre de travailleurs (durée habituelle)	'000	9 776.1	13 165.1	14 326.4	7 802.6	6 523.8	2 101.9	10 806.1	1 418.4
Moins de 30 heures	%	12,2	16,3	17,8	10,0	27,2	43,6	12,2	22,1
30-39 heures	%	22,9	23,5	26,1	17,9	35,8	18,3	28,0	22,7
40 heures	%	45,5	39,1	36,1	44,0	26,6	27,3	38,3	32,6
41 heures et plus	%	19,3	21,0	20,0	28,1	10,4	11,1	21,4	22,5

Tableau 13 : Statistiques sur la semaine de travail, selon la durée, le sexe et l'âge, Québec, Ontario et Canada, 1976, 1990 et 1998 (suite)

Québec

Durée moyenne habituelle	h	39,2	37,5	36,8	39,8	33,0	28,9	38,2	36,9
Durée moyenne réelle (incluant absents)	h	35,5	34,1	33,5	36,9	29,4	27,4	34,8	32,7
Durée moyenne réelle (excluant absents)	h	38,5	37,5	36,9	40,1	32,8	28,9	38,4	36,9
Nombre de travailleurs (durée habituelle)	'000	2 553.6	3 172.1	3 327.5	1 841.6	1 485.9	4 673	2 559.3	3 009
01-14 heures	%	3,2	4,9	5,0	3,3	7,2	17,7	2,5	7,0
15-29 heures	%	5,7	9,9	11,8	6,3	18,5	25,4	9,2	12,7
30-34 heures	%	5,2	6,1	7,8	4,7	11,6	8,6	7,5	9,1
35-39 heures	%	23,7	25,8	25,9	19,3	34,1	13,0	29,1	18,2
40 heures	%	42,6	35,4	31,5	41,0	19,8	25,3	32,8	30,5
40-49 heures	%	9,2	7,1	7,5	10,5	3,7	5,9	7,8	7,1
50 heures et plus	%	10,4	10,8	10,5	15,0	5,0	4,0	11,2	15,3

Source : Institut de la statistique du Québec : www.stat.gouv.qc.ca

3.   L'articulation emploi-famille : en l'absence de politiques
      de réduction du temps de travail, toujours un défi !

Dans le contexte évoqué plus haut, nous avons réalisé un certain nombre
de recherches sur l'articulation emploi-famille et le temps de travail. Nous
présentons ici quelques résultats d'une de ces recherches pour montrer
que ces difficultés d'horaires et d'articulation emploi-famille conduisent
à certaines aspirations de réduction du temps de travail. Alors que le
débat sur la réduction du temps de travail (RTT) est moins présent au
Québec que ce n'est le cas en France actuellement, et surtout que les
politiques québécoises en la matière sont plutôt timides, voire inexistantes
(Tremblay et Villeneuve, 1997, 1998), cette question de la RTT est régulièrement remise sur la table, soit par les syndicats qui souhaitent réduire le
taux de chômage, soit par les groupes de femmes, qui souhaitent une
amélioration de l'articulation emploi-famille (Tremblay, 2000, 2001, 2003a).
Comme le chômage est en baisse actuellement au Québec, les revendications de réduction ou d'aménagement du temps de travail sont de
plus en plus reliées à l'articulation emploi-famille; d'ailleurs, 86 % des
répondant(e)s à notre enquête récente indiquent que la réduction du
temps de travail les intéresse surtout pour réduire les tensions entre le
travail et la famille, alors que seulement 14 % indiquent que ce serait
surtout pour réduire le chômage.

Ainsi, dans le cadre d'une recherche sur le temps de travail, nous
avons voulu savoir si les femmes et les hommes avaient des aspirations et
souhaiteraient éventuellement des politiques en ces matières au Québec.
Nous avons donc demandé à des femmes et des hommes si, de façon
générale, ils et elles souhaiteraient travailler plus, autant, légèrement
moins ou beaucoup moins. Notons que cette première étape de l'enquête
a été menée auprès d'employées de bureau, ce qui peut expliquer une
partie des résultats[12]. Nous avions défini l'expression « légèrement moins »
comme de une à deux heures de moins par semaine. L'expression
« beaucoup moins » signifiait un minimum de quatre heures de moins
hebdomadairement. Les femmes employées de bureau, peu importe le
type de situation familiale dans lequel elles évoluent, souhaiteraient, dans
de fortes proportions, travailler beaucoup moins, comme l'indiquent les
chiffres du tableau 14. Un nombre non négligeable de femmes

Tableau 14 : Désir de travailler plus ou moins

Énoncés		Femmes					Hommes				
		Autre types de famille	Garde partagée	Seule avec enfant	En couple avec enfant	Total Femmes	Autre types de famille	Garde partagée	Seul avec enfant	En couple avec enfant	Total Hommes
Souhaiterait travailler plus	Nb	2	0	4	9	15	0	0	0	5	5
	%	10,5	0,0	3,7	2,1	2,6	0,0	0,0	0,0	2,8	2,7
Souhaiterait travailler autant	Nb	2	1	33	69	105	0	1	0	44	45
	%	10,5	5,6	30,6	16,4	18,5	0,0	33,3	0,0	24,6	24,2
Souhaiterait travailler légèrement moins	Nb	3	6	26	119	154	2	2	1	44	49
	%	15,8	33,3	24,1	28,2	27,3	66,7	66,7	100,0	24,6	26,3
Souhaiterait travailler beaucoup moins	Nb	8	10	44	221	283	0	0	0	84	84
	%	42,1	55,6	40,7	52,4	49,9	0,0	0,0	0,0	46,9	45,2
Pas de réponse	Nb	4	1	1	4	10	1	0	0	2	3
	%	21,1	5,6	0,9	0,9	1,8	33,3	0,0	0,0	1,1	1,6
Total	Nb	19	18	108	422	567	3	3	1	179	186
	%	100,0	100,0	100,0	100,0	100,0	100,0	100,0	100,0	100,0	100,0

désireraient travailler légèrement moins. Ce sont les femmes vivant en couple avec enfants ou en situation de garde partagée qui préféreraient réduire leur temps de travail. De fait, les horaires des femmes sont déjà inférieurs aux hommes en général, de sorte que ce sont plutôt les femmes qui ajustent leurs horaires pour assurer la conciliation des responsabilités familiales et professionnelles. La situation est peut-être différente pour les femmes professionnelles, comme nous le vérifions dans la suite de la recherche, toujours en cours.

Les hommes sont trop peu nombreux à vivre seul avec enfants, en situation de garde partagée ou dans d'autres situations familiales pour que nous puissions nous prononcer à leur sujet. Cependant, les hommes vivant en couple avec des enfants souhaitent eux aussi, dans de fortes proportions, soit 46,9 %, réduire leur temps de travail. Le reste des hommes se partage presque également entre ceux qui souhaiteraient travailler légèrement moins et ceux qui préféreraient travailler autant.

Le fait de désirer travailler beaucoup moins ou légèrement moins ne se traduit pas directement en une acceptation de la réduction du nombre d'heures travaillées hebdomadairement. En effet, les répondant(e)s, peu importe le type de situation familiale dans lequel ils et elles évoluent, sont très partagé(e)s lorsqu'on leur demande s'ils accepteraient de travailler moins. Le tableau 15 indique à quel point cette question est épineuse pour l'ensemble de nos enquêtés.

La division entre ceux et celles qui accepteraient et les autres qui n'accepteraient pas de réduire leur nombre d'heures de travail se fait toujours près de la barre du 50 %. On remarque une opinion quelque peu plus prononcée (57,6 %) en faveur d'une réduction du temps de travail parmi les femmes qui vivent en couple et qui ont des enfants. Les femmes vivant seules avec leurs enfants sont plutôt d'avis contraire dans une proportion de 58,3 %. Dans des analyses statistiques plus poussées, nous avons pu constater que la variable la plus significative qui permettait d'expliquer les choix était la présence ou non d'un conjoint, ce qui influe évidemment sur le revenu familial (Tremblay 2003b, 2004; Tremblay et Vaillancourt-Laflamme, 2001). Les femmes employées de bureau ne gagnant pas des salaires très élevés, la question de la rémunération pose

Tableau 15 : Acceptation d'une réduction du temps de travail

Acceptteriez-vous de réduire votre nombre d'heure de travail ?		Femmes				Hommes				Total
		Autre type de famille	Garde partagée	Seule avec enfant	En couple avec enfant	Autre type de famille	Garde partagée	Seul avec enfant	En couple avec enfant	
Non	Nb	9	8	63	179	3	2	1	95	360
	%	47,4	44,4	58,3	42,4	100,0	66,7	100,0	53,1	47,8
Oui	Nb	10	10	45	243	0	1	0	84	393
	%	52,6	55,6	41,7	57,6	0,0	33,3	0,0	46,9	52,2
Total	Nb	19	18	108	422	3	3	1	179	753
	%	100,0	100,0	100,0	100,0	100,0	100,0	100,0	100,0	100,0

Tableau 16 : Formules de travail à temps réduit préférées

Énoncés		Femmes					Hommes				
		Autre types de famille	Garde partagée	Seule avec enfant	En couple avec enfant	Total Femmes	Autre types de famille	Garde partagée	Seul avec enfant	En couple avec enfant	Total Hommes
Quatre jours par semaine	Nb	12	9	58	236	315	2	1	0	90	93
	%	63,2	50,0	53,7	55,9	55,6	66,7	33,3	0,0	50,3	50,0
50 % de l'horaire normal	Nb	1	0	1	17	19	0	0	0	1	1
	%	5,3	0,0	0,9	4,0	3,4	0,0	0,0	0,0	0,6	0,5
Congés scolaire	Nb	1	5	10	78	102	0	1	0	15	65
	%	5,3	27,8	9,3	18,5	18,0	0,0	33,3	0,0	8,4	34,9
Autre formule	Nb	0	0	7	16	23	0	0	0	7	7
	%	0,0	0,0	6,5	3,8	4,1	0,0	0,0	0,0	3,9	3,8
Aucune formule	Nb	3	4	31	64	94	0	1	1	63	16
	%	15,8	22,2	28,7	15,2	16,6	0,0	33,3	100,0	35,2	8,6
Pas de réponse	Nb	2	0	1	11	14	1	0	0	3	4
	%	10,5	0,0	0,9	2,6	2,5	33,3	0,0	0,0	1,7	2,2
Total	Nb	19	18	108	422	567	3	3	1	179	186
	%	100,0	100,0	100,0	100,0	100,0	100,0	100,0	100,0	100,0	100,0

problème lorsqu'elles envisagent une réduction du temps de travail, comme nous l'avons constaté à partir d'analyses statistiques de ces données.

Le questionnaire d'enquête demandait ensuite aux répondant(e)s d'indiquer, parmi une liste contenant quatre choix, quelle formule de temps réduit leur semblait la plus intéressante. Les données compilées dans le tableau 16 indiquent que la formule du quatre jours par semaine est la plus populaire, voire la seule qui obtient un taux de réponse important.

À une exception près, on remarque en effet que la seconde réponse la plus populaire auprès de l'ensemble des répondant(e)s est « aucune formule ». Cette exception concerne les femmes qui vivent en couple avec enfants. Ces dernières, avant de rejeter toute autre forme de temps partiel, seraient en faveur de ne pas travailler pendant les congés scolaires, et ce, dans une proportion de 18,5 %.

Conclusion

Nous avons dressé dans ce texte le portrait de la participation des femmes au marché du travail au Canada et au Québec, et avons insisté sur le thème de la diversification des horaires et des formes d'emploi, ainsi que sur les problèmes que cela pose du point de vue de l'articulation emploi-famille, sujet majeur des discussions dans le mouvement des femmes depuis quelques années (Tremblay, 2000). Nous croyons que ces tendances se poursuivront et que cela représente un défi majeur pour les femmes.

De fait, déjà nombre de femmes ont des horaires de travail plus courts que ceux des hommes (Tremblay et Villeneuve, 1998, 1999). Il faudrait en fait adopter une approche collective afin d'assurer aux femmes qui le désirent une participation équitable au marché du travail. En effet, si les horaires de travail souples constituent des mesures individuelles et isolées, qui ne sont pas soutenues activement par d'autres mesures, comme un système approprié de garde à l'enfance, ou des mesures incitant les hommes à assumer davantage de responsabilités familiales et à participer également aux régimes de travail flexibles, ces régimes risquent de ne pas donner les résultats attendus du point de vue de la participation professionnelle des femmes. (Tremblay et Villeneuve, 1998) Les politiques en cette matière (réduction ou aménagement du temps de travail) ne sont pas fréquentes au Québec et au Canada; elles relèvent des entreprises, en l'absence de volonté de l'État québécois ou canadien d'intervenir en matière de réduction ou d'aménagement généralisé du temps de travail, et ces entreprises sont peu nombreuses à intervenir au nom de l'articulation emploi-famille ou de l'équité en emploi des femmes sur ce plan (Tremblay et Amherdt, 2000).

Cependant, une demande pour des horaires réduits émerge de plus en plus, comme nous l'avons montré, mais contrairement à la France notamment, la demande d'aménagement ou de réduction du temps de travail se traduit difficilement en demandes politiques. Si des syndicats ont parfois soutenu des demandes de RTT, c'était principalement en vue de réduire le chômage. On peut imaginer que les femmes développent des stratégies liées à l'articulation emploi-famille, mais il faudrait que des organismes reprennent ces demandes en leur nom, que ce soit les syndicats ou des groupes représentant les femmes.

Un petit nombre d'entreprises a mis en place des régimes d'horaire souple, assortis parfois de mesures complémentaires. Pourtant, une majorité de parents en emploi se trouvent encore laissés-pour-compte et risquent de le demeurer longtemps si les mesures privées et publiques ne sont pas améliorées. Depuis 2001, le gouvernement fédéral a prolongé de six mois à un an le congé de maternité, mais nombre de critiques se sont fait entendre à cet égard. La plupart des groupes syndicaux et féministes du Québec disent qu'il aurait plutôt fallu accroître le niveau des prestations offertes (puisqu'il ne correspond qu'à 55 % du salaire, jusqu'à un maximum de quelque 400 $ canadiens). Plusieurs pensent aussi qu'il faudrait en favoriser l'accès à toutes les femmes et non seulement aux femmes salariées (parce que le régime est géré par l'assurance-emploi, accessible uniquement aux salariées, et non aux travailleuses autonomes). Les demandes des groupes de femmes vont dans le sens d'une plus grande accessibilité et d'un meilleur niveau de revenus, mais rien n'a été fait sur ce plan.

Par ailleurs, selon nos enquêtes (Tremblay 2003a, 2003b, 2004) et d'autres, les demandes des femmes et des hommes vont d'abord et avant tout dans le sens d'aménagements et de réductions d'horaire en vue d'une meilleure articulation emploi-famille, ce que peu d'entreprises offrent actuellement (Tremblay et Amherdt, 2000). Il faut toutefois rappeler que nos recherches ont montré que les hommes utilisent les mesures de flexibilité et d'aménagement d'horaire pour des motifs de formation ou d'activités sociales, alors que les femmes les utilisent pour des raisons familiales ou de maladie des enfants plus souvent que les hommes (Tremblay, 2003b). Aussi, il convient de rappeler qu'il serait préférable que les hommes partagent plus équitablement les responsabilités familiales afin que les femmes puissent jouir d'une véritable équité en emploi. De fait, les femmes optent pour des réductions ou aménagements individuels, en l'absence d'une participation équitable de leur conjoint (lorsqu'elles en ont un évidemment) et aussi en l'absence de mesures collectives de soutien aux mères seules ou en matière de temps de travail. L'adoption de telles mesures collectives par l'État[13] permettrait d'assurer une meilleure articulation entre les responsabilités professionnelles, personnelles et familiales (incluant les soins aux enfants et aux parents âgés lorsque c'est le cas) et de faciliter la participation équitable des femmes au marché du travail. Des stratégies en ce sens pourraient émerger, mais elles tardent à se manifester de façon collective et sur la place publique. Entre temps, les femmes et les hommes « s'organisent » du mieux qu'ils le peuvent dans la sphère privée et les acteurs sociaux que sont l'entreprise et l'État ne s'investissent que timidement dans ce champ.

Notes

1. Diane-Gabrielle Tremblay est professeure en économie et gestion, directrice de la recherche à la Télé-Université de l'Université du Québec, titulaire de la Chaire de recherche du Canada sur les enjeux socio-organisationnels de l'économie du savoir (www.teluq.uquebec.ca/chaireecosavoir) et cotitulaire de la Chaire Bell-Téluq-Enap en technologies et organisation du travail (www.teluq.uquebec.ca/chairebell). Elle est membre du comité de socio-logie du travail de l'Association internationale de sociologie, de l'exécutif de la Society for the Advancement of Socio-Economics, ainsi que coresponsable du comité sur les temps sociaux de l'Association internationale des socio-

logues de langue française (ACSALF). Elle est aussi présidente de l'Association d'économie politique, directrice de la revue électronique *Interventions économiques*, et chercheure associée au CEFRIO. Elle a publié plusieurs articles et ouvrages sur l'emploi et les formes d'emploi, la formation professionnelle, l'innovation et l'organisation du travail, le télétravail, les équipes de travail ainsi que sur l'articulation emploi-famille.

2. Voir à ce sujet l'article « Les inégalités hommes-femmes » dans le numéro de la revue *Alternatives économiques*, hors série n° 46, 4e trimestre 2000, p. 60-61.

3. Les données statistiques citées ici s'appliquent principalement à l'échelle du Canada. On notera toutefois que les données québécoises sont comparables à celles s'appliquant à l'échelle canadienne.

4. Emploi et Immigration Canada, *Cadre de référence du SPPC. Projections 1992* (Système de projections des professions au Canada), cité par le Conseil consultatif canadien sur la situation de la femme (1994 : 4).

5. Une partie des tableaux analysés ici ont été traités dans un article que nous avons produit pour la revue *Travail, genre et société* (Paris, septembre 2002) et intitulé « Le marché du travail au Québec et au Canada ».

6. Emploi et Immigration Canada, *Cadre de référence du SPPC. Projections 1992* (Système de projections des professions au Canada), cité par le Conseil consultatif canadien sur la situation de la femme (1994 : 4).

7. Cette enquête a été réalisée auprès de quelque 500 mères de différentes catégories socioprofessionnelles travaillant pour deux grandes institutions (une institution financière et un établissement universitaire) de la région de Montréal.

8. Outre le temps partiel, les autres formes d'emploi sont moins souvent traitées comme telles dans les statistiques nationales courantes, entre autres parce que l'enquête sur la population active et le recensement ne les saisissent pas directement; des enquêtes et totalisations spéciales sont parfois publiées, ce qui permet d'en avoir une indication.

9. Ces données proviennent de l'*Enquête sur les horaires et les conditions de travail*, menée par Statistique Canada pour la première fois en 1991 et rééditée en 1995. Au moment d'écrire ces lignes, ces deux années étaient les seules pour lesquelles des données comparatives avaient été publiées.

10. Voir aussi deux études de cas réalisées grâce à des entrevues de groupe et dont les résultats sont rendus disponibles sous la forme de 3 vidéos d'une heure (intégrés au cours RIN-2013 de la Télé-Université) sur les problèmes d'articulation emploi-famille de pères et de mères travaillant dans des secteurs où les horaires sont variables et répartis sur 24 heures. Pour toutes

ces études et articles voir le site Internet du cours RIN-2013, accessible sur Internet à www.teluq.uquebec.ca.

11. Les données proviennent de l'édition 1991 de l'*Enquête sur les horaires et les conditions de travail*. Pour des données plus récentes sur l'emploi en général, voir les sites Internet de Ressources humaines Canada (www.hdrc-drhc.gc.ca) et de l'Institut de la statistique du Québec (www.stats.gouv.qc.ca).

12. Nous présentons ici les résultats de la recherche menée en collaboration avec le Syndicat de la fonction publique du Québec et d'autres groupes réunissant des femmes employées de bureau (Fédération des secrétaires professionnelles du Québec, employées de bureau étudiant à la Téluq). Deux autres recherches ont été effectuées par la suite, à partir du même schéma, auprès de la Fédération de la santé et de la Fédération des professionnels de l'éducation de la Centrale des Syndicats du Québec (CSQ) et, plus récemment, du Syndicat canadien de la fonction publique (SCFP). Les résultats viennent d'être publiés sous forme de notes de recherche sur l'Internet (www.teluq.uquebec.ca/chaireecosavoir), mais les données de la CSQ vont dans le même sens que les précédentes en ce qui concerne les difficultés de conciliation et les facteurs qui les expliquent ou les réduisent éventuellement (âge des enfants, soutien concret du conjoint, du supérieur, etc.). Un article récent est à paraître au début 2004 dans la revue *Nouvelles pratiques sociales* sur ces dernières recherches.

13. Sur le rôle de l'État, voir Dawson *et al.*, (2000) et Watson-Brown (2000).

Références

BELLEMARE, D., G. Dussault, L. Poulin Simon et D.-G. Tremblay (1996), « L'emploi, le travail et les relations professionnelles : la vision des économistes du travail nord-américains », dans G. Murray, M. L. Morin et I. da Costa (dir.), *L'état des relations professionnelles : tradition et perspectives de recherche*, Toulouse et Québec, Éditions Octares et PUL, p. 466-486.

CONFERENCE BOARD DU CANADA (1994), *Concilier le travail et la famille : Enjeux et options*, Ottawa.

CONSEIL CONSULTATIF CANADIEN SUR LA SITUATION DE LA FEMME (1994), *110 Statistiques sur le travail et la famille au Canada*, Ottawa.

CONSEIL CONSULTATIF CANADIEN DE L'EMPLOI ET DE L'IMMIGRATION (1987), *Les travailleurs ayant des responsabilités familiales dans la société d'aujourd'hui : Qui s'en occupe?*, rapport du Conseil consultatif canadien de l'emploi et de l'immigration, Ottawa.

DAWSON, G., S. Hatt, L. et Watson-Brown, A. Baxter, N. Bertaux (dir.), (2000), *Market, State and Feminism. The Economics of Feminist Policy*, Cheltenham, UK, Edward Elgar.

DESCARRIES, F. et C. Corbeil (1995), *Famille et travail : un double statut... un double enjeu pour les mères en emploi*, Montréal, IREF-UQAM.

DE TERSSAC, G. et D.-G. Tremblay (2000), « Quelques tensions contradictoires de l'évolution du temps de travail », dans De Terssac, G. et D.-G. Tremblay (dir.), *Où va le temps de travail?* Toulouse, Éditions Octares, p. 5-25.

DÉVELOPPEMENT DES RESSOURCES HUMAINES CANADA (1994), Le travail et la famille, *La sécurité sociale au Canada : Données documentaires* (fiche d'information).

DUSSAULT, G. (1987), *À travail équivalent, salaire égal : la portée de la revendication*, Montréal, Institut de recherche appliquée sur le travail, p. 27.

FEINER, S. F. (1994), *Race and Gender in the American Economy. Views from accross the Spectrum*, New Jersey, Prentice Hall.

FERBER, M.A. et J. A. Nelson (dir.), (1993), *Beyond Economic Man. Feminist Theory and Economics*, Chicago, University of Chicago Press.

FREDERICK, Judith A. (1995), *Au fil des heures... L'emploi du temps des Canadiens*, Ottawa, Statistique Canada, cat. 89-544F.

INSTITUT DE LA STATISTIQUE DU QUÉBEC (site Internet : www.stat.gouv.qc.ca; consulté en décembre 2000).

JENSON, Jane (2001), *Shifting the Paradigm : Knowledge and Learning for Canada's Future*, Paper for the Family Network Project F50, Ottawa, Canadian Policy Research Initiative.

LIPSETT, Brenda, et Mark Reesor (1997), *Flexible Work Arrangements: Evidence From the 1991 and 1995 Survey of Work Arrangements*, Ottawa, Human Resources Development Canada.

MACBRIDE-KING, Judith L. (1990), *Concilier le travail et la famille : Un défi de taille dans les années 1990* (rapport 59-90), Ottawa, Conference Board du Canada.

MARSHALL, Katherine (1994), « Concilier le travail et la famille », *L'emploi et le revenu en perspective*, printemps, 6, 1 : p. 31-36.

MARSHALL, Katherine (1999), « L'emploi après la naissance d'un enfant », *L'emploi et le revenu en perspective*, 11, 3 : p. 20-28.

NOREAU, N. (1994), « Le travail à temps partiel "non choisi" », *L'emploi et le revenu en perspective*, 6, 3 : p. 30-37.

PARIS, Hélène (1989), *Les programmes d'aide aux employés qui ont des obligations familiales*, Ottawa, Conference Board du Canada.

PETERSON, J. et M. Lewis (dir.), (1999), *The Elgar Companion to Feminist Economics*, Cheltenham, USA, Edward Elgar.

QUÉBEC (2000), *Des femmes et des familles*, Québec, Les Publications du Québec.

QUÉBEC (2001), *Portrait social du Québec*, Québec, Les Publications du Québec.

SECRÉTARIAT À LA FAMILLE (1997), *Nouvelles dispositions de la politique familiale : Les enfants au cœur de nos choix* (livre blanc sur les nouvelles dispositions de la politique familiale), Québec, Les Publications du Québec.

STATISTICS CANADA (1998), Census Families in Private Households by Family Structure, Showing Counts and Percentage Change, for Canada, Provinces and Territories, 1986, 1991 and 1996 Censuses – 20 % Sample Data. http://www.statcan.ca/english/census96/oct14/fam2.htm.

STATISTICS CANADA (1994), *A Portrait of Families in Canada*, Catalogue n° 89-523E, Ottawa, Statistics Canada.

STATISTIQUE CANADA (1998), « Recensement de 1996 : activités sur le marché du travail, profession et industrie, lieu de travail, mode de transport pour se rendre au travail et travail non rémunéré », *Le Quotidien*, 17 mars 1998, version en ligne.

STATISTIQUE CANADA (2001), *Le Canada en statistique : main-d'œuvre et taux de participation*, Ottawa, Statistique Canada.

STATISTIQUE CANADA (2002a), *Femmes au Canada : une mise à jour du chapitre sur le travail*, Ottawa, Statistique Canada, n° 89F0133XIF au Catalogue, avril 2002.

STATISTIQUE CANADA (2002b), *Recueil Travail-vie personnelle 2001*, Ottawa, Statistique Canada.

STATUS OF WOMEN CANADA (2001), *Beijing+5* : Facts and Figures. http://www.swc-cfc.gc.ca/beijing5/economy-e.html.

STONE, Leroy O. (1994), *Emploi et famille : les dimensions de la tension*, Ottawa, Statistique Canada (catalogue 89-540F, hors série).

SUNTER, Deborah. (1993), « Le travail par postes », *Perspective* (printemps), p. 17-26. Ottawa, Statistique Canada, cat. 75-001F.

TREMBLAY, Diane-Gabrielle (1996), « L'apport des travaux institutionnalistes et féministes en économie du travail et de l'emploi », dans Huguette Dagenais (dir.), (1996), *Science, conscience et savoir : bilan de deux décennies de recherche féministe au Québec*, Québec, Les Presses de l'Université Laval, p. 73-92.

TREMBLAY, Diane-Gabrielle (1997), *Économie du travail : les réalités et les approches théoriques*, Montréal, Éditions Saint-Martin.

TREMBLAY, Diane-Gabrielle (2000), « Temps de travail et diversité des temps sociaux : l'importance de la question du genre dans les recherches québécoises et nord-américaines », dans G. De Terssac et D.-G. Tremblay (dir.), *Où va le temps de travail?* Toulouse, Éditions Octares.

TREMBLAY, Diane-Gabrielle (2001), *Intégration sur le marché du travail et équité hommes-femmes dans l'exercice des responsabilités parentales et professionnelles*, article présenté dans le site Web du cours RIN-2013 sur l'articulation emploi-famille. Télé-Université : www.teluq.uquebec.ca.

TREMBLAY, Diane-Gabrielle (2002), « Les économistes institutionnalistes : trois générations d'interventions économiques alternatives », *Interventions économiques,* 28, janvier 2002, Montréal, Association d'économie politique. http://www.teluq.uquebec.ca /interventionseconomiques.

TREMBLAY, Diane-Gabrielle (2003a), *Articulation emploi-famille et temps de travail : comment concilier profession et famille dans les secteurs à horaires variables?* Article présenté dans le site Web du cours RIN-2013 sur l'articulation emploi-famille, Télé-Université : www.teluq.uquebec.ca.

TREMBLAY, Diane-Gabrielle (2003b), « Articulation emploi-famille : comment les pères voient-ils les choses? » *Politiques sociales,* 63, 3-4 : p. 70-86.

TREMBLAY, Diane-Gabrielle (2003c), La difficile articulation des temps sociaux : comment concilier la vie familiale et la vie professionnelle?, *Interventions économiques,* 31, juin 2003.

TREMBLAY, Diane-Gabrielle (2004), « Articulation emploi-famille et temps de travail: les usages différenciés du temps chez les pères et les mères », *Nouvelles pratiques sociales* (à paraître).

TREMBLAY, Diane-Gabrielle et Charles-Henri Amherdt (2000), *La vie en double : les obstacles organisationnels et socioculturels à la participation des pères travailleurs à la conciliation emploi-famille,* rapport de recherche (disponible à www.teluq.uquebec.ca/chaireecosavoir).

TREMBLAY, Diane-Gabrielle et David Rolland (1998), *Gestion des ressources humaines : typologies et comparaisons internationales,* Québec, Les Presses de l'Université du Québec.

TREMBLAY, Diane-Gabrielle et Catherine Vaillancourt-Laflamme (2000a), *Conciliation emploi-famille et aménagement du temps de travail. Description des données d'enquête,* rapport de recherche.

TREMBLAY, Diane-Gabrielle et Catherine Vaillancourt-Laflamme (2000b), *La conciliation des responsabilités parentales et professionnelles chez les employés de bureau : résultats d'une recherche menée au Québec,* texte 2.1 sur Internet (disponible à www.teluq.uquebec.ca/chaireecosavoir).

TREMBLAY, Diane-Gabrielle et Catherine Vaillancourt-Laflamme (2001), *Articulation emploi-famille et réduction du temps de travail,* rapport de recherche (disponible sur Internet à www.teluq.uquebec.ca).

TREMBLAY, Diane-Gabrielle et Daniel Villeneuve (1997), « Aménagement et réduction du temps de travail : réconcilier emploi, famille et vie personnelle », *Loisir et société,* 20, 1, sept. 1997, Québec, Les Presses de l'Université du Québec, p. 51-101.

TREMBLAY, Diane-Gabrielle et Daniel Villeneuve (1998), *L'aménagement et la réduction du temps de travail : les enjeux, les approches, les méthodes,* Montréal, Éditions Saint-Martin.

TREMBLAY, Diane-Gabrielle et Daniel Villeneuve (1999), « De la réduction à la polarisation des temps de travail : des enjeux sociaux », *Loisir et société,* 21, 2, juin 1999.

VANIER INSTITUTE OF THE FAMILY (2001), *Family Facts*, Ottawa, Vanier Institute of the Family, disponible sur Internet à http://www.vifamily.ca/faqs/faq.htm.

VILLENEUVE, Daniel et Diane-Gabrielle Tremblay (1999), *Famille et travail, deux mondes à concilier*, avis du Conseil de la famille et de l'enfance du Québec, Québec, Gouvernement du Québec.

WATSON-BROWN, L. (2000), « Gender, Economic Life and Politics », dans G. Dawson, S. Hatt, L. Watson-Brown, A. Baxter, N. Bertaux (dir.), *Market, State and Feminism. The Economics of Feminist Policy*, Cheltenham, UK, Edward Elgar, p. 19-35.

WINTERS, Jennifer (1994), Le travail de fin de semaine, *Perspective* (été), Statistique Canada, cat. 75-001F.

3

Femmes, mères et travailleuses devant l'absence d'une politique nationale de garde des enfants

Josée Bergeron
Département de sciences politiques
Collège universitaire Glendon, Université York

> *La plupart des parents travaillent à l'extérieur du foyer.*
> *Un de leurs plus grands soucis est de trouver et de payer*
> *des services de garde d'enfants (ministère du Développement*
> *des ressources humaines Canada, 1994 : 16).*

Introduction

Cet extrait, provenant du livre vert du ministère du Développement des ressources humaines du Canada intitulé *La sécurité sociale dans le Canada de demain*, est un des multiples énoncés gouvernementaux resté lettre morte quant à la mise en œuvre d'une politique nationale de services de garde des enfants. Plusieurs gouvernements ont promis une telle politique, mais ils sont tous revenus sur ces promesses. Pourtant, de nombreux rapports gouvernementaux ont souligné la nécessité de développer des services de garde accessibles et abordables afin de permettre aux femmes ayant des enfants d'avoir un accès égal au marché du travail.

En fait, la conciliation entre activité professionnelle et vie familiale demeure encore aujourd'hui un enjeu de taille. Le pourcentage de femmes ayant au moins un enfant de moins de trois ans et exerçant une activité professionnelle est passé de 39,6 % en 1981, à 54,8 % en 1991 et à 60,7 % en 1999 (Statistique Canada, 2000 : 119). Le nombre de places autorisées en garderie augmente durant cette période, passant de 109 141, en 1980, à 333 082 en 1991 et à 435 478 en 1996 (Statistique Canada, 2000 : 120). Toutefois, la création de places de garderie s'effectue au ralenti depuis le milieu des années 1990 : « *In the 1994-96 period, for example, the number of spaces increased by around 5 % per year, compared with increases of 11 % per year between 1987 and 1989 and 19 % per year from 1982 to 1987* » (Statistique Canada, 2000 : 101). Par ailleurs, en 1988, parmi l'ensemble des parents canadiens interviewés exerçant une activité professionnelle ou étant aux études, 47,8 % utilisaient plus d'un arrangement pour la garde de leurs enfants de moins de six ans – la moyenne la plus basse étant à l'Île-du-Prince-Édouard (34,6 %) et la plus élevée au Manitoba (51,8 %) (Pence *et al.*, 1997 : 52). De plus, la responsabilité de prendre des dispositions concernant la garde des enfants incombe à la mère dans 94 % des cas (Lero *et al.*, 1993 : 29).

L'accès à des services de garde pose un problème de taille pour la participation des femmes au marché du travail. Ainsi, comme l'explique Martha Friendly (1994 : 35), selon une étude de Statistique Canada : « *Child care was cited by an estimated 21,000 women with preschool children as the reason they were not looking for a job although they wanted to work.* » Les responsabilités familiales sont également mention-nées comme une des raisons pour le choix d'un emploi à temps partiel :

> *Many women, however, work part-time because of child care or other responsibilities. In 1999, one in five female part-time employees said they worked part-time because of personal or family responsibilities : 16 % said they did not work full-time because they were caring for children, while 5 % reported other family or personal responsibilities. In sharp contrast, only 2 % of male part-time workers cited these reasons* (Statistique Canada, 2000 : 104).

Malgré les besoins des femmes et les nombreuses recommandations en faveur de la création d'une politique nationale de services de garde au Canada, pourquoi une telle politique n'a-t-elle jamais vu le jour? Dans la plupart des provinces, on retrouve un amalgame de services de garde, mais aucune, sauf le Québec, n'a une politique explicite. Les gouvernements se sont pourtant préoccupés beaucoup des enfants au cours des dernières années, que ce soit par l'entremise d'ententes fédérales-provinciales portant sur des programmes nationaux à l'intention des enfants ou des programmes provinciaux pour l'enfance à risque[1]. Comment se fait-il, dans ce contexte, qu'une politique de services de garde ne soit toujours pas mise de l'avant ?

Pour répondre à ces questions, ce texte propose une thèse en deux temps. *Primo*, depuis son développement datant de la fin de la Deuxième Guerre mondiale, le régime canadien d'État-providence a favorisé un processus de marchandisation et de familisation. *Secundo*, les processus de marchandisation et de familisation se sont accentués à partir de la seconde moitié des années 1970. À partir de cette période, en effet, la redistribution sociale s'effectue de façon beaucoup plus importante à travers le régime fiscal et, à ce titre, elle est individualisée[2]. À travers ces mécanismes, le gouvernement fédéral et plusieurs gouvernements provinciaux ont donné une prépondérance plus grande au marché dans les arrangements providentiels, limitant ainsi les possibilités de mettre en place une politique nationale de services de garde des enfants.

Cette thèse s'inspire en partie de l'analyse de Gøsta Esping-Andersen (1990) qui établit une typologie des États-providence selon trois régimes : libéral, conservateur et social-démocrate. Dans ses travaux, Esping-Andersen s'intéresse en particulier au développement, plus ou moins accentué dans les différents régimes providentiels, d'un potentiel de rupture du cycle de marchandisation de la main-d'œuvre, cela par la création de différentes alternatives institutionnelles de sortie, volontaire ou non, du marché du travail. Cette « démarchandisation » doit, de façon minimale, « [...] *entail that citizens can freely, and without potential loss of job, income, or general welfare, opt out of work when they themselves consider it necessary* » (Esping-Andersen, 1990 : 23). La démarchandisation est la possibilité pour les individus ne plus être totalement à la merci des

« forces pures » du marché ou de ne plus être des « marchandises » par leur force de travail. En d'autres termes, l'existence d'alternatives institutionnelles permet aux individus d'avoir accès à un minimum social de biens et de services sans nécessairement devoir passer par la médiation du rapport salarial. Ces alternatives institutionnelles comprennent les prestations et les services offerts par l'État ainsi que par les institutions intermédiaires, soit la famille et les groupes civils (tels que l'Église), selon les caractéristiques propres à chacun des régimes providentiels. À cette analyse se greffe aussi la valeur accordée à la citoyenneté sociale qui garantit ou non un accès universel à ce principe de démarchandisation[3].

Ilona Ostner et Stephan Lessenich (1996) soutiennent cependant que ce principe de démarchandisation, dont la valeur analytique est importante, n'est pas suffisant pour rendre compte des différences entre les régimes ainsi que des variations dans les rapports qu'entretiennent avec ceux-ci différents groupes sociaux à l'intérieur des États-nations. Plus précisément, Ostner et Lessenich considèrent que le droit à la démarchandisation et l'accès à la citoyenneté sociale doivent être conçus en fonction de leur nature relationnelle[4]. Autrement dit, les possibilités de démarchandisation de la force de travail dépendent des rapports sociaux qui inscrivent les individus et les groupes dans différentes relations vis-à-vis le marché et l'État, ainsi qu'à l'intérieur de la famille. C'est à ce titre qu'il est nécessaire d'introduire le concept de défamilisation.

Avec le marché et les groupes civils, la famille est un pilier central de l'organisation des programmes de l'État-providence. Les régimes d'État-providence se différencient également par le rôle qu'y joue la famille dans la prise en charge des individus[5] et des risques sociaux et économiques associés à l'exercice du travail rémunéré. Que ce soit par les prestations et les services disponibles, ainsi que par la fiscalité, l'organisation de l'État-providence suppose que la famille (et ce, largement à travers le travail domestique et de soins effectué par les femmes) prend en charge les individus qui la composent de façon plus ou moins importante. De plus, les différents régimes d'État-providence inscrivent les individus dans les programmes sociaux en fonction de représentations normalisées des rapports familiaux. Par exemple, les États-providence fondés sur un modèle familial où le mari est le principal pourvoyeur ont le plus souvent inscrit les membres de la famille dans différentes positions vis-à-vis les programmes sociaux, les chefs de famille masculins étant le plus souvent les ayants droit et les épouses des membres « dépendants », aux droits de citoyenneté sociale dérivés de ceux du mari (Sainsbury, 2000). De la même façon que la démarchandisation permet aux individus de ne plus être traités uniquement comme des marchandises, la défamilisation permet aux individus de ne plus être traités uniquement selon leur place dans la famille. Le concept de défamilisation implique également la possibilité pour les individus d'avoir recours à des alternatives institutionnelles à la famille pour la satisfaction des besoins humains lorsqu'elles ou ils le considèrent nécessaire. Les services de garde font partie de ces alternatives.

Ce texte veut démontrer que les femmes au Canada font face à deux obstacles importants restreignant leur accès à la citoyenneté sociale. Étant donné la nature résiduelle[6] du régime d'État-providence du Canada, les travailleuses et les travailleurs ont un accès réduit aux possibilités de démarchandisation. Pour les femmes, l'accès réduit aux services de garde limite aussi les possibilités de défamilisation.

Ce texte se divise en trois sections. Les deux premières relatent les aléas – et les échecs à ce jour – de l'implantation d'une politique nationale de garde des enfants au Canada. La première section porte principalement sur la période allant de la fin de la Seconde Guerre mondiale jusqu'à la fin des années 1970. Moment de développement et de consolidation de l'État-providence canadien, ainsi que d'expérimentation de mesures fragmentaires et ponctuelles concernant les services de garde, cette période voit aussi l'émergence de débats à propos de la mise sur pied d'une politique nationale de services de garde. La seconde section porte sur la période allant du début des années 1980 jusqu'aux années 2000. Celle-ci se caractérise par un changement de cap majeur. La réduction des transferts aux provinces et la fin de certains programmes sociaux sont accompagnées d'un virage néolibéral qui donne au marché un poids encore plus grand dans l'orientation des politiques sociales[7]. Cela devient un obstacle considérable quant à la mise en place d'une politique nationale de services de garde. La troisième section du texte examine plus étroitement les conséquences de l'absence d'une telle politique pour les femmes. Les changements introduits à partir des années 1980 ont en effet évacué les enjeux de redistribution sociale et d'égalité des femmes en tant que mères et travailleuses des objectifs des politiques sociales. Enfin, la conclusion soulève certains défis que pose cette absence. Elle soutient, d'une part, que l'autonomie économique des femmes doit demeurer un objectif des politiques sociales et que, d'autre part, l'État est le lieu central de la représentation collective et, à ce titre, doit continuer de faire l'objet de pressions.

1.   Mères et travailleuses : les débats s'amorcent

S'il faut attendre les années 1970 avant d'assister à un réel débat public sur une politique nationale de services de garde, il est tout de même nécessaire de remonter à la Deuxième Guerre mondiale pour constater comment des éléments précurseurs d'une telle politique ont émergé au Canada, mais sans jamais être véritablement arrimés à l'ensemble des politiques sociales qui se développent à partir de cette période. Le fait qu'une politique nationale de services de garde n'ait pas été intégrée dès le départ à l'architecture de l'État-providence canadien aura des conséquences sur l'instabilité des politiques concernant la garde des enfants.

Avant la Deuxième Guerre mondiale, certains centres de garderie existent au Canada. Au début du XXe siècle, les institutions mises en place pour garder les enfants sont l'œuvre de groupes religieux, d'organisations de charité, de mouvements associatifs pour des centres de garde ainsi que de groupes philanthropiques visant à permettre aux femmes pauvres d'avoir un emploi. S'apparentant souvent aux mesures pour les mères nécessiteuses que l'on retrouve dans la plupart des provinces, plusieurs de ces centres offrent des services de garde aux mères qui peuvent démontrer leur besoin d'emploi, soit parce qu'elles sont veuves, abandonnées, que leur mari est invalide ou que le salaire du mari ne peut pas permettre à la famille de sortir de son extrême pauvreté (Varga, 1997 : 20). La situation des centres de garde varie grandement, du point de vue de leur localisation, de la formation des employées, du ratio enfants-adultes et des heures d'ouverture. Toutefois, certains centres sont ouverts de 11 à 12 heures par jour, ainsi que la nuit, afin d'accommoder les horaires de travail des mères-travailleuses (Varga, 1997 : 31).

À partir des années 1920, au Canada, comme dans plusieurs pays occidentaux, la santé des mères et des bébés devient l'objet de préoccupations pour les gouvernements (Varga, 1997 : 39-64)[8]. Au Canada, le développement d'études scientifiques des conditions sociosanitaires amène lentement une réglementation de la qualité des centres. Ainsi, en Colombie-Britannique, le *British Columbia Welfare Institution Act* de 1937 régit une diversité de centres pour adultes et enfants nécessitant des soins, dont les centres de garde (McDonnel, 1992 : 21).

Avec la Deuxième Guerre mondiale, des normes nationales sont établies. Les besoins accrus en main-d'œuvre pour l'industrie de guerre amènent le gouvernement fédéral à subventionner à 50 %, par l'entremise du *Dominion-Provincial Agreement for Wartime Day Nurseries*, l'établissement de garderies pour les enfants des mères employées dans les industries essentielles à l'effort de guerre. Au moins 75 % des parents utilisateurs doivent travailler dans ces industries pour que les centres de garde puissent recevoir les fonds. Seulement l'Ontario (28 centres) et le Québec (six centres) se prévalent des fonds disponibles. Toutefois, en Colombie-Britannique, des services de garde à temps partiel sont développés et financés par des bénévoles féminins, tels les Women's Voluntary Services et le Women's Auxiliary to the Armed Forces (McDonnel, 1992 : 21).

Dès la guerre terminée, le gouvernement fédéral cesse de verser les subventions. Les autorités politiques craignent une montée du chômage et une crise économique avec le retour des soldats et la fermeture des usines de guerre. La fin des programmes de garderie et la réintroduction des exemptions fiscales complètes accordées aux hommes mariés dans le cas où le salaire annuel de l'épouse est inférieur à 250 $ favorisent le retour des mères au foyer (Auger et Lamothe, 1981 : 160-163 ; Jean, 1992 : 405-406). Par la suite, seul l'Ontario développe une réglementation, *The Day Nurseries Act* (1946), et continue à soutenir financièrement les centres de garde après une campagne regroupant les associations Day Nursery et Day Care Parents' Association, formées en 1946, le Toronto Medical

Officer of Health, ainsi que des organisations sociales, de femmes, d'instituteurs, et d'écoles (Friendly, Cleveland et Willis, 1989 : 2; Kyle, 1992 : 369).

L'épisode de la guerre n'est pas un moment charnière dans la création d'une politique nationale de services de garde. Toutefois, il est un moment clé pour le développement de l'État-providence canadien et marque le type de politiques sociales qui en découlent. Elles sont de nature résiduelle. Ces politiques ne favorisent pas une démarchandisation complète des individus ni une défamilisation des femmes, car ces dernières auront accès aux politiques sociales en fonction de leur statut dans la famille.

Le retour à la paix et les politiques de reconversion incluent deux éléments centraux : il s'agit de reconstruire une union politique pan-canadienne et de stabiliser l'économie. Après la Seconde Guerre mondiale, les politiques sociales ne sont donc pas uniquement des instruments de redistribution. Pour le gouvernement fédéral, ces politiques servent aussi à cimenter l'espace national canadien. Le développement de l'État-providence vise à créer un espace pancanadien, comme l'indique Keith Banting (1987 : 119) : « *Modern Canadian politicians view income security, not so much as a mean of preserving democracy, but as an instrument of cultural and political integration, as an underpinning of the stability of the federal system, or at least of the role of the central government in it* ». Les programmes de sécurité sociale visent des objectifs politiques et économiques :

> Un programme de sécurité sociale reposant sur une base nationale et intéressant tout le pays peut renforcer la véritable unité canadienne [...] Le Gouvernement considère que les propositions de sécurité sociale qu'il présente à la Conférence constitueraient une contribution en trois points. Elles mettraient à la disposition de la population canadienne un réseau de protection qui s'impose pour des motifs d'ordre social et humanitaire. Il offre un bon moyen de protéger l'économie nationale en temps de crise. D'une façon tangible peut-être, bien que ce soit le plus important de ces trois points, elles contribueraient au premier chef à développer notre sens de la citoyenneté canadienne et à forger une unité canadienne durable (Conférence fédérale-provinciale du rétablissement, 1945 : 31).

Selon ces objectifs, le gouvernement doit maintenir un niveau suffisant de demande par l'intermédiaire de programmes sociaux garantissant un revenu. Ainsi, les mesures de sécurité sociale sont orientées vers le maintien de la stabilité de l'économie.

Le programme des allocations familiales est discuté et mis en place dans ce contexte. Rendu public en mars 1943, le *Rapport sur la sécurité sociale* (rapport Marsh) (Comité spécial de la sécurité sociale, 1943) vise à instaurer un véritable programme de sécurité sociale, un programme d'allocations familiales venant soutenir le déploiement de ce système. Les orientations du rapport Marsh reposent sur la nécessité de la planification économique et sociale afin d'harmoniser la reconversion vers une économie de paix. Le rapport propose un minimum social afin de protéger les familles contre la misère. La réorganisation des politiques économiques s'appuie sur la famille comme lieu de l'allocation des ressources : « Une assurance sociale bien faite, qui est en quelque sorte un placement dans la santé physique, le moral, les facultés d'éducation des enfants, la stabilité de la famille, est une forme de dépense à la fois désirable et relativement facile » (Comité spécial de la sécurité sociale, 1943 : 13). Il s'agit de prévenir la perte du revenu familial. La proposition d'allocations familiales vise à lutter contre la pauvreté, tout en soutenant le fédéralisme pancanadien et la consommation.

Dans ce cadre, une politique nationale de services de garde ne répond pas aux objectifs visés. Au contraire, la stabilité économique dépend de l'emploi des hommes. Ainsi, le type de politiques sociales mises en place privilégie un type de famille, celle dont le mari est le pourvoyeur. Les mesures de soutien aux femmes sont élaborées en fonction de leur rôle de mère et leur activité professionnelle n'est pas encouragée par ces mesures. Il faudra attendre près de 30 ans pour que les débats politiques s'ouvrent sur une politique nationale de services de garde des enfants.

C'est en effet au début des années 1970 que deux rapports gouvernementaux initient véritablement les débats sur la création d'une politique nationale de services de garde. Le rapport du Comité du Sénat sur la pauvreté et celui de la Commission royale d'enquête sur la situation de la femme (commission Bird) se penchent, entre autres, sur l'activité professionnelle des mères ainsi que sur la situation économique des femmes et des familles.

Le rapport du Sénat constate que l'industrialisation et l'urbanisation ont fait peser de nombreuses contraintes sur le réseau de soutien que constitue la famille élargie. La famille nucléaire se trouve privée des ressources d'aide traditionnelle jusque-là fournies par la famille élargie. De plus, malgré une période de croissance économique et la création de différents programmes sociaux, plusieurs pays occidentaux, dont le Canada, « découvrent » que la pauvreté persiste toujours. Le contexte des changements économiques et de la vie familiale ainsi que l'augmentation de l'activité professionnelle des mères font en sorte que les services de garderie deviennent absolument essentiels (Sénat, Comité spécial sur la pauvreté, 1971 : 169-70). Le Comité du Sénat recommande l'extension et le développement de services de garde, car ils rempliraient un besoin immédiat et pressant pour les mères et répondraient aussi aux besoins normaux des gens qui participent aux activités sociales de la vie moderne (172). À cet égard, le comité considère aussi que « les subventions publiques devraient assurer l'égalité d'accès à tous ces services » (173).

Le rapport de la Commission royale d'enquête sur la situation de la femme au Canada, pour sa part, émet une série de recommandations portant sur la situation économique des familles et des femmes. Au sujet des services offerts aux parents, la Commission estime que :

> Les parents ont besoin d'une aide complémentaire, et ils sont en droit d'attendre de la société qu'elle fournisse des services collectifs destinés aux enfants. L'égalité des femmes n'est qu'un vain mot sans un programme qui comprenne un certain nombre de services, y compris des garderies et des crèches (Commission royale d'enquête sur la situation de la femme au Canada, 1970 : 294).

Le rapport de la Commission recommande donc la création de différents services de garde et estime que le gouvernement fédéral doit en être le responsable de façon permanente (302-303). Également, dans le cadre de la révision des programmes sociaux, la Commission insiste fortement sur la nécessité d'accorder une importance plus grande au programme de garderies (303).

Entre-temps, le gouvernement fédéral et les provinces ont instauré, en 1966, un mécanisme offrant un soutien financier aux services publics de garde sous la responsabilité des gouvernements provinciaux. Le Régime d'assistance publique du Canada (RAPC) regroupe les programmes fédéraux et provinciaux et vise à standardiser les normes de l'assistance publique. Il s'agit d'un programme à frais partagés (50/50) entre les gouvernements provinciaux et le gouvernement fédéral. Ce dernier n'intervient pas directement dans les programmes d'assistance publique. Cette enveloppe budgétaire est divisée de la façon suivante : deux tiers vont aux programmes d'assistance sociale et un tiers aux services sociaux, dont les services de garde. Les provinces peuvent décider dans quels secteurs diriger les fonds, mais elles doivent assurer une assistance à toute personne dans le besoin. Pour le gouvernement fédéral, le but du RAPC est d'amoindrir ou de prévenir les causes et les effets de la pauvreté, de la négligence des enfants et de la dépendance à l'assistance publique. Faisant partie de la stratégie fédérale de lutte contre la pauvreté, cette entente introduit, dans l'orientation des programmes sociaux, la notion que les revenus des petits salariés peuvent être insuffisants pour soutenir les besoins des individus et des familles. Néanmoins, ce programme s'inscrit dans une orientation résiduelle. Ainsi, la plupart des provinces utilisent les fonds disponibles par le RAPC pour verser des subventions aux parents ou aux centres de garde, mais selon des modalités très différentes. Par exemple, le gouvernement albertain soutient des centres privés de garde, mais dans cette province ce sont principalement les municipalités qui, impliquées dans la gestion et le financement des centres de garde, reçoivent les fonds du RAPC (Read, Greenwood-Church et al., 1992 : 132).

Par ailleurs, la création de programmes de développement régional comme le Programme d'initiatives locales (PIL) en 1970 (un programme de création d'emplois) permet la création de centres de garde sans but lucratif. Par exemple, le Nouveau-Brunswick, qui n'a pas de centres publics de garde, en voit s'établir par l'entremise de ce programme. Au Québec, environ soixante-dix seront mis sur pied, en utilisant également le programme Perspectives jeunesse (Friendly, 1994 : 137). Toutefois, le gouvernement fédéral met fin au PIL en 1973. De plus, la création du ministère de l'Expansion économique régionale, en 1969, est aussi une source de financement pour des centres de garde en milieu rural. Ensuite, en 1971, les dépenses de frais de garde sont déductibles de l'impôt pour les personnes à bas revenus, si les deux parents ont une activité professionnelle, et pour les familles monoparentales. Enfin, l'entente sur le Financement des programmes établis (FPE), mise en place en 1977, vient compléter l'architecture des soutiens financiers fédéraux-provinciaux aux programmes sociaux. Le FPE couvre les régimes d'assurance-maladie et l'éducation postsecondaire par un financement fédéral en fonction du prorata de la population et de la croissance économique de chaque province.

Malgré tous ces développements, les services de garde sont très loin d'avoir acquis le statut d'un programme universel pancanadien. Il s'agit d'initiatives provinciales mises en place selon les fonds rendus disponibles par les ententes entre les gouvernements fédéral et provinciaux. Ces dernières ont permis d'arriver à une stabilisation de certaines politiques sociales, mais ce n'est pas le cas pour les services de garde. Les ententes fédérales-provinciales sont soit ponctuelles, et leur financement cesse au bout de quelques années, ou encore n'offrent aucune direction précise quant aux services de garde. En d'autres termes, il n'y a pas de stratégie gouvernementale quant à la création d'une politique nationale de services de garde des enfants. Généralement de nature résiduelle et « à la pièce », les initiatives dans le domaine s'inscrivent aussi dans les luttes politiques entre les différents gouvernements. À ce titre, les interventions étatiques et la rivalité entre les politiques fédérales et provinciales ont créé une dynamique de construction de l'État-providence où, comme l'écrit John Myles (1995 : 15), « since the 1920s, the welfare state has been the "pot of glue" to which theses élites have turned to hold the country together, even when party ideology has dictated otherwise ». Cependant, le système fédéral est aussi complexe. L'élaboration de programmes sociaux pancanadiens se bute également contre la division des responsabilités entre les niveaux de gouvernement et contre l'utilisation que font de ces divisions les gouvernements provinciaux et le fédéral afin d'asseoir leur légitimité devant les citoyennes et les citoyens.

En résumé, si, durant cette première période, des mesures ont été mises en place pour soutenir l'établissement de services de garde, celles-ci ne sont pas arrimées de façon cohérente aux autres politiques sociales. Elles demeurent ponctuelles et soumises aux aléas des ententes financières fédérales-provinciales sans faire partie d'un cadre précis, qu'il s'agisse par exemple d'une politique plus large de soutien à l'emploi, ou encore d'une politique d'égalité des sexes, comme l'avaient recommandé le Comité du Sénat et la commission Bird. Néanmoins, les travaux de ces commissions ont permis d'introduire dans le discours public le thème d'une politique nationale de services de garde et de poser cette dernière comme un enjeu social et économique pour les femmes canadiennes.

2.   Les années 1980 et 1990 : le contexte néolibéral

À partir des années 1980, un virage néolibéral s'amorce dans plusieurs pays. Le Canada n'y échappe pas ni les politiques sociales qui connaissent une profonde réorientation. Trois fois durant les années 1980 et 1990, une politique nationale de services de garde voit presque le jour. Mais, chaque fois, celle-ci s'évapore au gré des intérêts électoraux des partis politiques et des orientations idéologiques des gouvernements. Hérité de la période précédente, le caractère instable et à la pièce des interventions dans ce domaine facilite les revirements de la part des partis politiques.

D'abord, vers la fin de son mandat, le gouvernement libéral de Pierre Elliot Trudeau annonce la mise sur pied de deux commissions d'étude : la Commission d'enquête sur l'égalité en matière d'emploi, en 1983, et le Groupe d'étude sur la garde des enfants, en 1984. La Commission de 1983, formée de la seule commissaire, la juge Rosalie Silberman Abella, se penche sur l'emploi des femmes, des Autochtones, des personnes handicapées et des minorités visibles à l'intérieur des corporations de la couronne. Elle recommande des moyens afin de promouvoir l'embauche des membres de ces groupes et d'éliminer à leur égard toute forme de discrimination dans l'emploi. Plusieurs mémoires soumis à cette occasion indiquent que des services de garde des enfants sont nécessaires afin de favoriser l'équité en matière d'emploi (Timpson, 2000 : 108). Dans cette perspective, le rapport établit un lien précis entre l'emploi des femmes et la garde des enfants.

Le mandat du Groupe d'étude sur la garde des enfants, en 1984, est « d'examiner et évaluer les besoins en matière de services de garde d'enfants et de congé parental payé au Canada et déterminer si le système actuel répond à ces besoins » (Condition féminine Canada, 1986 : xvii). Déposé en 1986, le rapport du Groupe d'étude (rapport Cooke) énonce des recommandations très claires : le gouvernement fédéral doit prendre l'initiative d'établir, par des ententes fédérales-provinciales, un système national de services de garde des enfants (435). Cependant, le rapport est déposé deux ans après l'entrée des conservateurs à Ottawa et les recommandations tombent dans l'oubli.

En effet, alors que le rapport Cooke n'est pas encore déposé, le gouvernement conservateur de Brian Mulroney, élu en 1984, annonce en 1985 la création du Comité spécial sur la garde des enfants. Le mandat du comité est de faire « [l'examen] des besoins des familles canadiennes en matière de garde d'enfants et de faire rapport sur cette question » (Chambre des communes, 1987 : 1). Le rapport majoritaire[9] se différencie nettement des rapports précédents en ce qui concerne les enjeux d'égalité des sexes. D'entrée de jeu, il est indiqué que les préoccupations du Comité « vont bien au-delà du débat public sur la question, qui met surtout l'accent sur l'aide aux parents occupant un emploi rémunéré ou sur la garde des enfants comme moyen d'offrir aux femmes des chances égales en matière d'emploi » (1). En fait, les recommandations du rapport majoritaire sont très largement de nature fiscale, et on n'y retrouve pas de recommandations spécifiques qui tiennent compte de l'activité profes-sionnelle des femmes. Il s'agit plutôt de réaménagements fiscaux, qui ne modifient pas la nature résiduelle des soutiens financiers aux services de garde. Les recommandations sont nettement orientées vers une privatisation des services, c'est-à-dire qu'elles privilégient des services individualisés, et obtenus par le biais du marché, plutôt que collectifs et publics. De plus, en privilégiant la fiscalité, les services varient désormais selon les revenus des familles.

Ces recommandations s'inscrivent dans l'orientation que le gouvernement insuffle aux différentes politiques sociales, c'est-à-dire une fiscalisation croissante et une individualisation des rapports à l'État. En fait, lorsque les politiques sociales passent d'abord par la fiscalité, elles cessent d'être universelles. Elles perdent leur nature collective pour devenir des mesures qui fluctuent pour chaque famille et chaque individu en fonction du revenu. En 1985, deux documents témoignent de l'orientation économique que prend le gouvernement envers les familles. D'abord, le ministère de la Santé nationale et du Bien-être social publie le document *Prestations aux enfants et aux personnes âgées*. Ce document va à l'encontre des énoncés du ministre des Finances, Jake Epp, qui considère encore que le principe d'universalité doit être maintenu. Toutefois, en septembre 1985, le gouvernement conservateur dépose le projet de loi C-70 sur les allocations familiales. Ces dernières se voient désindexées, le crédit d'impôt pour enfant augmenté et l'exemption fiscale pour enfant abolie. Le projet de loi est adopté en janvier 1986, malgré les critiques de nombreux groupes, dont la Coalition pour l'universalité des programmes sociaux.

Avec le budget de 1985, le principe de sélectivité[10] est mis de l'avant avec force. Le budget introduit une restructuration prenant la forme d'avantages fiscaux. Selon le ministre des Finances, cela signifie que le principe de l'universalité est maintenu et que le régime d'aide à la famille est plus efficace. Comme le souligne à ce propos Allan Moscovitch, la présentation du budget passe sous silence un certain nombre d'éléments :

> *What he [le ministre des Finances] did not mention was the virtual unanimity of the opposition voiced by the organizations testifying before the House Committee to de-indexation of the family allowance and the turnover point for the child tax credit, and to the reduction of the turnover rate and to retention of the child tax exemption. Neither did he mention that the House Committee report had supported in large measure the position of the social groups* (Moscovitch, 1990 : 180).

Par une fiscalisation croissante des mesures envers les familles, le gouvernement conservateur accorde une place plus grande au marché dans la configuration des rapports État-marché-famille qui caractérise les arrangements providentiels. En ce sens, on assiste à un accroissement de la marchandisation (plutôt que des possibilités de démarchandisation) des individus, en même temps que s'individualisent les rapports entre l'État et les familles. Dans ce contexte, les mesures concernant la garde des enfants deviennent uniquement fiscales et perdent tout objectif de contribuer à l'égalité des femmes.

En 1987, le gouvernement présente son *Livre blanc sur la réforme fiscale*. En ce qui concerne les mesures d'aide à la famille, le document recommande de convertir les exemptions en crédits d'impôt. Les exemptions pour enfants deviennent des crédits d'impôt non remboursables et sont réduits. Le crédit d'impôt pour enfant est augmenté, mais le seuil d'admissibilité est abaissé et partiellement désindexé. Les allocations familiales ne sont plus indexées pour les premiers 3 %[11].

En 1988, le gouvernement conservateur annonce ses couleurs concernant la garde des enfants. Présentée comme un élément majeur de sa politique sociale en vue des prochaines élections, le gouvernement propose une « stratégie nationale de garde des enfants » en trois volets (Phillips, 1989). Il s'agit : 1) de doubler la déduction des frais de garde à 4 000 $ par enfant, par année et d'instaurer un crédit d'impôt pour enfant de 200 $ par année; 2) de créer un fond de recherche et de projets spéciaux dont le coût est estimé à 100 millions de dollars pour sept ans; 3) d'établir une loi sur les services de garde, dont les fonds prévus sont de l'ordre de trois milliards de dollars pour sept ans, par l'entremise d'un programme de frais partagés remplaçant les transferts aux provinces prévus au RAPC. De nombreuses organisations de femmes, dont les féministes du National Action Committee for the Status of Women, le Canadian Day Care Advocacy Association et le groupe antiféministe REAL Women, expriment leur mécontentement devant ces dernières modifications, qui ne s'accompagnent pas de l'élaboration de standards nationaux et menacent également de réduire les fonds disponibles pour les provinces. Bashevkin suggère que, face à cette opposition, « *the Mulroney government went ahead with the tax deductions but dropped the other proposals* » (1998 : 119).

Par la suite, les conservateurs complètent la fiscalisation des mesures envers les familles. Le glas sonne en 1992 pour l'universalité des allocations familiales. Dans le budget de 1992, le gouvernement manifeste son intention de réaménager le programme des allocations pour enfants. Les conservateurs, ayant eux-mêmes participé à la complexité du système, annoncent dans le budget que « ce régime a produit, au fil des années, une mosaïque de mesures qui ne sont ni bien ciblées ni facilement intelligibles » (ministère des Finances, 1992 : 16). Ce réaménagement signifie qu'il y aura une seule prestation annuelle pour enfants.

Les libéraux reviennent à la charge en vue des élections de 1993. Dans le livre rouge électoral, l'équipe de Jean Chrétien promet un plan national de garde dont les coûts sont estimés à 720 millions $ sur trois à cinq ans. Toutefois, après avoir été élu, le gouvernement libéral s'empresse d'annoncer, en octobre 1994, une révision en profondeur des programmes sociaux « afin de les adapter au XXIᵉ siècle ». Le livre vert du ministre du Développement des ressources humaines, Loyd Axworthy, indique qu'un des objectifs des programmes sociaux doit être d' « aider les parents à équilibrer vie professionnelle et vie familiale, grâce à des mesures comme le financement de meilleurs services de garde » (ministère du Développement des ressources humaines, 1994 : 10). Lors de la consultation publique portant, entre autres, sur les services de garde, le gouvernement fédéral assure qu'il « [...] compte collaborer avec les provinces pour développer les services de garde d'enfants » (10). Toujours en octobre 1994, le ministre des Finances, Paul Martin, dépose un livre mauve qui précise les cadres politique et économique dans lesquels la réforme doit être menée (ministère des Finances, 1994b). Lors du budget de février 1995, Martin abolit les piliers des programmes sociaux canadiens, soit le Régime d'assistance publique du Canada (RAPC) et le Financement des programmes établis (FPE)[12]. Ainsi, la consultation publique portant sur la révision des programmes sociaux est court-circuitée par le ministre des Finances par la création du nouveau programme de Transfert social canadien (TSC). Ce programme est un fonds combinant les transferts sous le RAPC et le FPE. Les sommes versées aux provinces et territoires sont mises dans une même enveloppe budgétaire, en même temps qu'en sont réduits les montants totaux et qu'est éliminé le principe des programmes à frais partagés. Il s'agit désormais d'un financement en bloc. Il n'y a pas de directives données quant aux secteurs de dépenses, les décisions à cet effet étant prises par les provinces et les territoires. De plus, avec le RAPC, si les besoins augmentaient, les provinces recevaient une somme correspondante, mais avec le TSC, le niveau de versement est fixe et si les besoins augmentent, les provinces ne reçoivent plus de versements supplémentaires, les décisions étant prises lors des énoncés budgétaires annuels. En d'autres termes, la réforme des programmes sociaux est menée par le ministre des Finances et non pas par le ministre des Ressources humaines.

Après toutes ces transformations, le gouvernement libéral lance la Prestation nationale pour les enfants en 1998. Cette entente renforce la prépondérance du marché dans l'organisation des politiques sociales au Canada. Elle se divise en deux : la Prestation fiscale canadienne pour enfants, versée aux familles, et des transferts du gouvernement fédéral aux provinces, qui laissent toute latitude aux provinces de choisir vers quels secteurs des services à l'enfance iront les fonds. Ces secteurs sont les prestations pour enfants et les suppléments au revenu gagné; les services de garde d'enfants et les garderies; les services à la petite enfance et aux enfants à risque; les prestations d'assurance-maladie complémentaires et autres services. Les variations entre les provinces et territoires sont importantes, car chacun des gouvernements décide des niveaux de subventions dirigés spécifiquement vers les services de garde.

L'impulsion donnée à l'union économique canadienne est solidifiée en février 1999 par la signature de l'Union sociale. Cette entente est avant tout une entente économique entre les gouvernements fédéral, provinciaux et territoriaux (sauf le Québec) qui concrétise la place dominante du marché. L'entente-cadre, réaffirmant le principe de « collaboration » entre les différents gouvernements dans la création et mise en place de programmes sociaux, est générale et vague. Certains analystes y voient le potentiel pour la création d'une politique nationale de garde (Friendly, 2000; Childcare Resource and Research Unit, 2000). Toutefois, l'entente formalise la nature fiscale des arrangements institutionnels en matière de programmes sociaux sans donner une direction claire et précise quant à leur organisation générale.

Enfin, depuis quelques années, les gouvernements se tournent vers la petite enfance. Les énoncés faisant suite à des réunions de premiers ministres ou les suivis d'étape ciblent la petite enfance, mais ne réfèrent que marginalement à une politique de garde. Les gouvernements « [...] » affirment leur engagement envers le bien-être des enfants [...] » et s'entendent sur quatre domaines d'action : la santé, le soutien aux parents, le développement de la petite enfance et le soutien aux communautés (secrétariat des Conférences intergouvernementales canadiennes, 2000 : 2). Toutefois, chaque gouvernement provincial et territorial peut développer le domaine d'action qu'il privilégie et les services de garde ne sont pas mentionnés directement. La réunion des ministres responsables des services sociaux en mai 2001 se maintient dans la même voie, c'est-à-dire sans que soient formulés des énoncés précis quant aux services de garde, et ce, même si le gouvernement fédéral transfère 2,2 milliards de dollars aux gouvernements provinciaux et territoriaux.

Un certain nombre de tendances sont marquantes durant cette période. Premièrement, pendant 15 ans, c'est-à-dire de la commission Bird jusqu'au rapport Cooke, en 1984, une politique nationale de services de garde était fortement recommandée en fonction de son impact pour les femmes sur le plan de l'autonomie et des droits. Par la suite, cette dimension sera totalement évacuée et les préoccupations pour l'égalité des femmes disparaîtront des discours officiels sur les services de garde. Deuxièmement, les gouvernements ont réorienté les politiques et les services vers les enfants eux-mêmes. Les parents ne sont pas mentionnés, sinon en termes très généraux. Qui plus est, la situation économique des mères n'est pas prise en compte dans l'orientation des politiques ni la nécessité de la conciliation entre activité professionnelle et vie familiale. Finalement, cette réorientation s'inscrit dans le cadre d'une fiscalisation qui concrétise la place du marché et la privatisation des services dans la prestation des programmes sociaux.

3.   Conséquences et enjeux

Durant les années 1980, le gouvernement fédéral a en effet, par ses politiques, consacré de nouveaux arrangements providentiels en donnant un poids accru au marché dans la triade État-marché-famille. De plus, la fiscalisation croissante des différentes mesures dirigées vers les familles, accentuée par les changements apportés en 1996 et par la création de la Prestation nationale pour les enfants, tranche de façon importante avec le régime précédent d'État-providence. Jusqu'aux années 1980 en effet, l'État-providence canadien, bien que de type résiduel, était néanmoins construit autour d'une définition minimale de la citoyenneté sociale.

Toutefois, si un minimum de redistribution sociale et de possibilités de démarchandisation était établi par ce régime providentiel, les possibilités de défamilisation ne suivaient pas au même rythme.

Depuis, les processus de marchandisation et de familisation se sont accentués. D'une part, les options de sortie volontaire ou non du marché du travail ont été réduites, que ce soit concernant la prestation ou la réglementation. D'autre part, même si le congé parental, par exemple, est plus généreux, l'inexistence d'une politique nationale de services de garde rend la conciliation entre activité professionnelle et vie familiale dépendante du marché. Alors que les réformes des politiques sociales sont subjuguées par les orientations néolibérales, la citoyenneté et les droits sociaux des femmes sont évacués de ce nouvel ordre économique.

Et c'est là que les enjeux pour les femmes touchent directement au principe de citoyenneté sociale. Dans le contexte de la primauté donnée au marché, l'absence d'une véritable politique nationale de services de garde des enfants affecte les femmes doublement. D'une part, elles sont « familisées » étant donné l'accès toujours inégal à des services de garde. D'autre part, elles sont marchandisées par le rôle que joue le marché dans l'accessibilité aux services de garde. Que ce soit par la fiscalité ou par les conditions d'obtention de subventions aux garderies, l'accès aux services de garde demeure fortement dépendant du marché et n'est pas considéré comme un droit social.

À ce titre se posent des enjeux quant à l'autonomie économique des femmes. D'abord, la conciliation entre activité professionnelle et vie familiale devient de plus en plus lourde étant donné la marchandisation accrue des services de garde. De plus, cette conciliation se pose en fonction d'un ordre social où les mères sont considérées comme les premières responsables des enfants, sans être aussi vues, également, comme des travailleuses. Malgré la bonification du congé parental par le gouvernement fédéral, l'orientation des politiques ne saisit pas les services de garde comme un élément déterminant d'une politique d'égalité. Les conséquences se font sentir aussi au plan juridique. Par exemple, en 1996, la Cour suprême, dans une décision majoritaire, ne reconnaît pas la demande de déductibilité des frais de garde d'enfants à titre de dépense d'entreprise formulée par Elizabeth Symes[13]. Symes remet en cause le plafonnement de la déduction des frais de garde pour deux motifs. Tout d'abord, elle affirme que sans faire garder ses enfants, elle ne peut pas avoir un revenu d'entreprise. Ensuite, elle conteste le fait que la loi fiscale ait des conséquences différentes pour les femmes. Cette cause illustre bien la complexité de la conciliation travail-famille. D'abord, comme l'indique Claire Young (2000 : 30), un jugement favorable aurait avantagé les femmes et les ménages ayant un revenu élevé. Ensuite, cette cause montre les limites de la fiscalisation des mesures et de leur individualisation. La juge Claire L'Heureux-Dubé cerne bien ces limites, lorsqu'elle écrit :

> Je n'ignore pas que les déductions fiscales ne sont certainement pas la meilleure façon pour le gouvernement d'offrir une aide relativement aux frais élevés de garde d'enfants et que les déductions admises en vertu de l'art. 63 [de la loi fiscale] ne sont pas représentatives des coûts réels de la garde d'enfants. Peut-être ne devrait-on pas subventionner la garde d'enfants par l'intermédiaire du régime fiscal, mais d'une autre façon (cité dans Young, 2000 : 31).

En second lieu, l'enjeu des services de garde continue de se poser en fonction des mères. Bien que les services de garde touchent au premier plan les femmes, étant donné qu'elles sont encore très majoritairement considérées comme premières responsables des enfants, il demeure que poser l'enjeu uniquement en fonction des mères le confine aussi au rôle maternel, c'est-à-dire sans soulever les questions de la structure de l'activité professionnelle et de la responsabilité parentale. Le contexte actuel du marché de l'emploi rend cette question urgente. La demande d'une main-d'œuvre flexible pose plusieurs défis aux femmes. Les horaires atypiques, les horaires irréguliers ainsi que les longues heures de travail sont une charge supplémentaire. L'enjeu de la flexibilité est à deux facettes. Au Québec, le ministère de la Famille et de l'Enfance a mis en place des projets pilotes en août 2000 afin de tenter de répondre aux besoins divers des parents en matière d'horaires des services de garde (Gagnon, 2000; Leduc, 1999)[14]. Là, la conciliation entre activité profes-sionnelle et vie familiale fait partie de la politique des services de garde et tient compte des changements de la vie professionnelle. Cependant, l'autre facette de la flexibilité est qu'elle n'assure peut-être pas l'autonomie des travailleuses. Un certain nombre de questions doivent être soulevées. Ces initiatives, présentées comme un gain de flexibilité pour les parents, ne risquent-elles pas d'accentuer aussi les demandes de flexibilisation de la main-d'œuvre de la part des employeurs? Ce genre d'initiative peut favoriser une conciliation entre famille et travail, mais il peut aussi rendre toute conciliation soumise aux aléas de la vie de travailleuse. En d'autres termes, un des effets possibles de ces mesures est un renforcement de la marchandisation des travailleuses elles-mêmes, au détriment d'une véritable conciliation. Dans un contexte où deux revenus sont essentiels, les parents ont-ils vraiment le choix?

Par ailleurs, dans le cadre de la Prestation fiscale canadienne pour enfants, certains gouvernements se sont particulièrement tournés vers la petite enfance, privilégiant des programmes et des services gouverne-mentaux ciblant « l'enfance à risque ». Cette réorientation soulève un certain nombre de défis quant aux représentations de la famille contenues dans ce virage. À leur tour, ces représentations ont le potentiel d'avoir des impacts majeurs quant aux politiques qui en découlent et conséquemment sur les femmes. Ainsi, que signifie cette nouvelle catégorisation, c'est-à-dire comment les gouvernements définissent-ils les risques? Dans le contexte de réduction des soutiens financiers de la part de plusieurs gouvernements, l'introduction de la catégorie « enfance à risque » évacue les débats publics sur l'orientation et les conséquences de ces politiques. Il ne s'agit pas de remettre en cause les programmes et les services dirigés vers les enfants victimes de négligence, de violence, d'abus, etc. Mais lorsque les gouvernements se tournent presque exclusivement vers une définition restrictive des risques, qu'advient-il des enjeux économiques et sociaux qui touchent non seulement les enfants, mais aussi les femmes dans leur rôle de mère et de travailleuse? Quels glissements cet accent sur l'enfance à risque opère-t-il?

Les exemples de l'Alberta et de l'Ontario illustrent les principaux défis reliés à ces questions qui sont au cœur de la représentation des femmes et de leur rapport à l'État. Le gouvernement albertain a très clairement ciblé l'enfance à risque, cette catégorie étant définie sous l'angle de la violence et de comportements antisociaux. Le risque de pauvreté des enfants n'est mentionné que de façon marginale, celui des parents l'est encore moins[15]. Les documents gouvernementaux présentent les orientations réfèrent aussi très peu aux programmes de soutien du revenu. En Ontario, une étude sur la petite enfance (McCain et Mustard, 1999) a servi au gouvernement pour cibler cette dernière catégorie sociale, même si les auteurs du rapport prennent soin de préciser que les programmes doivent viser tous les enfants, y compris ceux à risque. Les deux gouvernements sont silencieux en ce qui concerne les conditions sociales, politiques et économiques qui affectent les parents. Dans les contextes albertain et ontarien, des gouvernements conservateurs ont réduit considérablement les services et les programmes destinés aux familles, ainsi que les montants de diverses prestations accessibles aux parents. En Alberta, les mesures dirigées vers les parents sont des programmes de dernier recours ayant d'importantes restrictions. Par exemple, les femmes chefs de famille monoparentales sont considérées aptes au travail dès que le plus jeune enfant a atteint l'âge de six mois. Le Supports for Independance, un programme d'assistance temporaire, n'est disponible que lorsque toute autre avenue a été épuisée, ce qui comprend l'aide de la famille et des amis, tel qu'indiqué dans le document décrivant le programme. Les gouvernements albertain et ontarien se tournent aussi vers des partenariats avec des intervenants privés, communautaires et familiaux. En Ontario, la stratégie de réorientation pour l'enfance indique que la collaboration doit s'étendre aux organismes de charité et aux amis. La réduction des montants de l'aide sociale et des services de garde fait partie de la nouvelle stratégie du gouvernement conservateur. La réintroduction de la règle du *spouse-in-the-house* réduit aussi considérablement la marge de manœuvre économique des familles monoparentales. Aussi, une part des transferts fédéraux dans le cadre de la stratégie à l'enfance va au Early Years Challenge Fund, qui peut être utilisé pour des programmes préscolaires en autant qu'un commanditaire privé verse un montant égal à la somme demandée, et seulement si les sommes ne sont pas utilisées pour créer des espaces de garderie (Philp, 2001 : A13). La catégorie d'enfance à risque, telle que présentée par les gouvernements Klein et Harris, n'est pas exempte d'ambiguïtés et de paradoxes. Les deux gouvernements insistent sur la nécessité d'avoir des enfants en santé et de mettre en place des mesures assurant le bien-être des enfants. Or, ces notions ne sont pas arrimées aux conditions socioéconomiques dans lesquelles vivent les parents de ces enfants. Parallèlement au thème de l'enfance à risque se développe celui du « bon parentage ». Il s'agit d'aider les parents à prendre soin de leurs enfants, ainsi qu'à acquérir les qualités nécessaires leur permettant de devenir de « bons parents ». Le succès ou l'échec du bon parentage repose de ce fait sur une responsabilisation de l'individu adulte, tout en introduisant une moralisation plus grande du rôle de parent. Là non plus, les conditions socioéconomiques des parents ne sont pas considérées. Cette insistance sur le rôle des parents renforce la privatisation des responsabilités et des tâches de soins des enfants en les renvoyant vers les familles, et s'inscrit fort bien dans les tendances néoconservatrices perceptibles dans les politiques des gouvernements Klein et Harris.

Toutes ces orientations récentes – flexibilité de l'activité profession-nelle, enfance à risque, bon parentage – ont des conséquences négatives pour les femmes. D'une part, ces orientations sont déliées des enjeux de redistribution sociale et d'égalité des femmes. Ces dernières ne sont plus représentées dans ces programmes et les enjeux d'égalité sont évacués des objectifs des nouvelles politiques mises en place. D'autre part, ces orientations renforcent considérablement l'individualisation des rapports entre les femmes et l'État, car elles ne proposent aucune mesure collective. De ce fait, les femmes ayant des enfants sont ramenées à un « [...] ordre national qui formule et normalise des attentes spécifiques à l'égard des deux sexes [...] » (Ostner et Lessenich, 1996 : 186), ordre soutenant très fortement une familisation des femmes.

Conclusion

Dès son développement, l'État-providence canadien est de nature résiduelle. Les politiques sociales mises en place dès la Deuxième Guerre mondiale ne sont pas conçues afin de véritablement démarchandiser et défamiliser les individus, bien que ces derniers aient accès à un minimum social. Le marché et la famille ont été les principaux piliers de ce régime d'État-providence. Dans cette architecture, la famille a été « normalisée » comme lieu de prise en charge. À ce titre, une politique nationale de services de garde accessibles et abordables n'a pas été conçue comme un élément central de redistribution sociale ni comme une politique pouvant assurer un accès à l'universalité des droits sociaux. Cette politique n'a jamais été stabilisée dans l'ensemble des politiques sociales. Le virage fiscal n'a fait qu'accentuer cette instabilité en faisant en sorte que les services de garde ont perdu, au fil du temps, tout attribut collectif au fédéral et dans la très grande majorité des provinces. Ce qui renforce le rôle des familles comme pilier central de la prise en charge, posant des obstacles accrus aux possibilités de défamilisation pour les mères.

Quelles pistes restent ouvertes afin de remettre les services de garde à l'ordre du jour? Une des premières pistes, et probablement la plus complexe, est de réorienter et refixer le discours politique sur des objectifs de mesures sociales conçues en fonction de l'égalité et de l'équité. En d'autres termes, lorsque les politiques gouvernementales ciblent l'enfance à risque, la santé des enfants, l'égalité des chances pour les enfants, il devient de plus en plus nécessaire de considérer que ces enfants ont des parents. Ce constat n'est pas aussi banal qu'il le paraît. En fait, les énoncés gouvernementaux ne font que marginalement le lien entre les conditions socioéconomiques des parents et des enfants, sauf pour ce qui est des questions de santé. Dans le thème de l'enfance, tel que posé par les gouvernements, les conditions économiques des parents et l'accès à la redistribution sont rarement mentionnés. Il est impératif de rappeler que les enfants ont des parents. Autrement dit, les divisions sociales et économiques doivent faire partie du portrait des politiques visant tous les enfants.

Pour ce qui est des stratégies et des analyses féministes, l'État doit demeurer un lieu de luttes politiques et de représentation politique et sociale. L'État promulgue des lois et est responsable des mesures fiscales. Il suffit de comparer brièvement deux provinces pour constater que cet énoncé n'est pas aussi trivial qu'il paraît l'être à première vue. D'un côté, le Québec, en 1997, propose trois nouvelles mesures à l'intérieur de la politique familiale : les services pour la petite enfance (services de garde et de maternelle), l'allocation familiale unifiée et l'assurance parentale (congés parentaux et prestations)[16]. Malgré les insuffisances et les dérapages, il faut constater au moins deux choses. Premièrement, la politique de garderie à 5 $ par jour est conçue de façon collective (bien qu'encore une fois, cet aspect soit modéré par la fiscalité et les difficultés entourant sa mise en œuvre). Dans le discours étatique, cette mesure s'arrime à l'ensemble des politiques sociales et elle est un élément central de la redistribution sociale collective. Deuxièmement, les stratégies des groupes de femmes de cibler l'État par leurs demandes, ainsi qu'une représentation directe des enjeux de condition féminine dans l'appareil étatique, par l'entremise du Conseil du statut de la femme, entre autres, ont eu un impact direct sur l'élaboration de cette politique[17].

De l'autre côté, l'Alberta a connu une radicalisation des mesures individuelles. Dès l'élection de 1993, le gouvernement conservateur de Ralph Klein entreprend une série de réductions des dépenses gouvernementales dans tous les domaines sociaux. De plus, ces réductions s'inscrivent dans le cadre suivant : « rendre les individus et les familles responsables de leur bien-être ». Non seulement les familles sont-elles le premier pilier de prise en charge, mais elles sont conçues comme une unité marchande. Les documents gouvernementaux attestent en effet de cette transition importante dans la terminologie utilisée : on ne parle plus d'individus ou de citoyens, mais bien de clients. Par exemple, les familles monoparentales sont désignées comme étant *single parent clients*. Ainsi, la relation entre les individus et l'État devient une relation contractuelle de type marchand entre l'État, le secteur privé et les familles, incluant les familles élargies. De plus, l'Alberta est sous un régime de taxation à taux unique depuis 2002, à la suite des recommandations du comité qui a remis son rapport en octobre 1998. Pour le gouvernement conservateur, cette réforme vise à maintenir l'*Alberta Avantage* selon deux principes : avoir le plus bas taux de taxation au Canada et améliorer la compétitivité de l'Alberta. Le taux de taxation est de 11 %, les exemptions personnelles et pour conjoint sont fixées à 11 620 $. Cette modification de l'exemption de conjoint découle d'un constat majeur selon le comité : il faut reconnaître les bénéfices d'avoir un parent demeurant à la maison pour prendre soin des enfants et de faire de la famille l'unité de taxation plutôt que l'individu (gouvernement de l'Alberta, 1998 : 17-18). Le comité ne cache pas que cette recommandation vise à améliorer la position fiscale des familles à un seul revenu (gouvernement de l'Alberta, 1998 : 34).

Ces deux exemples montrent que l'idéologie des gouvernements au pouvoir et la capacité de représentation des groupes de femmes dans l'appareil étatique font une différence dans le type de politique mise en œuvre. L'État demeure un lieu décisionnel. Les pressions doivent continuer à s'exercer sur les représentants politiques. Toutefois, la marginalisation de nombreux groupes en regard de l'appareil étatique rend cette tâche très lourde. Encore une fois, l'exemple de l'Alberta démontre combien celle-ci peut s'avérer ardue. Dès l'élection de 1993, le Alberta Advisory Council on Women's Issues a été l'une des nombreuses cibles des politiques néolibérales et néoconservatrices. Créé en 1986, il est éliminé en 1996. L'absence de comités d'étude, de comités de l'Assemblée législative et de consultations publiques non partisanes illustrent les nombreux obstacles institutionnels que rencontrent toute proposition qui diverge de l'ordre néoconservateur et néolibéral[18].

À ce titre, les différentes stratégies politiques et les analyses doivent continuer de se centrer sur l'État comme élément régulateur de l'ordre social et économique. Non seulement le gouvernement fédéral doit être l'objet de pressions – d'autant plus que le secteur de la santé est maintenant sous le microscope et que les propositions de privatisation sont nombreuses (l'Alberta est encore un exemple à ce titre) –, mais les rapports entre les gouvernements provinciaux et fédéral doivent aussi être examinés de façon beaucoup plus attentive. Les différences très importantes entre les provinces quant aux services de garde des enfants démontrent que le fédéralisme, comme arrangement institutionnel et politique, permet des variations. Si d'un côté, dans certaines provinces, les conséquences négatives pour les femmes sont nombreuses, de l'autre ces variations signifient aussi qu'il n'y a pas qu'une seule voie, homogène et sans retour, quant aux choix politiques.

Notes

1. Par exemple, le rapport sur l'enfance à risque du gouvernement de l'Alberta (2000) ou l'*Étude sur la petite enfance* commandée par le gouvernement de l'Ontario (McCain et Mustard,1999).

2. Lorsque la redistribution sociale s'effectue principalement par le système fiscal, elle est soumise de façon plus importante au marché. C'est le revenu provenant de l'activité professionnelle qui détermine le type de redistribution. De plus, comme l'accès aux politiques varie en fonction de ce revenu, elles perdent aussi leur aspect collectif. Par ailleurs, la fiscalité est un rapport économique entre les individus et l'État. Ainsi, par la fiscalisation croissante des politiques sociales (crédit d'impôt, exemption, déduction de personne à charge), l'État ne met plus l'accent sur les mesures et services collectifs.

3. Esping-Andersen (1990 : 21) précise que la démarchandisation repose sur la reconnaissance des droits universels des citoyens et citoyennes : « De-commodification occurs when a service is rendered as a matter of right, and when a person can maintain a livelihood without reliance on the market. »

4. Ostner et Lessenich (1996) précisent que le rôle du marché ne doit pas avoir une préséance analytique sur le rôle de la famille, étant donné qu'*et* le marché *et* la famille placent les individus dans des positions différentes vis-à-vis les politiques sociales et les droits sociaux.

5. Esping-Andersen (1990 : 21) reconnaît marginalement ce rôle dans *The Three Worlds of Welfare Capitalism* : « We must also take into account how state activites are interlocked with the market's and the family's role in social provision ». Il développera ce dernier élément et l'intégrera à son modèle d'analyse dans son ouvrage de 1999, *Social Foundations of Postindustrial Economies*).

6. Un État-providence de type résiduel est basé sur une logique selon laquelle le marché et la famille sont les premiers mécanismes de satisfaction des besoins, ce qui renforce la marchandisation et la familisation des individus. Comme le précisent James J. Rice et Michael J. Prince (2000 : 148) : « [...] residualism, holds that most government social services should come into play only when the family and/or market breaks down. »

7. Bien qu'elle soit trop souvent gommée, la distinction entre néolibéralisme et néoconservatisme est importante. D'une part, le néolibéralisme se caractérise essentiellement par le retour du marché comme mécanisme régulateur (« la main invisible du marché ») et une vision strictement individualiste de la société. D'autre part, le néoconservatisme se caractérise

aussi par le retrait de l'État, sauf qu'il est aussi utilisé afin de promouvoir des valeurs morales, telles que « la bonne et vraie famille ».

8. Par exemple, voir Jenson (1989) à propos de la France et des États-Unis.

9. Margaret Mitchell, députée du Nouveau Parti démocratique, et Lucie Pépin, députée du Parti libéral, exprimeront leurs opinions divergentes.

10. La sélectivité s'oppose à l'universalité. Un programme universel couvre toute la population indépendamment du revenu des individus (l'universalité des programmes est modérée par la suite par la fiscalité). La sélectivité fait en sorte que les individus reçoivent des prestations et des services en fonction de leur revenu.

11. Moscovitch (1990 : 187) mentionne à juste titre que loin de rendre le système d'aide à la famille plus simple, ces changements en font un système complexe nécessitant son propre formulaire dans le rapport d'impôt.

12. En 1990, le gouvernement fédéral avait imposé une limite de 5 % à ses contributions pour trois provinces : la Colombie-Britannique, l'Alberta et l'Ontario.

13. Les deux juges dissidentes sont Claire L'Heureux-Dubé et Beverley McLachlin.

14. Aux États-Unis aussi, cet enjeu a amené la création de centres de garde aux heures atypiques. En Floride, depuis 1999, le nombre de centres offrant des services entre 18 heures et 7 heures a augmenté de 14 % (Carton, 2001 : M1). L'Illinois a étendu un projet pilote de un million de dollars US sur deux ans pour 10 centres publics offrant ce type d'horaire (Carton, 2001 : M1).

15. En Alberta, en 1996, l'incidence de pauvreté chez les enfants est de 20,7 % et en Ontario de 20,3 % (Canadian Council on Social Development).

16. Cette dernière mesure n'est pas mise en œuvre étant donné que les gouvernements d'Ottawa et de Québec ne s'entendent pas sur les transferts financiers pour la soutenir.

17. À ce titre, voir Jenson (1998).

18. Pour un portrait détaillé des conséquences sociales et économiques de la « révolution Klein », voir Harrison et Laxer (1995).

Références

AUGER, Geneviève et Raymonde Lamothe (1981), *De la poêle à frire à la ligne de feu*, Montréal, Boréal Express.

BANTING, Keith G. (1987), *The Welfare State and Canadian Federalism*, Montréal/Kingston, McGill/Queen's University Press.

BASHEVKIN, Sylvia (1998), *Women on the Defensive. Living Through Conservative Times*, Chicago, University of Chicago Press.

CANADIAN COUNCIL ON SOCIAL DEVELOPMENT, *Incidence of Child Poverty by Province, Canada, 1990-1996*. www.ccsd.ca/factsheets/fscphis2.htm.

CARTON, Barbara (2001), « 24/7 economy pushes day care into night care », *Globe and Mail*, 9 juillet, p. M1.

CHAMBRE DES COMMUNES, COMITÉ SPÉCIAL SUR LA GARDE DES ENFANTS (1987), *Des obligations partagées. Rapport du comité spécial sur la garde des enfants*, Ottawa, Imprimeur de la Reine.

CHILDCARE RESOURCE AND RESEARCH UNIT (2000), *Early Childhood Care and Education in Canada : Provinces and Territories 1998*, Toronto, Centre for Urban and Community Studies, University of Toronto.

COMITÉ SPÉCIAL DE LA SÉCURITÉ SOCIALE (1943), *Rapport sur la sécurité sociale au Canada préparé par le Docteur Marsh pour le Comité consultatif de la reconstruction.*

COMMISSION ROYALE D'ENQUÊTE SUR LA SITUATION DE LA FEMME AU CANADA (1970), *Rapport de la Commission royale d'enquête sur la situation de la femme au Canada*, Ottawa, ministre des Approvisionnements et Services Canada.

CONDITION FÉMININE CANADA (1986), *Rapport du groupe d'étude sur la garde des enfants*, Ottawa, Approvisionnements et Services Canada.

CONFÉRENCE FÉDÉRALE-PROVINCIALE DU RÉTABLISSEMENT (1945), *Propositions du gouvernement du Canada.*

CONSEIL NATIONAL DU BIEN-ÊTRE SOCIAL (1999), *Les enfants du préscolaire : des promesses à tenir*, Ottawa, ministre des Travaux publics et Services gouvernementaux.

ESPING-ANDERSEN, Gøsta (1990), *The Three Worlds of Welfare Capitalism*, Princeton, Princeton University Press.

ESPING-ANDERSEN, Gøsta (1999), *Social Foundations of Postindustrial Economies*, Oxford, Oxford University Press.

FRIENDLY, Martha (1994), *Child Care Policy in Canada. Putting the Pieces Together*, Ontario, Addison-Wesley.

FRIENDLY, Martha (2000), *Child Care and Canadian Federalism in the 1990s : Canary in a Coal Mine*, Toronto, Childcare Resource and Research Unit, Centre for Urban and Communities Studies, University of Toronto.

FRIENDLY, Martha, Gordon Cleveland et Tricia Willis (1989) *Services de garde adaptables au Canada : rapport sur les services de garde en soirée, la nuit et les fins de semaine, en cas d'urgence et pour les enfants malades, et en milieux ruraux*, Toronto, Centre for Urban and Communities Studies, University of Toronto.

GAGNON, Katia (2000), « Québec offre des garderies 24h sur 24h », *La Presse*, 30 août.

GOUVERNEMENT DE L'ALBERTA (1998), *Final Report and Recommandations. Future Direction for Personal Income Taxes in Alberta.*

GOUVERNEMENT DE L'ALBERTA (2000), *Start Young, Start Now. Report of the Task Force on Children at Risk*, Edmonton, Children's Services.

HARRISON, Trevor et Gordon Laxer (1995), *The Trojan Horse. Alberta and the Future of Canada*, Montréal, Black Rose Books.

JEAN, Dominique (1992), « Family Allowances and Family Autonomy : Quebec Families Encounter the Welfare State, 1945-55 », dans Bettina Bradbury (dir.), *Canadian Family History*, Toronto, Copp Clark Pitman, p. 401-437.

JENSON, Jane (1989), « Paradigms and Political Discourse : Protective Legislation in France and the United States Before 1914 », *Revue canadienne de science politique*, 22, 2 : p. 235-258.

JENSON, Jane (1998), « Les réformes des services de garde pour jeunes enfants en France et au Québec : une analyse historico-institutionnelle » *Politique et sociétés* 17,1-2 : p. 183-216.

KYLE, Irene (1992), « An Historical Overview of Child Care in Ontario », dans Alan R. Pence (dir.), *Canadian Child Care in Context : Perspectives from the Provinces and Territories*, Ottawa, Statistique Canada, Santé et Bien-être social Canada, p. 367-384.

LEDUC, Louise (1999), « Une garderie, la nuit », *Le Devoir*, 23 novembre.

LERO, Donna S. *et al.*, (1993), *Avantages et flexibilité en milieu de travail : tour d'horizon des expériences vécues par les parents*, Ottawa, Statistique Canada, cat. n° 89-530F.

McCAIN, Margaret Norrie et J. Fraser Mustard (1999), *Inverser la véritable fuite des cerveaux. Étude sur la petite enfance. Rapport final*, Toronto, Secrétariat à l'enfance.

MCDONNEL, Linda (1992), « An Historical Overview of Child Care in British Columbia. Day Care : For Better and For Worse », dans Alan R. Pence (dir.), *Canadian Child Care in Context : Perspectives form the Provinces and Territories*, Ottawa, Statistique Canada, Santé et Bien-être social Canada, p. 19-42.

MINISTÈRE DU DÉVELOPPEMENT DES RESSOURCES HUMAINES CANADA (1994), *La sécurité sociale dans le Canada de demain. Sommaire du document de travail*, Ottawa, Gouvernement du Canada.

MINISTÈRE DES FINANCES (1994), *Un nouveau cadre de la politique économique*, Ottawa, Gouvernement du Canada.

MOSCOVITCH, Allan (1990), « "Slowing the Steamroller" : The Federal Conservatives, the Social Sector and Child Benefits Reform », dans Katherine A. Graham (dir.), *How Ottawa Spends 1990-91*, Ottawa, Carleton University Press, p. 171-217.

MYLES, John (1995), « When Markets Fail : Social Welfare in Canada and the United State », dans *Discussion Paper DP 68. United Nations Research Institute for Social Development*, Genève, UNRIDS.

OSTNER, Ilona et Stephan Lessenich (1996), « Droits de la citoyenneté sociale, capacité de gain et attaches familiales », dans W. Ablshauser, R. Delorme *et al.* (coordination scientifique), *Comparer les systèmes de protection sociale en Europe*, Paris, ministère du Travail et des Affaires sociales, p. 183-202.

PENCE, Alan R. *et al.* (1997), *Shared Diversity : Interprovincial Report on Child Care in Canada*, Ottawa, Statistique Canada, cat. nº 89-536-XPE.

PHILLIPS, Susan D. (1989), « Rock-a-Bye Brian : The National Strategy on Child Care », dans Katherine A. Graham (dir.), *How Ottawa Spends 1989-90. The Buck Stops Where?*, Ottawa, Carleton University Press, p. 165-208.

PHILP, Margaret (2001), « We're cheating our kids », *Globe and Mail*, 14 juin, A13.

READ, Malcolm, Margo Greenwood-Church *et al.* (1992), « An Historical Overview of Child Care in Alberta », dans Alan R. Pence (dir.), *Canadian Child Care in Context : Perspectives form the Provinces and Territories*, Ottawa, Statistique Canada, Santé et Bien-être social Canada, p. 131-148.

RICE, James J. et Michael J. Prince (2000), *Changing Politics of Canadian Social Policy*, Toronto, Toronto University Press.

SAINSBURY, Diane (2000), « Les droits sociaux des femmes et des hommes », dans Thanh-Huyen Ballmer-Cao, Véronique Mottier et Lea Sgier (dir.), *Genre et politique. Débats et perspectives*, Paris, Gallimard, p. 233-280.

SECRÉTARIAT DES CONFÉRENCES INTERGOUVERNEMENTALES CANADIENNES (2000), *Réunion des Premiers ministres, Ottawa, 11 septembre 2000. Communiqué sur le développement de la petite enfance pour la réunion des premiers ministres*, disponible sur le site Internet à www.scics.gc.ca/cinfo00/800038005_f.html.

SÉNAT, COMITÉ SPÉCIAL SUR LA PAUVRETÉ (1971), *La pauvreté au Canada. Rapport du Comité spécial du Sénat sur la pauvreté*, Ottawa, Imprimeur de la Reine.

STATISTIQUE CANADA (2000), *Femmes au Canada, 2000 : rapport statistique fondé sur le sexe*, Ottawa, Statistique Canada, cat. nº 89-503-XPE.

TIMPSON, Annis May (2000), *Driven Apart. Women's Employment Equity and Child Care in Canada Public Policy*, Vancouver, UBC Press.

VARGA, Donna (1977), *Constructing the Child. A History of Canadian Day Care*, Toronto, James Lorimer.

YOUNG, Claire F.L. (2000), *Les femmes, l'impôt et les programmes sociaux : répercussions, selon le sexe, du financement des programmes sociaux par l'entremise du régime fiscal*, Ottawa, Condition féminine Canada.

4

Discours politique, contexte économique et aspects juridiques du Workfare

Jacinthe Michaud
École d'études des femmes
Collège universitaire Glendon, Université York

Introduction

Il n'existe pas de définition stricte du Workfare (Dechêne, 1994)[1], même si l'on s'entend pour dire que l'association des termes *work* et *fare* (*work for fare*) signifie l'obtention de prestations d'aide sociale en échange d'heures de travail obligatoire. En 1997, la politique Ontario au travail révolutionne le système d'aide sociale en établissant à 17 le nombre d'heures de placement qu'un(e) prestataire doit accomplir pour obtenir le même montant de prestations. Ces placements, généralement d'une durée de six mois, prévoient une pénalité sévère en cas de refus, soit l'arrêt total des prestations pendant trois mois dès la première offense et six mois en cas de récidive. À la fois politique et programme, la loi Ontario au travail représente une des formes de Workfare parmi les plus punitives et répressives qui ait été adoptée en Amérique du Nord, à l'exception sans doute du tout dernier programme fédéral d'assistance adopté aux États-Unis en 1996 : le *Personal Responsability and Work Opportunity Act* (PRA)[2].

La législation ontarienne, tout comme les lois adoptées ailleurs au Canada et aux États-Unis, ne vient pas simplement se greffer à une politique d'assistance déjà existante. La politique Ontario au travail transforme les fondements même de l'aide sociale dans cette province (Morrisson, 1998; Boismenu et Berrnier, 2000). C'est ce que nous aimerions pouvoir démontrer dans ce chapitre, de la même façon que nous aimerions mettre en lumière les présupposés sexistes et racistes qui sous-tendent de telles réformes (Fraser et Gordon, 1997; Evans, 1998; O'Connor *et al.*, 1999; Morel, 2000 a; b). En effet, l'adoption des politiques de Workfare n'est pas étrangère à la perception de l'augmentation fulgurante de certaines catégories d'assistés sociaux, comme les jeunes et les mères adolescentes, surtout immigrantes ou de race noire, et ce, même si au Canada l'assistance publique a la prétention d'être plus inclusive et plus universelle qu'au États-Unis. De plus, les nouvelles politiques d'assistance opèrent des changements paradigmatiques qui étaient tout à fait impensables autrefois, comme l'obligation pour les mères seules de se soumettre à des placements de travail obligatoire. Cette transformation majeure n'a rien à voir avec la reconnaissance de l'égalité entre les sexes qu'une telle politique viendrait à reconnaître. C'est avant tout la notion de « réciprocité » envers toutes les femmes qui travaillent, y compris celles qui ont des enfants, que les législateurs cherchent à promouvoir. Au cœur de ce débat se trouve, bien sûr, le « mérite » des personnes qui reçoivent une rémunération en échange de leur « contribution » au travail salarié et l'expression de leur prétendu ressentiment envers les prestataires considérées comme étant dépendantes de l'assistance publique sans qu'aucune contribution ne leur soit demandée en retour.

Dans la première partie du chapitre, nous aborderons les principaux arguments avancés pour soutenir l'adoption de politiques de Workfare. Ceux-ci sont de trois ordres : la restauration de l'éthique du travail pour les personnes dépendantes de l'assistance publique, la promotion de l'estime de soi et la simplification des règles bureaucratiques pour une meilleure sélection des pauvres méritants. Ce faisant, nous exposerons, entre autres, la thèse de Nancy Fraser et Linda Gordon (1997) à travers la généalogie qu'elles font du concept de « dépendance » depuis le patriarcat préindustriel jusqu'à l'ère contemporaine. La deuxième partie présentera les volets de la politique Ontario au travail et nous porterons une attention particulière aux dispositions qui ciblent le secteur communautaire. La troisième et dernière partie se présentera sous forme de discussion des principaux enjeux, soulevés par ces politiques, pour le mouvement féministe. Nous y exposerons les deux principales tendances qui s'affrontent actuellement sur les meilleures stratégies à mettre en œuvre pour contrer la pauvreté des femmes. L'une consiste à exempter du Workfare toutes les mères et les femmes engagées dans une relation de soins comme reconnaissance de leur contribution à ce type de travail. L'autre réaffirme que l'autonomie et l'indépendance économique des femmes constituent toujours la meilleure voie de sortie de la pauvreté. Cependant, aucune de ces deux tendances, à notre avis, ne remet en cause les principaux fondements du Workfare. D'où l'importance de réaffirmer le droit universel à l'assistance publique sans égard au mérite et à la notion de contribution par le travail.

1. **Fondements discursifs du Workfare et critique féministe des notions de « dépendance », de « réciprocité » et de « contribution »**

Le Workfare est présenté par ses partisans comme une politique d'équité et de réciprocité. C'est dire que dans la mesure où les salarié(e)s reçoivent un salaire en échange d'heures travaillées, il n'est que juste que les assisté(e)s soient obligé(e)s à un certain nombre d'heures de travail (non rémunéré) en échange de leurs prestations. L'obligation de réciprocité constitue un des points des programmes électoralistes des partis politiques qui disent répondre à un ressentiment généralisé de la population envers les prestataires d'aide sociale, tant il est vrai que le discours sur le Workfare se nourrit d'hostilité, tout comme d'accusations de fraude et d'abus du système (Noël, 1995).

À la fois politique et programme, le Workfare recouvre un ensemble de mesures propres à obliger les assisté(e)s à s'inscrire à l'intérieur d'activités de recherche intensive d'emploi, d'intégration au marché du travail ou de formation professionnelle[3]. Parmi les publications favorables au Workfare réalisées au cours des 20 dernières années, *Helping the Poor : A*

Qualified Case for Workfare par Richards et Watson (1995) du C.D. Howe Institute illustre bien les changements qui se préparaient déjà au Canada. En effet, bien avant l'abolition du Régime d'assistance publique du Canada, qui fut remplacé en 1996 par le Transfert social canadien, dont nous parlerons plus loin, divers courants néolibéraux préparaient déjà les transformations qui allaient se produire au niveau fédéral et dans les provinces. Cet ouvrage du C.D. Howe Institute est une collection d'articles qui entend faire le tour de la question à partir de l'expérience américaine et de l'évolution des groupes sociaux les plus touchés par les programmes canadiens d'aide sociale[4]. Les arguments que nous y avons répertoriés sont de trois types. Ceux du premier type présentent le système d'aide sociale comme étant principalement conçu pour venir en aide à des catégories d'assisté(e)s en augmentation constante depuis quelques décennies, soit les familles monoparentales et les personnes seules aptes au travail. Selon certains partisans du Workfare, ces groupes de prestataires sont devenus des dépendants de l'État et tendent à le demeurer d'une génération à l'autre. L'aide sociale devient alors une forme de gratification, cependant que la stigmatisation à l'endroit des assisté(e)s de l'État va diminuant. Il importe donc de restaurer l'éthique du travail qui se serait érodée avec l'adoption de mauvaises politiques d'assistance. Les arguments du deuxième type sont avancés par certains auteurs qui affirment que l'instauration du Workfare permettrait de rétablir l'estime de soi des assisté(e)s et de rehausser certaines valeurs individuelles. Les programmes d'intégration à l'emploi ou d'employabilité ont donc moins à voir avec la réduction des coûts qu'avec le rétablissement de l'individu et du sens de l'engagement envers sa communauté. Finalement, les arguments du troisième type laissent entendre que, grâce au Workfare, il serait possible de faire le ménage dans une bureaucratie étatique devenue trop lourde et inefficace dans sa lutte contre la pauvreté. Plus que tout le reste, l'obligation de travailler permettrait de départager les assisté(e)s méritants des autres qui ne font pas d'efforts pour réintégrer la société.

N'eût été de l'importante catégorie des mères assistées, nous ne parlerions pas de Workfare à l'heure actuelle. Sans elles, personne n'aurait songé à ce rapport de réciprocité obligé. De toutes les catégories de prestataires – hommes ou femmes –, ce sont les mères seules et assistées qui posent le plus de problèmes aux décideurs politiques et aux gestionnaires des systèmes d'aide sociale. Alors que les autres ne font que passer dans les dossiers de l'assistance publique, les mères assistées – à en croire certains partisans du Workfare – s'y incrustent, y élevant même leur progéniture à l'intérieur du même creuset pathologique de dépendance à l'État. Étant donné que les normes sociales restreignant l'autonomie des femmes ont changé considérablement depuis les années 1960, un bouleversement semblable s'imposait donc concernant le travail de ces mères. Ainsi, le Workfare ferait en sorte que toutes les femmes seraient évaluées à l'aune de cette réciprocité, faite de la quête d'autonomie et d'indépendance, cela cependant sans égard à leur situation familiale (Morel, 2000a; 2000b). Dans les sections qui suivent, nous allons revenir sur chacun des trois types d'argument exposés ci-dessus. En premier lieu, l'argument du premier type touche, selon nous, à l'éthique du travail. Une discussion critique sur ce que ce type d'argument sous-entend nous permettra de comprendre mieux comment certains partisans du Workfare ont pu concevoir que les mères seules et assistées puissent y être soumises au même titre que toute autre catégorie sociale d'assisté(e)s.

1.1   Les mères assistées soumises à l'éthique du travail

Les partisans du Workfare ne nient pas que la restructuration de l'économie ouverte sur la mondialisation laisse peu de chance aux travailleurs(euses) qui ont peu ou pas de qualifications. Partout en Amérique du Nord, les revenus du travail de cette catégorie de main-d'œuvre ont subi la décroissance durant les années 1980 et 1990. C'est ce qui explique, du moins en partie, que les prestations d'assistance aient été en augmentation constante durant la même période (Brown, 1995). Si le groupe des mères assistées répond le moins bien aux signaux de reprise économique, c'est en raison des nécessités domestiques et des coûts associés à la charge d'un ou plusieurs enfants. Beaucoup d'entre elles n'arrivent à décrocher que des petits boulots au salaire minimum. La perte de bénéfices sociaux que leur donne l'aide sociale, tels que l'assurance-médicament par exemple, fait en sorte qu'il est nettement désavantageux pour elles de quitter l'aide sociale (Hagen et Davis, 1994). Pas étonnant que le nombre des mères assistées ait connu une augmentation importante entre 1983 et 1993, particulièrement en Ontario où l'augmentation a été de 144,5 %. À titre comparatif, David M. Brown mentionne que le Québec, au cours de la même période, a connu une augmentation de 6,8 %, la Colombie-Britannique de 22,6 %, l'Alberta de 34 % (Brown, 1995 : 57). Les chiffres concernant l'Ontario sont particulièrement renversants pour la droite conservatrice – mais aussi pour certains libéraux et progressistes – et expliquent le niveau d'angoisse manifesté envers les mères assistées (Fraser et Gordon, 1997; Morrison, 1998).

Mais ce que les chiffres sur l'augmentation fulgurante des mères assistées ne disent pas, c'est que le pourcentage des femmes à la tête de familles monoparentales ne représente qu'un modeste 7 % de l'ensemble des femmes canadiennes : une hausse de 2 %, échelonnée sur une période de 20 ans environ, soit entre le début des années 1970 et le début des années 1990. Par rapport à l'ensemble des femmes avec des enfants ayant moins de 18 ans, ce type de famille monoparentale a augmenté de 8 à 14 % entre 1973 et 1991[5]. Cette augmentation, nous dit Patricia M. Evans, n'est pas la plus forte que le Canada ait connu au cours du XXe siècle. Il y a quelque 50 ans, une famille sur sept était dirigée par une femme, la majorité pour des raisons de veuvage, ce qui n'est pas le cas aujourd'hui où la majorité des mères seules le sont pour des raisons de divorce ou de séparation (Evans, 1998 : 54).

Les collaborateurs de *Helping the Poor : a Qualified Case for Workfare* font largement référence à la situation américaine où le nombre de mères assistées, surtout parmi les jeunes adolescentes noires, n'a cessé d'augmenter. Cette tendance à la comparaison avec la situation américaine entraîne une vision réductionniste qui fait porter toute la responsabilité causale de la pauvreté sur l'individu, porteuse de caractéristiques sociales, économiques, culturelles, voire psychologiques qui la rendent encline à la dépendance assistancielle. Cette analyse individualisante de la pauvreté est particulièrement répandue en Amérique du Nord et imprègne la teneur des politiques publiques tant aux États-Unis que dans certaines provinces canadiennes, contrairement aux politiques adoptées en Europe où les causes de la pauvreté sont entendues comme un problème social (Noël, 1995). Nous y reviendrons.

Pour l'instant, nous aimerions insister pour dire que d'autres modèles comparatifs, même choisis à l'intérieur d'États d'orientation libérale en matière de politiques publiques, offrent une image plus nuancée de la pauvreté des familles monoparentales dirigées par des femmes. Par exemple, la Grande-Bretagne, au beau milieu de la période sombre du régime thatcherien et de ses effets sur les politiques sociales, affichait un taux de pauvreté chez les mères seules de 16,5 % par rapport à l'ensemble de la population. L'Australie, les États-Unis et le Canada, au cours de la même période, présentaient des taux beaucoup plus élevés, c'est-à-dire de 61,1 %, 57,9 % et 51 % respectivement. Malgré ses orientations néolibérales, la Grande-Bretagne a adopté – ou a été forcée de préserver – des politiques de soutien au revenu qui s'alignaient davantage avec les pays du continent européen comme l'Allemagne, où le taux de pauvreté chez les mères seules est de 39,1 %, la Hollande, où il est de 7,9 %, ou encore la Suède (6,5 %) (O'Connor *et al.*, 1999 : 111). Ainsi, 20 % seulement des femmes britanniques à la tête de familles monoparentales, même lorsqu'elles sont sans travail et tirent leurs revenus de prestations de l'État, sont considérées comme pauvres, alors que ce pourcentage est d'environ 90 % dans le cas de l'Australie, des États-Unis et du Canada (O'Connor *et al.*, 1999 : 127)[6].

Que l'Amérique, par ailleurs si prompte à valoriser les valeurs familiales et religieuses, veuille imposer la stricte égalité entre les femmes et les hommes afin de mieux faire triompher l'éthique du travail (Roche, 1995; Fraser et Gordon, 1997; Evans, 1998), a de quoi en surprendre plusieurs. Mais les motivations qui sous-tendent les programmes de Workfare ont peu à voir avec l'adoption du modèle égalitaire entre hommes et femmes et davantage à une prétendue équité entre les mères salariées et non salariées (Morel, 2000a). Si certains se plaignent du bouleversement des valeurs familiales infligé par le féminisme, d'autres soulignent au contraire qu'il est de moins en moins acceptable socialement que certaines catégories de mères résistent à l'autonomie découlant du travail salarié (Dechêne, 1994). Comment en sommes-nous venus à un tel renversement de valeurs? Pourquoi l'éthique du travail s'applique-t-elle désormais aux mères seules non seulement aux États-Unis, mais aussi au Canada alors qu'auparavant, elles n'y étaient pas soumises (Evans, 1995 : 83; 1998 : 58) ?

Afin de mieux comprendre pourquoi, en Amérique, il existe un tel niveau de stigmatisation à l'endroit des jeunes adolescentes noires et des jeunes femmes non mariées, nous allons nous tourner vers Nancy Fraser et Linda Gordon qui nous proposent, dans ce qui va suivre, de faire la généalogie du concept de « dépendance » (Fraser et Gordon, 1997). Fraser et Gordon sont cosignataires du chapitre « A Genealogy of "Dependency" », tiré de l'ouvrage *Justice Interruptus* que Nancy Fraser a publié en 1997. Elles y démontrent que le fond idéologique du discours sur le concept de dépendance est en mouvance continuelle depuis l'ère du patriarcat préindustriel. Être dépendant, à cette époque, n'avait aucune connotation négative de déviance et n'encourait pas de stigmatisation individuelle. À peu près tout le monde était dépendant de quelqu'un, quelque part. Les femmes et les enfants, tout autant que les serfs et autres catégories de subalternes agissaient à l'intérieur d'un ordre social où la dépendance s'inscrivait dans un jeu de relations à la fois économiques, sociologiques et politiques. D'ailleurs, le travail des femmes et des enfants, lequel dépendait du mari et du père, lui-même dépendant de quelqu'un d'autre, était considéré nécessaire à l'économie de l'unité domestique et reconnu comme tel (125). Fraser et Gordon ajoutent que c'est à l'ère industrielle que la division sexuelle du travail devient plus accentuée.

C'est aussi à la même époque que commence à émerger une certaine forme de construction raciale où les liens de dépendance deviennent anormaux pour les « Blancs », alors que certaines situations de dépendance le demeurent pour les personnes de « races de couleur » [*dark races*] (127). Les modifications de sens qui affectent la notion d'indépendance à partir de cette époque sont caractérisées par l'attribution restrictive des droits civils et politiques, en partie établie à partir du travail salarié, et transforment de manière négative le sens donné aux relations de dépendance devenues l'antithèse de la citoyenneté (127). Les liens de dépendance de certains groupes sociaux, comme l'indigent vivant de la charité publique, l'esclave et l'indigène des colonies et la « nouvelle invention » de l'épouse et de la ménagère, ne s'expliquent plus par les anciens registres économiques, sociologiques et politiques de l'ère du patriarcat préindustriel. Ceux-ci se dissolvent en effet pour disparaître presque totalement et laisser place à un discours moralisateur, composé cette fois-ci de registres empruntés à la psychologie et à la pathologie médicale. Émergent alors toute une série d'images qui prétendent expliquer les attributs de certains groupes sociaux exclus du travail salarié. Concernant l'indigent vivant de la charité publique, par exemple, celles-ci font ressortir sa dégradation morale dont le problème relève moins de la pauvreté que d'une corruption de son caractère (128). Mais c'est plutôt dans le registre de la subordination politique que sont dépeints les liens de dépendance de l'esclave et de l'indigène; une nécessaire et légitime subordination assortie d'éléments discursifs basés sur de prétendues caractéristiques de leur nature humaine entendue comme « autre » (128-129). Mais qu'en est-il alors de la toute nouvelle invention de l'épouse et de la ménagère?

> *Like the pauper, the native and the slave were excluded from wage labor and thus were negatives of the image of the worker. They shared that characteristic, if little else, with the third major icon of dependency in the industrial era : the newly invented figure of the « housewife ». As we saw, the independence of the white working man presupposed the ideal of the family wage, a wage sufficient to maintain a household and to support a nonemployed wife and children. Thus, for wage labor to create (white-male) independence, (white) female economic dependence was required. Women were thus transformed « from partners to parasites »* (129).

Après la Seconde Guerre mondiale, l'ensemble des liens de dépendance ne visent expressément, et ce, de manière hégémonique, que les individus prestataires d'assistance de l'État (132). Du coup, l'image de la mère seule et assistée, la *welfare mother*, met à découvert des manifestations d'anxiété culturelle du côté des institutions dominantes. Par ailleurs, c'est au terme de ce périple généalogique que Fraser et Gordon font la synthèse des changements discursifs survenus dans le champ de la main-d'œuvre et des normes familiales. Si aujourd'hui, il n'est plus de bon ton d'insister sur la dépendance des femmes au salaire familial unique et à son pourvoyeur masculin, l'indépendance, elle, demeure fortement rattachée à l'emploi salarié. Avec l'ère postindustrielle, affirment les deux auteures, toute forme de dépendance, y compris la dépendance au salaire unique du mari, deviennent négatives. Toutes les femmes, quel que soit leur statut social, sont assujetties à l'éthique du travail salarié, lequel rejette le travail domestique dans le champ du non-travail. Devant ces nouvelles dispositions faisant du salaire le seul garant du statut d'indépendance, les femmes qui persistent à donner priorité à leurs responsabilités parentales par rapport à un revenu d'emploi, même lorsque celui-ci ne leur offre que peu ou pas de ressources en matière de services de garde et de couverture sociale, voient leur rapport avec le régime assistanciel associé à la pathologie. Fraser et Gordon concluent que les causes de la pauvreté deviennent explicables essentiellement par des facteurs situés à l'extérieur des champs de la sociologie et de l'économie[7].

Ainsi, les débats à tous les niveaux de la sphère publique/politique à propos des mères assistées sont fortement imprégnés d'éléments discursifs tirés de la science médicale et de la psychologie. Sur ce sujet, Alain Noël mentionne à peu près la même chose que Fraser et Gordon, c'est-à-dire qu'étant donné qu'aux États-Unis la pauvreté n'est pas perçue comme un problème social, contrairement aux pays européens, les types d'intervention mettent essentiellement l'accent sur les traits caractériels de l'individu (Noël, 1995 : 45). Plus que jamais, l'accent est mis sur les caractéristiques de l'individu capable de faire un choix rationnel entre un travail salarié lié à l'indépendance ou une existence marquée par l'ostracisme et la dépendance assistancielle. Ces éléments discursifs influencent l'opinion publique et imprègnent les politiques publiques de telle sorte que la notion de « choix » est détournée de sa formulation d'origine. Par exemple, choisir de ne pas avorter lorsqu'on est adolescente alors que cette option est disponible pour les femmes serait faire un mauvais choix. Dans ce cas, il ne serait que normal de lui en faire payer le prix (Solinger, 1998). Ainsi, les discussions idéologiques sur la prétendue dépendance aux programmes d'assistance de l'État débordent le discours conservateur de la droite religieuse et de la droite néolibérale. Elles vont même jusqu'à influencer profondément le discours progressiste de la tendance sociale-démocrate. Mais à l'intérieur de ce débat, la demande d'autonomie du mouvement féministe contemporain s'en trouve pervertie de bien des manières. Pour parvenir à mettre en application le Workfare dans ses formes les plus diverses, c'est-à-dire plus ou moins punitives, il faut faire en sorte que soit acceptée l'idée que des mères délaissent le travail domestique et parental. L'Amérique parvient donc à opérer un tour de force qu'aucun pays européen n'a envisagé de faire jusqu'à maintenant (O'Connor *et al.*, 1999), soit modifier, en quelques décennies seulement, les règles régissant l'emploi des femmes au nom, non pas de l'égalité entre les femmes et les hommes, mais de l'équité avec celles qui occupent un emploi salarié, qu'elles soient mères ou simples individues (Morel, 2000a); Roy et Druelle, 2000 : 161).

Même au Canada, où les politiques d'assistance apparaissent plus généreuses et plus inclusives que chez nos voisins du sud, il ne saurait y avoir d'impact positif, selon les partisans du Workfare, que si les programmes qui s'en inspirent visent aussi et surtout la clientèle la plus difficile à réintégrer sur le marché du travail (Dechêne, 1994; Krashinsky, 1995 : 110). Ainsi, il arrive que le Workfare soit présenté comme une politique de bienfaisance à l'endroit de ces mères qui ne travaillent pas comme les autres : des mères dépendantes de leur chèque d'aide sociale, ne cesse-t-on de dire; de celles, qui plus est, qui ne sauraient rien faire d'autre que d'élever leur progéniture dans le même « creuset patho-logique ».

1.2   Restaurer l'estime de soi à défaut de faire des économies

C'est donc sans surprise que les arguments du deuxième type mettent l'accent sur l'amélioration des qualités personnelles de l'individu. Rehausser l'estime de soi est avancé comme objectif prioritaire, surtout quand il devient évident qu'il n'y a pas d'économies à faire avec le Workfare. Même que, dans plusieurs cas, on assiste à une augmentation substantielle des coûts sans que ne survienne une amélioration significative des conditions de vie des prestataires. L'impact du Workfare sur la pauvreté est tout à fait marginal, tranche Paul Dechêne dans un document publié par le ministère du Revenu du Québec où il présente une évaluation somme toute exhaustive des programmes d'intégration en emploi et d'employabilité aux États-Unis. Il dira par exemple que « les résultats bruts ont toujours pour effet d'exagérer les bénéfices d'un programme[8] ». D'ailleurs, les démonstrations strictement économiques ont peine à présenter le Workfare comme une solution au déficit de l'État-providence. Derrière les chiffres, les simulations informatiques et les tables à calcul ou à géométries variables se profilent les motivations sur ce qui est acceptable politiquement, efficace économiquement, équitable socialement et raisonnable en matière d'incitation au travail[9]. Mais comme l'argument sur la nécessité de réduire les coûts occupe une place prédominante dans les discours politiques, nous allons prendre le temps d'en faire une brève analyse.

Dès le départ, il importe de préciser que le financement nécessaire à l'implantation des programmes de Workfare ne peut être débattu sans qu'intervienne la question des bénéfices escomptés par les prestataires, c'est-à-dire de l'impact de ces programmes sur l'augmentation de leurs revenus, après l'obtention d'un emploi. Pareillement, dans les modèles économiques néolibéraux, toute référence aux coûts des programmes sociaux au Canada est obligatoirement liée aux taux d'imposition nécessaire à leur financement. Étant donné que l'enjeu principal de l'aide sociale est de préserver l'éthique du travail (pour les personnes qui ont déjà un emploi) ou d'en restaurer sa fibre (pour les assisté(e)s), encore faut-il que tout le monde y trouve son compte en matière de baisse d'impôt et d'augmentation des revenus des uns et des autres. Objectif difficile à atteindre avec les programmes d'assistance; d'autant plus, nous dit-on, qu'il existe un fort ressentiment de la part des travailleur(euse)s à bas revenus qui ont su conserver, en dépit des forces contraires, une certaine éthique du travail.

> The reason is that working does not lift a family's income much above the support available to those on welfare. A work requirement would eliminate the problem by legislating it away. Those receiving welfare would be forced to work; those working would not see able-bodied people not working and receiving welfare that made them almost as well off (Krashinsky, 1995 : 105).

Économiquement parlant, des niveaux de taxation et d'imposition trop élevés constituent un effet décourageant au maintien ou à l'obtention d'un emploi salarié. Les analystes du C.D. Howe Institute savent bien que, pour bon nombre de mères assistées, trouver un emploi au salaire minimum signifie des transferts d'impôt moins élevés : effet d'autant plus négatif qu'il doit être additionné à la perte de bénéfices sociaux. Pas étonnant que plusieurs d'entre elles choisissent de maintenir leur statut d'assistée (Krashinsky, 1995 : 104-5). Pour les analystes et partisans du Workfare, ce phénomène de résistance à l'emploi salarié menace dangereusement les mécanismes d'incitation au travail. Mais comment l'adoption généralisée de programmes obligatoires peut-elle faire pression à la baisse sur l'impôt des contribuables? Difficile à expliquer, d'autant que ces mêmes analystes insistent pour que la clientèle la plus difficile à réintégrer dans les circuits de l'emploi soit celle visée prioritairement. Car trop souvent, disent-ils, les économies réalisées et les impacts positifs, quand il y en a, s'expliquent par l'écrémage d'une clientèle d'assisté(e)s qui aurait réintégré le travail salarié d'elle-même de toute façon (Dechêne, 1994). Par ailleurs, ce qu'on entend par effets positifs s'explique en des termes choisis en dehors du champ économique, puisque l'impact sur le niveau des revenus demeure négligeable, voire inexistant. Cela parce que les emplois trouvés sont généralement à temps partiel au bout du compte, et le niveau d'employabilité ne connaît pas d'amélioration appréciable (Dechêne, 1994: 51).

> *This suggests that, so long as the work ethic stays as it has been in the past [...] a work requirement will not be particularly useful when the economy is in good shape, since most of those who can work are already doing so. The largest group of welfare recipients who might be affected by « workfare » are welfare mothers. But even this group has in the past moved off the welfare rolls in significant numbers when jobs are available. Those who remain are likely to be particularly hard to place. Furthermore, when jobs are found for them, is is likely that little money will be saved* (Krashinsky, 1995 : 109).

Maintenant, qu'en est-il des dépenses associées au Workfare? Elles sont essentiellement de deux catégories : 1) les dépenses encourues pour couvrir l'administration des programmes et 2) les frais rattachés aux placements des assisté(e)s. Les dépenses de première catégorie incluent les frais de gestion des programmes d'intégration en emploi, de formation ou d'employabilité, ainsi que les frais associés au suivi des placements, à l'équipement, à la supervision, à la santé et à la sécurité. De plus, si le Workfare a pour conséquence de déplacer des travailleur(euse)s ayant déjà une position rémunérée, en particulier durant des périodes de récession importante de l'économie, ces personnes requerront à leur tour assistance de l'État (Krashinsky, 1995 : 110). Les coûts de deuxième catégorie sont des dépenses directes de chaque assisté(e) comme les services de garde, le transport, l'habillement décent. Ce dernier aspect est moins souvent mentionné, mais a été soulevé à plusieurs reprises par des femmes que nous avons eu l'occasion de rencontrer dans le cadre de notre recherche sur le Workfare[10]. Selon leurs propres aveux et suivant les termes choisis par elles-mêmes, être vêtue correctement est d'une très grande importance, car nulle n'aime se présenter « en haillons » devant un éventuel employeur. Si l'assistée parvient à se trouver un emploi, que ce soit ou non à la suite d'un placement, elle devra ajouter à la colonne des pertes les bénéfices sociaux alloués pour les médicaments et autres soins de santé.

L'évaluation des programmes de Workfare ne peut être uniforme compte tenu du très grand nombre d'aspects qui entrent en ligne de compte, mais aussi de la très grande diversité des programmes adoptés par les gouvernements. Une des mesures d'efficacité des programmes consiste à évaluer le nombre d'assisté(e)s qui, à la suite d'un placement, quittent le système d'aide sociale après avoir trouvé un emploi et qu'ils/elles bénéficient d'une augmentation de revenu. Lorsque de telles évaluations existent, elles révèlent dans presque tous les cas des résultats fort modestes. Même chose lorsqu'il s'agit d'évaluer les résultats obtenus en regard des coûts engagés ou de réduction des dépenses (Dechêne, 1994; Krashinsky, 1995). Les arguments des analystes favorables au Workfare reposent davantage sur des valeurs morales, facilement contradictoires, que sur des principes strictement économiques. Pour Michael Krashinsky, si les économies de coûts ne peuvent être évoquées, alors la restauration du capital social devient un argument valable et nécessaire. L'obligation au travail en échange d'une prestation pour tous les assistés, y compris les mères assistées, ne doit pas être perçue comme une punition mais comme un moyen pouvant renforcer l'estime de soi (Krashinsky, 1995 : 112-116)[11]. Ce qui est encore plus difficilement quantifiable, nous dit à son tour Paul Dechêne, mais ce n'est pas une raison pour en négliger les effets (Dechêne, 1994 : 42).

L'argument de l'estime de soi enferme ses adeptes dans un cercle vicieux. Restaurer la fierté, susciter la motivation demeurent le faire-valoir de tout l'édifice argumentaire. Les très faibles résultats obtenus en matière d'augmentation du revenu et d'emplois satisfaisants en cache un autre, celui des placements inutiles socialement et peu qualifiants en matière d'embauche sur le marché du travail. À supposer que l'estime de soi soit tirée d'un revenu obtenu par le travail salarié, alors le Workfare est la voie assurée vers l'échec. Dans le cas de la politique Ontario au travail, aucune augmentation des prestations ne peut être attendue avec 17 heures par semaine ou 70 heures de travail obligatoire par mois. Ce qui signifie un « salaire réel » de deux fois et demie moindre que le salaire minimum en vigueur[12]. Un placement de Workfare ne hausse pas les prestataires à un statut identique à celui du travail salarié ni même à celui du travail volontaire dans le cas des placements communautaires. Certaines recherches auprès des assisté(e)s, comme celle effectuée par Christopher McAll et Deena White (McAll et White,1996), font ressortir la crainte des prestataires de ressentir encore plus d'hostilité de la part d'autres employé(es) sur les lieux de travail. Les femmes se disent également plus vulnérables aux abus, au harcèlement sexuel, à la discrimination. Les femmes de couleur, les prestataires âgé(e)s comptent parmi les catégories les plus exploitées, à qui des employeurs sans scrupules n'ont aucunement l'intention d'offrir un poste rémunéré à la fin de la période de placement, même quand ils/elles en ont les moyens. Si les programmes d'intégration en emploi ou d'employabilité persistent à n'offrir que des placements qui se répètent de six mois en six mois sans plus de perspective d'avenir, alors la résistance à la participation se fera davantage sentir du côté des prestataires (Lightman, 1995 : 154; Jacobs, 1995 : 17; McAll et White, 1996).

1.3   Une bureaucratie à simplifier pour une meilleure sélection des méritants

Les arguments du troisième type insistent sur la caractéristique obligatoire des placements de travail, seule capable de déterminer qui, parmi les assisté(e)s, mérite l'aide de l'État. Ce que les adeptes du Workfare reprochaient aux normes canadiennes d'assistance avant la réforme fédérale de 1996, c'était la multiplication des paliers de juridiction, l'incompatibilité entre les services offerts à des clientèles disparates, la confusion dans les critères d'éligibilité et leur interprétation : bref, l'embourbement du système lui-même (Hoy, 1995 : 187). Un système d'aide sociale fondé sur la seule évaluation des besoins, la générosité de politiques mal ajustées à la clientèle, de même que la participation volontaire à des mesures d'incitation au travail ou de formation professionnelle auraient permis une explosion sans précédent du nombre de personnes assistées, toutes catégories confondues. Au fil des années, une pléthore de programmes ont été mis sur pied pour chaque catégorie d'assisté(e)s sans que ne soit assurée de véritable correspondance entre ces programmes et les besoins du marché. Il en aurait résulté le développement d'une bureaucratie lourde et complexe qui ne répond plus aux objectifs de ce pour quoi l'aide sociale a été instaurée à l'origine. De plus, l'administration des programmes aurait échappé à tout contrôle. Leur complication sur le plan de la gestion entraînait des coûts que le système fiscal ne pouvait plus absorber et s'avérait un facteur négatif dans la recherche et le maintien de l'emploi. Cet argument s'allie parfaitement aux arguments de premier et de deuxième type, soit l'érosion de l'éthique du travail et l'absence de mécanisme propre à améliorer l'estime de soi. Devant la grande générosité de l'aide sociale et les multiples possibilités qu'elle offrirait d'échapper à ses obligations, l'assisté(e) en viendrait à concevoir l'assistance publique comme un droit et à en faire son mode de vie.

La perception d'une explosion incontrôlée du nombre de cas d'aide sociale, en particulier chez la clientèle ayant besoin de plus de services de soutien – services de garde, soins médicaux, etc. –, vient renforcer l'argument de la médiocrité des individus plutôt que de faire porter l'odieux sur les caprices de l'économie de marché. L'État central se devait de jouer un rôle de leadership en imposant un régime minceur à tous les niveaux : du palier fédéral avec l'instauration de politiques cohérentes d'emploi, jusqu'à l'échelon local avec l'instauration d'un mécanisme contractuel entre l'agent d'aide sociale et le prestataire, lequel doit s'engager à sortir du système en respectant un plan d'ensemble qui l'amènera sur la voie de l'indépendance.

L'harmonisation des systèmes d'assurance-chômage avec le système provincial d'aide sociale doit permettre l'intégration des individus en recherche d'emploi (Hoy, 1995). C'est ce qui est fait avec l'abolition du Régime d'assistance publique du Canada en 1996 et le resserrement des critères à l'assurance emploi. Sauf que le nouveau régime d'assurance-emploi a fait en sorte qu'un plus grand nombre de femmes et de jeunes, forcés au travail à temps partiel, ne puissent obtenir le nombre d'heures nécessaire pour se qualifier. Plusieurs d'entre eux doivent faire appel à l'aide sociale. Le marché des sans-emploi est en réalité un système à deux vitesses. Les programmes de formation prévus par l'assurance-emploi sont distincts des programmes du système d'aide sociale. Par exemple, lorsqu'il y a perte d'emplois dans des secteurs hautement qualifiés, bien rémunérés et protégés, les personnes touchées ont davantage de possibilités de s'inscrire à l'assurance-emploi et à un ensemble de services et de programmes propres à les réintégrer rapidement sur le marché du travail, souvent à un poste à peu près similaire à ce qu'elles occupaient précédemment. Les prestataires de l'aide sociale ont accès à des placements de bas niveau avec peu de chance d'accéder à des emplois qualifiés et à une augmentation sensible du revenu. La perspective de renouveler les placements de Workfare à répétition est beaucoup plus probable pour les mères assistées que de véritablement se sortir du système et du cycle permanent de la pauvreté (Noël, 1995 : 59)[13].

Ce qui distingue l'assurance-emploi des régimes d'assistance publique serait l'aspect contributif du premier régime. Les chômeurs qui se qualifient ont le droit de refuser des placements de travail non consentis ou en deçà de leurs qualifications professionnelles. L'aide sociale est, quant à elle, entièrement financée par l'impôt. Est-ce la seule raison pour laquelle les assisté(e)s se verraient imposer des mesures de réciprocité? L'aide sociale, nous dit Sylvie Morel, n'est pourtant pas la seule politique publique financée par l'impôt. C'est aussi le cas des politiques universelles avec paiements de transferts. La différence se situe du côté des règles de sélection des prestataires et des conditions attachées à l'octroi des prestations (Morel, 2000b : 27). Or, cette sélection s'organise localement, à l'intérieur des points de service, entre l'agent d'aide sociale et l'assisté. Outre les multiples informations et documents exigés pour l'évaluation de chaque demande, un contrat d'entente est établi entre l'agent(e) et le/la prestataire : un contrat de réciprocité où les assisté(e)s s'engagent à respecter certaines règles inscrites dans un plan d'ensemble, devant en principe assurer sa sortie du système. Selon son profil et son cheminement antérieur, il/elle devra suivre des cours de formation pour apprendre comment remplir des demandes d'emploi, écrire un curriculum vitae, améliorer ses qualifications, comprendre les mécanismes du marché du travail. Certains programmes, tel Ontario au travail feront en sorte que ces préliminaires soient de courte durée. L'obligation de réciprocité établie entre l'agent(e) et les prestataires, seule garante que l'assistance sera maintenue, n'engage en rien le système d'aide sociale. La réciprocité ne concerne que l'assisté(e) et ses devoirs envers l'aide sociale, ses semblables et sa communauté.

Si les adeptes du Workfare ne s'entendent pas sur tous les principes et les valeurs qui le sous-tendent, ils s'accordent au moins sur un point. Pour arriver à déterminer lequel parmi les assisté(e)s mérite le soutien de l'État, le Workfare doit nécessairement être obligatoire. Selon eux, les programmes d'intégration au travail, d'employabilité, de formation professionnelle doivent être accompagnés de sanctions touchant une partie ou même la totalité de leurs prestations. C'est la condition nécessaire à l'acquisition de la motivation et à la restauration du goût du travail (Hoy, 1995; Jacobs, 1995 : 18). Dans la mesure où la pauvreté est entendue comme une tare individuelle et non pas comme un problème social, l'accent est mis sur le redressement de l'assisté(e) à l'intérieur d'un système de réciprocité imposée. Mais rien n'oblige le système à agir sur les mécanismes du marché pour assurer des emplois de qualité en retour.

2.   Workfare et communauté : les volets de la politique Ontario au travail

Le Régime d'assistance publique du Canada, adopté en 1966, imposait sous conditions de subventions aux provinces des normes nationales telles que l'octroi d'une assistance en fonction des besoins, l'interdiction de lier les prestations à l'obligation de travailler, la prohibition de toute restriction en matière de résidence et l'imposition de procédures d'appel des décisions administratives (Little, 1998; Morrison, 1998). L'assistance publique au Canada adoptait une approche quasi universaliste, très proche de la notion de droit, pour peu que l'assisté(e) établisse l'état de sa situation financière.

Ce régime n'a duré que 30 ans. Nous avons vu que pour les partisans du Workfare, ce genre de politique publique mal inspirée serait à l'origine de programmes d'aide et de soutien au revenu qui, avec le temps, ont fini par miner la vitalité de l'économie et auraient servi à détourner les principes de l'assistance de leurs fins. Muni du discours sur la responsabilité fiscale et de la réduction du déficit, Ottawa adopte en 1996 un budget d'austérité et une stratégie globale de limitation des paiements de transfert aux provinces. Le Régime d'assistance publique du Canada est remplacé par le Transfert social canadien. Les montants fédéraux accordés à l'aide sociale, qui jusqu'à cette date faisait l'objet d'une enveloppe spécifique, sont additionnés aux autres paiements de transferts prévus en santé et en éducation. Cette stratégie fiscale défavorise l'aide sociale par rapport aux autres programmes sociaux, eux-mêmes considérablement minés dans leurs bases de distribution universelle. Les critères d'éligibilité à l'aide sociale sont modifiés de manière à lever plusieurs interdictions, comme celles relatives au travail obligatoire (Boismenu et Jenson, 1996). Selon les auteurs Gérard Boismenu et Jane Jenson, ces deux mesures – la levée de l'interdiction de Workfare et la réduction considérable des paiements de transferts – font en sorte que les provinces peuvent ne plus se sentir obligées de fournir une aide d'assistance de dernier recours :

> Mais en gardant pour l'aide sociale la seule interdiction d'établir une restriction en matière de résidence, il met implicitement fin à l'obligation d'aider les personnes dans le besoin, de même qu'à l'interdiction d'obliger un individu à travailler en échange de sa prestation. Dans la conjoncture actuelle, ces silences sont lourds de sens, car ils laissent une plus grande marge de manœuvre pour répercuter le déficit de transferts financiers sur la réduction des services et des prestations (Boismenu et Jenson, 1996 : 49).

Dès lors, il suffit qu'une ou deux provinces excluent les personnes seules et aptes au travail et c'est le nivellement par le bas qui s'enclenche, cela dans la mesure où la seule interdiction qui reste est celle qui a trait à la restriction en matière de résidence[14]. Les provinces n'ont pas attendu le fédéral pour s'engager sur la voie d'une restructuration fondamentale en matière d'assistance publique. Le Québec, le Nouveau-Brunswick et l'Alberta avaient enclenché leur réforme dès la fin des années 1980. L'adoption quasi uniforme de politiques de Workfare en Amérique du Nord se vérifie dans l'utilisation d'une rhétorique presque similaire, cherchant à expliquer les causes de la pauvreté et les stratégies à mettre en œuvre pour y remédier. Ces politiques, telles qu'adoptées de ce côté-ci de la frontière, viennent transformer structurellement le système d'assistance publique. Elles ne sont pas de simples programmes additionnels qui ne feraient que se greffer à un régime d'assistance déjà existant. Le Workfare transforme les fondements mêmes des politiques d'assistance publique au Canada.

En Ontario, le gouvernement conservateur adopte une approche parmi les plus punitives, proche de la criminalisation[15]. Le succès de cette tentative reste encore à venir, mais nous partageons l'avis de Ian Morrison (1998) lorsqu'il affirme que ce n'est pas ce que Ontario au travail renferme comme dispositions qui importe, mais ses effets. Ainsi, le secteur communautaire, dont les activités ne jouissent d'aucune reconnaissance formelle de la part de l'État, se trouve-t-il enrôlé comme structure d'enfermement des prestataires (Browne, 2000). Les groupes de base de ce secteur et les assisté(e)s qui chercheront à y faire un placement n'ont aucune assurance quant aux risques légaux encourus, ou quant à une reconnaissance des acquis à la suite des placements.

2.1   L'aide sociale transformée

Ontario au travail procède d'abord à la refonte de presque tous les programmes ontariens d'assistance. Le programme d'allocations familiales, Family Benefit Allowance (FBA), à l'intérieur duquel se retrouvent la plupart des prestataires vivant au sein d'unités familiales composées majoritairement de mères monoparentales et de leurs enfants, est fusionné avec le système d'aide générale, General Welfare Allowance (GWA)[16]. Cette fusion des programmes permet essentiellement deux choses : 1) de simplifier la gestion de l'assistance sociale et sa dévolution au niveau local et 2) d'abandonner les anciennes distinctions entre catégories d'assisté(e)s, désormais soumises à un même régime de réciprocité.

L'administration du système est prévue à partir de points de service assurés dans une cinquantaine de localités. Cela représente une réduction considérable par rapport à l'ancien régime qui opérait quelque trois cents bureaux municipaux d'aide sociale dans toute la province. Mais le changement le plus significatif vient du mode de financement du système lui-même. Antérieurement, le financement était assuré par deux paliers de gouvernement : les municipalités étaient responsables de 20 % des coûts de l'assistance générale (GWA) ainsi que de 50 % des frais d'administration des deux programmes; la province se chargeait de financer 100 %

du programme des allocations familiales (FBA). Avec Ontario au travail, ces deux paliers de financement demeurent, mais la majorité des frais incombent désormais aux municipalités, soit 80 % de l'ensemble des paiements de prestations après fusion des programmes et 50 % des coûts d'administration[17]. Mais la structure décisionnelle centralisée au niveau de la province s'en trouve renforcée, cela d'autant plus que, désormais, les municipalités sont tenues d'élaborer des objectifs de placement de Workfare et de les faire approuver par Queen's Park. Par ailleurs, la décentralisation de l'administration du Workfare aux municipalités permet de se rapprocher des lieux ciblés pour l'absorption des placements : les organismes communautaires.

La deuxième chose que la fusion des programmes FBA et GWA permet est l'abolition des anciennes distinctions entre les catégories d'assisté(e)s, sauf pour les personnes qui souffrent d'un handicap et qui sont reconnues comme telles au sens strict de la loi. Selon Ian Morrison, Ontario au travail marque la fin du régime d'assistance aux mères monoparentales tel que nous l'avons connu depuis 1920, mais ses implications touchent également d'autres catégories d'assisté(e)s, elles aussi inclues dans le régime des allocations familiales : les personnes âgées entre 60 et 64 ans, donc près de l'âge de la retraite, et les personnes ayant des incapacités, sans nécessairement être handicapées (Morrison, 1998 : 7). En ne faisant plus aucune distinction entre les catégories d'assisté(e)s, le gouvernement de l'Ontario rompt avec la période précédente où l'assistance était octroyée selon les besoins et sans obligation de réciprocité par le travail. Nulle mention n'est faite des conditions particulières qui peuvent affecter ces catégories d'assisté(e)s – absence de services de garde, augmentation des frais de transport et de logement, problèmes de violence et de santé – et qui sont autant de barrières réelles aux placements de Workfare et à l'obtention d'un emploi permanent. La manière avec laquelle l'administration des programmes de placement entend répondre à ces difficultés fait partie des nombreuses zones d'ombre qui restent à clarifier.

L'une de ces zones d'ombre, d'ailleurs, touche le maintien des programmes de formation professionnelle. Ceux de l'ancien régime (GWA) qui ont survécu aux coupures doivent être de courte durée et viser l'entrée sur le marché du travail, et ce, le plus rapidement possible (Morrison, 1998 : 20). Le programme permettant le retour aux études postsecondaires était fort populaire et très avantageux pour les mères assistées. Mais il a également été éliminé en 1996. L'assistance sociale demeure plus que jamais l'enfant pauvre des politiques publiques fédérales et provinciales qui prétendent préparer l'individu au marché de l'emploi. Les prestataires de l'aide sociale sont maintenus dans des placements de bas niveau, avec peu de perspectives d'accéder à des emplois qualifiés et à une augmentation sensible du revenu. Ontario au travail demeure un programme très peu subventionné, selon l'évaluation de Morrison (1998 : 20). Désormais, l'assistance sociale est octroyée par un système qui n'est pas tenu à des engagements envers les assisté(e)s. Les seules obligations de réciprocité dont il est question sont celles attendues de la part des prestataires.

2.2 Les placements communautaires

Le ministère des Services sociaux et de la Communauté de l'Ontario affirme dans un de ses communiqués que les entreprises du secteur privé ne sont pas invitées à participer au programme de Workfare. Celles-ci peuvent subventionner des projets sur une base volontaire et soutenir des initiatives communautaires par l'approvisionnement en matériel et en équipement (Ministry of Community and Social Services, 1999). Cette approche officielle ne signifie aucunement qu'il n'existe pas de placements de Workfare dans le secteur privé. Ce serait contredire les informations obtenues de certaines assistées rencontrées dans le cadre de notre recherche et qui ont une toute autre histoire à ce sujet. Quoi qu'il en soit, il est possible que le gouvernement n'ait pas voulu donner une valeur formelle aux expériences privées qui existent déjà ou qu'il ait carrément refusé de s'engager dans une voie parmi les plus controversées du Workfare. À plusieurs reprises, il est dit ceci :

> [A] placement should not displace any paid employment in an organization or any associated or related organizations including : – duties currently held by an employee; – duties performed by an employee that has been laid off and has recall rights under a collective agreement; – duties of an employee who is on a leave of absence; and – a collection of duties previously held by employees, within a minimum of two years[18].

Que le gouvernement ait voulu se ménager l'opinion publique ou même la fureur des syndicats est une possibilité. L'argument en soi ne peut être rejeté du revers de la main mais il demeure partiel. Rappelons aussi que ces énoncés de politiques viennent en partie d'un discours électoraliste et idéologique, propre à un gouvernement néolibéral qui entend faire valoir les responsabilités qui incombent aux communautés et aux groupes de base jouissant d'un bassin de volontaires (Browne, 2000). Cependant, le choix du gouvernement conservateur de faire appel au secteur communautaire pour l'implantation de son programme de Workfare est beaucoup plus pragmatique qu'idéologique. À ce sujet, deux raisons doivent être considérées. La première touche les coûts de gestion du système qu'il importe de réduire au minimum. La seconde concerne un groupe spécifique de prestataires, les mères assistées, jugées plus résistantes aux mécanismes de reprise économique et de l'emploi.

Avec le nouveau régime d'assistance, explique Morrison (1998 : 22), il est peu probable que les économies réalisées avec les coupures de prestations soient dirigées vers les programmes de soutien nécessaires à l'implantation du Workfare. Ontario au travail est tout simplement mal équipé et mal financé pour satisfaire aux exigences de l'entreprise privée en matière de formation à des postes de travail, d'équipement et d'assurance de responsabilité légale. En contrepartie, le secteur communautaire, lui-même largement sous financé, est perçu comme n'exigeant pas d'investissement particulier, non plus qu'il n'est doté d'un système de gestion lourd et compliqué. Les critères des groupes en en ce qui a trait à l'insertion et à la supervision dans un placement communautaire sont moins importants dans la mesure où ces organisations comptent déjà sur un bassin de volontaires. Les prestataires n'ont pas besoin d'une expertise particulière ou préalable pour s'y insérer et le secteur est suffisamment large, du moins c'est ce qu'on laisse croire, pour absorber bon nombre d'entre eux. Ses frontières par ailleurs jouxtent d'autres secteurs d'activité tels ceux du secteur public dans les domaines de la santé et les services sociaux, et en particulier des soins à domicile.

Le gouvernement aurait tort cependant de surévaluer la capacité d'absorption du secteur communautaire. Comme pour le secteur privé, ce troisième secteur n'est pas davantage en mesure de trouver suffisamment de places pour tous les prestataires qui en feraient la demande. Mais le secteur communautaire a le mérite – ou le défaut – d'être là, disponible. Plusieurs de ses segments offrent déjà des services orientés vers le soutien aux personnes et aux familles parmi les plus vulnérables économiquement. La proportion de prestataires participant dans le secteur communautaire est difficile à mesurer mais si l'on en croit certaines évaluations réalisées par le Conseil de planification sociale de la région d'Ottawa-Carleton, ce pourcentage est loin d'être négligeable. Selon une enquête réalisée en 1999, on a découvert que « parmi les 68 répondant(e)s, 54 % rapportent qu'ils avaient travaillé bénévolement dans un organisme communautaire avant de participer au programme Ontario au travail (Conseil de planification sociale Ottawa-Carleton, 1999 : 20). Même constat du côté du Conseil de planification sociale et communautaire de la région de Toronto dont les résultats d'enquête soulignent que plusieurs participants avaient mentionné avoir fait plusieurs heures de travail volontaire avant l'entrée en vigueur du programme Ontario au travail (Workfare Watch, 1999 : 10). Il n'y a donc qu'un pas à faire pour que soit qualifié comme placement le travail volontaire déjà effectué dans les groupes et que ces derniers deviennent des pôles d'attraction pour d'autres assisté(e)s du milieu.

Même si nous pouvons penser qu'hommes et femmes sont compris dans ce calcul, nous croyons que ce sont surtout les femmes, pour ne pas dire des mères seules, qui en majorité sont ciblées par ces éventuels placements communautaires. Car les femmes dans le besoin n'ont jamais eu vraiment d'autres choix que de compter sur les groupes de base d'entraide et de solidarité, soit pour combler le manque et assurer tant bien que mal leur survie (en tant qu'usagères des services), soit pour accomplir leur « devoir de citoyennes » et retourner à la communauté ce qu'elles ont reçu d'elle (en tant que travailleuses volontaires). Nous avons déjà constaté plus haut que les mères seules font partie de la catégorie des assisté(e)s sociaux la plus difficile à réintégrer sur le marché du travail. Le volet communautaire du programme Ontario au travail ira donc les chercher où elles se trouvent, c'est-à-dire au sein même des organisations communautaires. Pour les gestionnaires du système, la rencontre entre les assistées et les groupes de base posséderait donc un caractère utilitaire, une rencontre qui va de soi et qui devrait faciliter l'implantation du

Workfare, à la condition que les organismes veuillent participer, bien entendu[19]. Les assistées n'auraient qu'à poursuivre ce qu'elles ont toujours fait, à l'intérieur d'un milieu qu'elles connaissent bien et où la supervision ne sera pas trop sévère. Les municipalités pourront faire valoir des statistiques propres à satisfaire le ministère des Services sociaux et de la Communauté. Elles peuvent même espérer quelques subventions supplémentaires si le nombre de placements dépasse celui projeté. En retour, l'État pourra faire valoir ses succès à ses contribuables [20].

L'ironie dans tout cela, c'est que les mères assistées risquent d'y être enfermées pour longtemps. Les emplois au salaire minimum sont hors de leur portée, car ils n'arrivent pas à combler leurs besoins en garderie, en avantages sociaux et médicaux, en transport et en habillement. Au contraire, leur insertion actuelle au sein des groupes de base permet d'éviter que ne se pose ce type de problème. Car si les femmes s'y trouvent déjà, il ne devrait pas y avoir de dépenses supplémentaires – ou si peu – une grande partie des charges étant assumée : les enfants ne sont pas étrangers au quotidien des groupes et souvent un petit budget prévoit les coûts de déplacement des femmes sans revenus. Certes, les communiqués émis par le Ministère mentionnent la possibilité que l'État vienne en aide financièrement aux assisté(e)s pour les frais qui pourraient découler d'un placement. Mais il ne se donne en aucun temps l'obligation de le faire et un refus de sa part ne peut faire l'objet d'une procédure d'appel[21].

Mais il est une autre raison pour laquelle les mères assistées – ou tout autre assisté qui choisirait de faire du Workfare à l'intérieur d'un organisme communautaire – risquent de s'y voir enfermées pour longtemps. Cette raison, c'est l'absence de reconnaissance formelle du travail qui s'effectue dans ce secteur. Le communautaire n'est pas une zone d'activité où la création d'emplois est élevée et où les avantages sociaux sont satisfaisants. Les assisté(e)s n'ont que peu de chance de s'y voir offrir un poste. Il n'y a aucune garantie que l'expérience, qu'ils/elles sont censé(es) acquérir par le Workfare, sera considérée par une entreprise du secteur privé ou public. Comme les placements sont généralement de six mois (onze mois selon les projets ayant fait l'objet d'un protocole d'entente avec la municipalité), les assisté(e)s ont toutes les chances de se voir offrir une sortie du côté de la porte tournante.

À l'heure actuelle, la résistance des groupes communautaires à participer au programme de Workfare du gouvernement ontarien est encore très vive. Ian Morrison qualifie la participation du communautaire d'échec majeur. Il est très difficile d'avoir l'heure juste quant au nombre de placements réels et au nombre de groupes communautaires qui participent plus ou moins formellement au programme Ontario au travail. Mais selon les quelques rares statistiques disponibles, il apparaît que le nombre d'organismes qui ont un protocole d'entente dûment signé avec les services sociaux de leur région est très faible. Par exemple, en mai 1998, selon un document de la Table féministe francophone de concertation provinciale, sur 1 220 organismes contactés dans la région d'Ottawa-Carleton, seulement 101 ont accepté de participer, soit moins de 10 %[22]. Cependant, en juin 2000, le ministère des Services sociaux et de la Communauté a émis un communiqué vantant la réussite du programme. Sur 43 régions, 27 sont parvenues à dépasser le minimum requis par la province, au-delà duquel une augmentation des subventions est prévue. Parmi les régions qui ont réalisé un tel exploit, on retrouve Toronto et Sudbury. Mais parmi celles qui n'ont pas atteint leur objectif, il faut nommer Thunder Bay, Prescott-Russell et Ottawa-Carleton (Ministry of Community and Social Services, 2000). Ce communiqué est silencieux sur un ensemble d'éléments essentiels qui nous permettraient d'évaluer l'étendue de cette prétendue réussite : les coûts associés à la gestion du programme, les méthodes de calculs des régions, le nombre de placements communautaires par rapport à d'autres secteurs, le nombre de protocoles d'entente dûment signés entre les demandeurs de placement et le programme régional d'Ontario au travail, le genre de postes comblés par rapport aux expertises disponibles, etc.

Les municipalités et les régions concernées par le maintien des services de prestations et d'administration de l'aide sociale sont devenues encore plus vulnérables avec un tel arrangement, compte tenu du fait que le nombre des prestataires fluctue grandement avec la croissance et décroissance du marché de l'emploi (Morrison, 1998 : 10). Or, si l'on se fie aux statistiques officielles mentionnées ci-dessus, certaines municipalités comme Toronto parviennent à dépasser leurs objectifs en faisant valoir le travail volontaire des prestataires au sein des groupes de base. Comment alors comprendre ce niveau de participation, alors que par ailleurs la résistance des groupes semble se confirmer sur le terrain? La réponse à cette question vient de ce que certaines municipalités ne sont pas trop regardantes sur le nombre de protocoles convenus avec les groupes de base, ne considérant peut-être que la parole des prestataires qui affirment faire leur temps volontaire dans tel ou tel organisme reconnu (Morrison, 1998 : 10).

Ainsi, la participation des organismes du secteur communautaire serait un échec. Cet insuccès pourrait bien être similaire à celui des *workhouses* britanniques qui n'avaient pu réussir à canaliser la majorité des pauvres en demande d'assistance au XVIIᵉ siècle (Morel, 2000b). N'empêche que le secteur communautaire représente dans l'esprit des décideurs politiques et des gestionnaires du système un espace avantageux et peu coûteux. Un espace d'enfermement où la majorité des prestataires pourront se réhabiliter et gagner le statut de méritant. Les assisté(e)s n'y sont ni des travailleurs(euses) ni des volontaires au statut occupationnel reconnu légalement. Celles et ceux qui effectuent du temps volontaire à l'intérieur d'un ou de plusieurs groupes y perdront leur statut de militant(e)s ou de bénévoles dès que l'obligation de 17 heures de placement s'y substituera. De plus, l'absence de couverture légale pour les prestataires en situation de Workfare représente un nouvel enjeu pour le système juridique au Canada, soutient Morrison :

> Inevitably, some day a workfare recipient will be seriously injured or will injure someone else, will be harassed or will harass someone else. When this happens, a host of new and difficult questions will emerge. In the U.S., the assignment of untrained and unequipped welfare recipients to dangerous and unsanitary work has become one of the most important legal issues in respect to workfare programs and has led to a growing number of challenges (Morrison, 1998 : 24).

Sans doute est-ce une autre des raisons pour laquelle le gouvernement conservateur n'a pas voulu ouvrir le programme au secteur privé. Mais il serait naïf de penser que le communautaire, étant un très vaste composite d'organismes de toutes sortes et à vocations multiples, est exempt de tout risque.

3. Discussion : conditions d'accès à la citoyenneté et critique de la notion de contribution

L'aide sociale n'est pas un droit, nous disent la plupart des auteurs de *Helping the Poor : A Qualified case for Workfare.* Les problèmes actuels, selon eux, découlent de ce que trop d'assisté(e)s perçoivent l'aide sociale comme telle et en oublient leurs devoirs d'équité et de réciprocité. De plus, il serait devenu de moins en moins acceptable que les mères assistées restent à la maison – comme si elles n'y faisaient rien – alors que tant d'autres mères exercent leur pouvoir d'autonomie sur le marché du travail. La restauration de l'éthique du travail, la valorisation de l'estime de soi et le mérite comme fondements de l'octroi des prestations sont des valeurs qui naviguent à contre-courant de la notion de droit pour tous les assisté(e)s. Réclamer les moyens de sa propre subsistance doit céder le pas devant l'obligation de réciprocité envers sa communauté – une obligation for-mulée comme mesure d'équité envers les travailleuses salariées.

Le Workfare a pour effet de rejeter en dehors de la citoyenneté et de tout cadre juridique bon nombre d'assisté(e)s pour qui une telle pratique de la réciprocité est pratiquement impossible pour des raisons d'absence de ressources ou de soutien. Le droit à la citoyenneté s'est construit à partir de l'exclusion de catégories sociales de race, de classe et de genre; dynamique qui continue encore aujourd'hui à être à la base du fonc-tionnement de la citoyenneté (Narayan,1997; Naples, 1998; McAll, 1999). Si l'extension des droits civils et politiques a connu une évolution historique pouvant se greffer sur la généalogie du concept de dépendance, comme nous avons pu le voir avec Fraser et Gordon, il existe toujours des zones d'exclusion à la périphérie de l'économie de marché et de l'emploi. Comme le rapporte Christopher McAll :

> Un jugement récent du Tribunal des droits de la personne du Québec arrive à la conclusion que la condition sociale de pauvreté peut elle-même constituer un motif de discrimination, c'est-à-dire qu'une

personne assistée sociale peut être sujette à la discrimination en fonction de son appartenance à cette catégorie[23].

En faisant de la réciprocité une obligation pour l'obtention de l'aide sociale, le déni de droit se traduit sous forme d'exclusion pour un ensemble de pratiques quotidiennes que chaque citoyen(ne) tient pour acquis, par exemple l'ouverture d'un compte en banque ou d'un compte de téléphone, ou encore l'accès au logement et aux soins de santé. La revendication de l'aide sociale comme notion de droit est pratiquement invisible à l'heure actuelle sur la scène publique/politique[24]. Aujourd'hui, le discours sur la réciprocité dans l'obtention des prestations d'assistance occupe une position hégémonique. Même les adeptes d'une approche plus modérée, voire progressiste en rapport avec l'économie de marché et le maintien des politiques sociales, s'y réfèrent pour faire valoir des propositions de réformes qu'ils estiment nécessaires[25]. Dans ces circonstances, faut-il s'étonner que le Nouveau parti démocratique de l'Ontario, dont le gouvernement a précédé celui des conservateurs entre 1990 et 1995, ait été le premier à adopter des programmes d'assistance basés sur la réciprocité?

L'évolution historique de la notion de dépendance et l'introduction de celle de réciprocité dans les régimes d'assistance soulèvent donc un problème fondamental pour le mouvement féministe. À l'heure actuelle, plusieurs tendances se dégagent au sein du mouvement des femmes et des écrits universitaires féministes sur le Workfare. Deux de ces tendances en particulier s'affrontent sur le sens à donner au travail des femmes, ainsi qu'aux notions d'autonomie et d'indépendance économique. Mais ces deux tendances féministes ne proposent, à notre avis, que des réaménagements à l'intérieur du nouveau régime d'assistance publique et de ses divers types de programme de travail obligatoire (Workfare, programmes d'insertion, mesures d'employabilité, etc.) sans que ces derniers ne soient remis en question pour autant.

La première tendance, dont l'articulation est antérieure à l'arrivée des programmes de Workfare mais qui s'est accentuée avec leur mise en œuvre, demande que les mères seules et assistées soient exemptées de ces programmes au nom de la reconnaissance et de la revalorisation du travail parental et de prise en charge de personnes dépendantes. Cette tendance est particulièrement bien exprimée par Eva Feder Kittay (1998). Pour Kittay, l'accès à la citoyenneté à partir du seul modèle visant l'autonomie de l'individu par le travail salarié est un modèle masculin. Ainsi, les réformes au régime de l'assistance publique sont perçues comme une menace aux gains féministes des dernières décennies parce qu'elles contreviennent au droit à la reproduction et au droit des femmes à quitter une relation abusive (Kittay, 1998 : 190). Dans un tel contexte, soutient Kittay, le Workfare obligerait les femmes à laisser le soin des enfants à n'importe qui, à n'importe quel moment et à n'importe quelle condition : on ne peut donc parler d'une libération mais plutôt d'une subordination. De plus, les débats actuels entre la droite et la gauche amplifieraient le problème. Selon Kittay, la droite « behavioriste » insiste sur les méfaits de la dépendance, promeut le Workfare et exige que les femmes sortent du foyer pour trouver du travail pendant que la gauche, « résidualiste », ne contredit en rien l'argument de la dépendance mais exige la résolution du problème de la pauvreté par la création d'emplois. Or, dans ce débat, aucune reconnaissance n'est faite du travail des femmes engagées dans une relation de soins aux personnes : les enfants, les handicapés, les adultes vieillissants (Kittay, 1998 : 193). Il devient donc impératif que les politiques d'assistance reconnaissent le travail des femmes engagées dans une relation de soins et de prise en charge, et même au-delà : à toutes les personnes engagées dans une telle relation sans égard à leur statut économique et social. Kittay en fait la condition nécessaire à la consolidation des gains féministes et à l'obtention de la citoyenneté pleine et entière pour les femmes (Kittay, 1998 : 201-203). Selon elle, la conception généalogique de la dépendance telle que présentée par Fraser et Gordon avec ses registres sociaux, économiques et politiques ne permet pas la prise en compte des rapports sociaux impliqués dans les « relations de dépendance » [dependency relations] (Kittay, 1998 : 197-198). Kittay ira même jusqu'à proposer un nouveau concept, le concept de « doulia », pour que soit qualifiée adéquatement l'interdépendance entre les personnes sans que cette relation n'oblige à un rapport de réciprocité ou de contribution par le travail tel qu'entendu avec le Workfare. Le concept dérive du mot grec doulia et se dit du rapport de soin qui s'établit entre une femme et la mère pendant que cette dernière prend soin de son nouveau-né. Ce concept, selon Kittay, justifie le maintien de l'aide sociale et de l'État-providence. Une vision de l'assistance basée sur ce concept requiert que tout travail de soin soit reconnu comme contribution sociale. La réciprocité exigée ici ne viendrait pas de la personne prise en charge, mais de l'ensemble social au sens large à l'intérieur duquel la relation de dépendance prend place (Kittay, 1998 : 203-213).

Kittay ne se prive pas d'affirmer que les gains féministes dont ont bénéficié certaines ont eu pour effet de jeter dans l'ombre la réalité d'autres femmes moins fortunées socialement et économiquement. Les gains en matière d'autonomie personnelle, par exemple, auraient jeté un discrédit sur celles qui ont dû recourir à l'aide sociale pour nourrir leur famille. Fraser et Gordon ont elles-mêmes fait mention des courants du postmodernisme ayant contribué à accentuer le côté individualiste de l'indépendance économique des femmes, dont une certaine forme de féminisme culturel, le postféminisme, de même que le courant antiféministe du *self-help* et de la littérature « pop » psychologisante (Fraser et Gordon, 1997 : 137).

Qu'à cela ne tienne, une deuxième tendance féministe dans ce débat réaffirme au contraire que le passage par le travail salarié et l'obtention de l'autonomie comptent toujours parmi les meilleurs moyens pour les femmes de sortir de la pauvreté. Le texte de Francine Descarries et de Christine Corbeil (1998), « Politique familiale et sécurité du revenu à l'aube de l'an 2000. Regard sur le discours féministe québécois », représente très bien cette tendance. Il s'agit d'un texte analytique mais aussi polémique écrit pour répondre aux principaux arguments avancés par la première tendance, soit celle de la reconnaissance du travail domestique et parental comme motif d'exemption à l'inscription des mères assistées à des programmes de Workfare. Pour Descarries et Corbeil, le féminisme revendicateur avec son discours capable « de se démarquer des vieux diktats sexistes construits sur la dépendance économique des femmes et sur leur responsabilisation dans la sphère privée » est particulièrement impuissant à se faire entendre dans le présent contexte « de la crise des finances publiques et de l'emploi » (112). Ces deux auteures sont particulièrement inquiètes à l'idée que sous ce débat se cache un marché de dupe pour les femmes, celles en particulier qui seraient tentées, faute d'emplois convenables, de troquer l'indépendance économique acquise grâce au travail salarié pour un repli dans l'espace domestique (115). Elles rappellent, entre autres constats, que le « choix » des femmes de demeurer au foyer n'est pas un choix véritablement consenti, qu'il est illusoire de penser qu'une compensation monétaire, en ces temps de crise des finances publiques, sera suffisante pour garantir l'indépendance des femmes et finalement que le repli dans l'espace domestique n'a jamais signifié rien d'autre que leur soumission à la dépendance économique du mari (116). De plus, dans le cadre spécifique du Workfare, Descarries et Corbeil soulignent que le travail domestique est d'abord et avant tout une organisation qui détermine l'« accès aux ressources économiques et politiques » (118) et qu'un retrait prolongé de l'emploi affecte la capacité de réinsertion des femmes sur le marché de l'emploi, le degré de leur exclusion, de leur pauvreté, voire de leur confiance en soi (118-119).

Ces deux positions, si contraires l'une et l'autre, recueillent bon nombre d'appuis. Mais ni l'une ni l'autre ne sont satisfaisantes à nos yeux, et ce, pour plusieurs raisons. D'abord, parce que ni l'argument de la reconnaissance du travail parental ni celui de l'autonomie et de l'indépendance économique par le travail salarié ne remettent en question les fondements du Workfare. Dans le cas du premier argument, s'il semble plus que raisonnable d'exempter les mères seules en raison de leurs responsabilités envers les membres de leurs familles, en particulier celles ayant de très jeunes enfants, on peut se demander pourquoi les autres catégories de femmes et d'hommes assistés sociaux devraient y être soumis. Pourquoi par exemple une femme de 55 ans, qui n'a aucune personne à charge, qui a occupé des emplois mal rémunérés et mal protégés durant de nombreuses années et qui souffre de plusieurs problèmes de santé et d'incapacité physique sans être handicapée au sens strict de la loi, devrait-elle se soumettre à une recherche intensive à raison de 20 demandes de placement par mois? Or, si nous nous donnons la peine de prendre en considération les catégories d'assistés sociaux et les raisons qui prolongent leur durée sur l'assistance publique, la liste des exemptions risquerait d'être longue et dépasserait sûrement la simple réalité quotidienne des mères seules. De plus, il n'y a pas que le travail parental et de prise en charge qui souffre du peu de reconnaissance. La position de Kittay semble quelque peu restrictive, même si elle prend la peine d'élargir à toutes les personnes engagées dans ce rapport de prise en charge l'accès à la citoyenneté pleine et entière. Elle est restrictive au sens où elle ne prend pas en considération l'espace social et communautaire, là où s'effectuent de nombreuses heures de travail volontaire et réalisées à l'extérieur du cadre domestique, et dont la reconnaissance politique et économique est totalement déficiente. Nous avons déjà démontré ailleurs comment le Workfare vise le contrôle du travail volontaire (Michaud, 2000). C'est pourquoi nous abondons dans le même sens que l'un des arguments de Descarries et de Corbeil lorsqu'elles affirment :

> Aux fins de l'analyse et de l'argumentation, il importe donc de dissocier la lutte pour l'obtention d'un revenu minimum décent pour chaque citoyen et citoyenne, la revendication séculaire du mouvement des femmes pour la reconnaissance du travail domestique et la remise en question du mythe de la libération par le travail salarié, de l'opposition à la prescription d'une obligation pour les mères monoparentales telle que prévue dans la réforme de la sécurité du revenu. Il nous apparaît, en effet, risqué et socialement peu pertinent de développer un discours « isolationniste » qui prend les mères monoparentales pour cible (Descarries et Corbeil, 1998 : 119).

Mais en regard de la politique du Workfare ou de tout autre programme d'employabilité présentant des mesures cœrcitives envers les assistés sociaux récalcitrants à y participer, la position de Descarries et Corbeil nous apparaît également partielle. D'une part, parce que ces deux auteures remettent de l'avant la quête de l'autonomie sans en faire une analyse critique. Or, il devient de plus en plus évident que les paradigmes féministes qui ont servi à formuler cette quête dans toutes les dimensions de la vie personnelle et collective des femmes ont vu leur sens détourné par les partisans de l'économie néolibérale. Remettre de l'avant ces paradigmes ne suffit pas si, par la même occasion, il n'est pas débattu au sein du mouvement des femmes de la dynamique d'exclusion de la citoyenneté, et en particulier de la nouvelle rhétorique individualiste qui semble s'appuyer, du moins en partie, sur les mêmes termes, tirés du discours féministe, à propos de l'autonomie et de l'indépendance économique des femmes. D'autre part, la position de Descarries et de Corbeil nous apparaît également insuffisante parce qu'elle ne remet pas davantage en question les tenants et les aboutissants des programmes d'employabilité et d'insertion à l'emploi. Certes, elles insistent pour que les luttes féministes se poursuivent pour l'amélioration des conditions de travail et de salaires. Mais là aussi, il est nécessaire de dissocier cette lutte légitime d'avec la logique des programmes d'employabilité assortis de leur dimension de Workfare, c'est-à-dire coercitive et obligatoire. En effet, en quoi de tels programmes, qui apparaissent inutiles socialement à trop d'assistés sociaux, avec des effets médiocres sur leur niveau de pauvreté, peuvent-ils conduire à l'effet recherché par les auteures, soit l'autonomie et l'indépendance économique comme la meilleure voie de sortie de la pauvreté pour les femmes? L'arrivée des politiques de Workfare, tant aux États-Unis qu'au Canada, et de leurs effets à la baisse sur les conditions de travail et de salaire, devrait même nous imposer, là aussi, une révision paradigmatique et discursive d'une autre revendication légitime, celle-ci formulée autour du « droit au travail » (Lamarche, 1994)[26].

Ces deux revendications – reconnaissance de toutes les dimensions du travail des femmes et de l'autonomie par le travail salarié – nous ramènent à la dynamique d'exclusion de la citoyenneté. L'une des dimensions du droit à la citoyenneté se définit, selon Uma Narayan, par la dignité et le statut social acquis aux termes de la contribution à la « vie nationale » (1997 : 48). Non moins que Kittay, Narayan est d'avis que la citoyenneté des femmes est acquise par la perversion d'une revendication féministe d'autonomie dans tous les aspects de la vie personnelle. Traduite selon les termes de l'individualisme social et de l'indépendance économique, l'« autonomie » se trouve de la sorte placée dans un rapport hiérarchique avec le travail domestique et, ajouterions-nous, le travail social et communautaire des femmes. Mais en dépit du problème soulevé par la non-reconnaissance du travail domestique ancré dans les mesures de réciprocité obligatoire, Narayan nous met tout de même en garde vis-à-vis tout discours féministe qui réclamerait l'aide sociale sur la base d'une contribution (51-52). Définir en termes de « contribution » les droits des assisté(e)s, même pour le bénéfice de réhabiliter le travail domestique et parental au champ d'honneur de la dignité, rejette en dehors de ce champ toutes celles (et tous ceux) qui ne fournissent pas cette contribution, quelles qu'en soient les raisons (52-53). Décerner les prestations d'aide sociale sur la base de la contribution domestique et parentale – et par là sur la base de la contribution au travail salarié – procède de la même logique que celle qui veut déterminer qui, parmi les assistées, sont les plus méritantes. De concert avec Narayan, nous sommes d'avis que si l'aide sociale doit être revendiquée comme un droit, individuel et collectif, elle doit l'être en des termes qui insistent sur l'obligation de l'État de procurer à toutes et à tous les moyens fondamentaux pour assurer son bien-être, et préserver la dignité et le statut social de chaque membre de la « communauté nationale » (1997 : 50).

Notes

1. Paul Dechêne écrivait en 1994 que l'application du Workfare dans sa forme la plus dure n'existait pratiquement pas en Amérique du Nord; continent qui en a pourtant inventé le terme et le sens (Morel, 2000b). Voir également l'ouvrage dirigé par Eric Shragge (1997).

2. La réforme américaine prévoit l'arrêt à vie de toute forme d'assistance à tout prestataire qui en aura bénéficié pendant une période de cinq ans au total.

3. Voir Alain Noël (1995 : 40). L'auteur de cet article utilise la définition large proposée par un document de l'OCDE, *Labour Market Policies for the 1990s*, et cite également Patricia M. Evans (1993), qui suggère que la définition stricte du Workfare n'est pratiquement jamais appliquée aux États-Unis. Il faut noter cependant que la deuxième moitié des années 1990 a laissé place à des politiques de Workfare beaucoup plus dures aux États-Unis et au Canada.

4. Les directeurs de l'ouvrage de *Helping the Poor* se permettent même de présenter quelques contre-arguments dans cette croisade en faveur d'un changement de cap dans les programmes d'assistance. Dans « Your can Lead a Horse to Water, but... : The Case Against Workfare in Canada », Ernie S. Lightman (1995 : 153) soutient que le Workfare a plus à voir avec l'idéologie, les termes et les valeurs morales qu'avec une évaluation empirique en matière de coûts, d'investissement dans le capital humain, de productivité ou d'employabilité.

5. Voir Patricia M. Evans (1998). Dans cet article, Evans se réfère aux données précédemment fournies par Dooley (1995). Voir également Morrison (1998). Dans cet article, l'auteur donne des statistiques sur l'augmentation des cas d'assistance, toutes catégories confondues, entre 1984 et 1994. Morrison prend la peine de spécifier que ces chiffres viennent de l'unité d'analyse et de statistiques du ministère des Services sociaux et de la Communauté, que

cette information n'est pas publiée et que dans la plupart des cas, elle a été révélée lors de contestations juridiques.

6.   O'Connor *et al.*, (1999) ont réalisé une étude comparative de quatre pays anglo-saxons (Canada, États-Unis, Grande-Bretagne et Australie) ayant adopté un modèle d'État-providence de type libéral. Ce faisant, elles ont exploré trois champs de politiques publiques : le marché du travail, la sécurité du revenu ainsi que la reproduction et les droits corporels. Les écarts entre les données présentées ici peuvent s'expliquer par plusieurs facteurs ayant trait à des approches différentes du rôle social des femmes, de la pauvreté et de l'économie de marché, ce qui donne lieu à certaines différences dans les politiques publiques. Mais dans certains cas, les écarts – ou les rapprochements – s'expliquent par la dynamique d'intégration continentale, ce qui implique une tendance à l'uniformité dans les politiques publiques, par exemple, en Europe avec l'Union européenne et en Amérique du Nord avec l'ALÉNA.

7.   Par ailleurs, certains auteurs confirment qu'il est devenu de moins en moins acceptable au sein de l'opinion publique que des mères seules vivent de l'assistance alors que tant d'autres sont sur le marché du travail. Leur pauvreté, disent-ils, n'est donc pas explicable en des termes strictement économiques et pour contrer ce fossé existant envers les autres travailleuses, ils proposent que des programmes de réhabilitation vers la recherche d'autonomie deviennent nécessaires. Voir Dechêne (1994), aussi Krashinsky (1995). Pour une critique féministe de cette approche voir Morel (2000a, 2000b).

8.   Dechêne (1994 : 33) citant l'ouvrage de Gueron et Pauly (1991).

9.   Pour une idée des modèles de simulation économique susceptibles de promouvoir positivement les programmes de Workfare, voir Fortin *et al.* (1990). Pour une critique féministe de l'économie classique, voir Morel (2000b).

10. Cette recherche sur le Workfare en Ontario a été réalisée grâce à deux subventions internes de l'Université York. Amorcée en 1998, elle consiste en deux séries d'entrevues utilisant des méthodes qualitatives : l'une proche du récit de vie pour la première série d'entrevues faites auprès de 19 femmes francophones et l'autre utilisant une méthode semi-dirigée auprès de représentant(e)s de quelque 17 groupes de femmes et groupes communautaires. Ces deux séries d'entrevues ont été réalisées dans les régions d'Ottawa, Sudbury, Timmins, Sturgeon Falls et Toronto. Le terme « francophone » englobe une réalité plus large que la communauté franco-ontarienne dite « de souche » afin d'inclure une diversité de femmes, y compris celles dont le français n'est pas forcément la langue maternelle, mais est devenue la langue officielle de préférence dans un contexte

d'immigration et ce, même après plusieurs années au Canada. Les participantes sont de diverses origines : Afrique du Nord, Afrique de l'Ouest, Haïti, Caraïbes, Ontario et Québec. Neuf d'entre elles sont noires et de couleur, et sont nées à l'extérieur du Canada. Les dix autres sont des femmes blanches nées en Ontario, sauf une, originaire du Québec. Par ailleurs, la seconde série d'entrevues a ciblé des groupes de femmes et des groupes communautaires sur la base des services offerts à une clientèle vivant en situation de pauvreté, d'exclusion sociale, de violence, de discrimination raciale et autres situations sociales et économiques de discrimination. Quatorze de ces groupes travaillent dans un contexte linguistique minoritaire. La majorité de ces organisations ont adapté leurs pratiques en fonction des besoins d'une communauté ethniquement diversifiée. Trois sont des regroupements provinciaux de groupes de femmes, dont la Table féministe francophone de concertation provinciale, le regroupement de groupes de femmes francophones le plus large hors du Québec. Parmi les autres groupes locaux et régionaux rencontrés, on compte quatre groupes multiservices, deux maisons d'hébergement pour femmes victimes de violence, quatre groupes de services pour multiples situations de violence, une clinique juridique, un groupe d'aide à des femmes en contravention avec la loi, deux groupes culturels pour femmes franco-ontariennes et un groupe de services pour enfants des milieux sociaux et économiques défavorisés. L'objectif de cette recherche vise non seulement à déterminer l'impact du Workfare sur les femmes francophones, mais aussi à analyser la formation des discours féministes et progressistes sur la pauvreté au sein des organismes du secteur communautaire. Les résultats de cette recherche paraîtront aux Presses de l'Université d'Ottawa (Michaud 2004; voir aussi Michaud 2001).

11.   Pour Krashinsky, l'organisation même de notre système pose problème en ce qu'il laisse croire que l'aide sociale est un droit, ce qui en soi est suffisant pour miner l'éthique du travail (1995 : 112). Ce que contestent Nancy Fraser et Linda Gordon qui font valoir un ensemble de discours et de pratiques parmi les plus efficaces dans les années 1960 et 1970 aux États-Unis et qui visaient à revendiquer l'aide sociale non pas comme un don de charité mais comme un droit (Fraser et Gordon, 1997 : 40).

12.   Le salaire minimum est de 6,85 $ en Ontario.

13.   Un phénomène semblable avait été observé aux États-Unis où l'on distingue le secteur primaire, mieux pourvu en matière d'emplois, de services et de programmes, du secteur secondaire où se retrouvent en plus grande proportion des catégories sociales défavorisées, par exemple les femmes de couleur et les mères assistées. Voir Diana Pierce (1990).

14. Les auteurs Boismenu et Jenson (1996 : 49) citent ici le Conseil national du bien-être social.

15. Plusieurs dispositions viennent appuyer ce fait. Par exemple, loin d'augmenter les prestations lors des placements de travail comme mesure incitative, la politique prévoit que les prestataires seront entièrement privés de leur prestations pendant trois mois en cas de refus et de six mois s'il y a récidive. De plus, les assistés sociaux sont rayés à vie de toute forme d'assistance de l'État s'ils sont reconnus coupables de fraude. L'histoire de Kimberly Rodgers mérite ici d'être relatée. Au printemps 2000, cette prestataire a été condamnée pour fraude. Elle avait tout simplement encaissé des prestations d'aide sociale en même temps que des prêts et bourses, cela avant que le gouvernement abolisse le programme pour prestataires inscrites dans un programme collégial ou universitaire. Le montant total de ces deux prestations était plus que ce que la loi permettait à l'époque. Kimberly Rodgers a donc été condamnée non seulement à rembourser le montant total des prestations – lesquelles ont été coupées entièrement lors d'un premier jugement –, mais également à une assignation à résidence pour une période de six mois. Son avocat réussit à rétablir une certaine partie des prestations – sans que l'assignation à résidence ne soit levée – en attendant que sa cause de bannissement à vie pour fraude ne soit entendue en appel. Le 9 août 2001, Kimberly Rogers a été trouvée morte dans son appartement. Elle était enceinte de huit mois (voir la série d'articles publiés dans le *Globe and Mail*, 2 juin 2001; 15 août 2001; 16 août 2001; 18 août 2001). À noter finalement que les tests obligatoires de toxicomanie à l'acool et à la drogue font également partie du répertoires des mesures criminalisantes susceptibles de mener à l'arrêt partiel ou total des prestations.

16. À noter que tous ces programmes sont mieux connus sous leurs acronymes anglais : FBA pour le programme d'allocations familiales et GWA pour le programme d'assistance générale. Ce sera donc avec ces acronymes qu'il sera fait référence à ces programmes dans la suite du texte.

17. Voir Ian Morrison (1998). Selon cet auteur, l'Ontario est l'une des seules provinces canadiennes à maintenir un tel système de partage des frais d'administration et de prestations de son système d'aide sociale (9).

18. Voir sur les documents et communiqués officiels sur le site Internet du Ministry of Community and Social Services (1999) « Ontario Works Community Placements », p. 4.

19. La résistance des groupes de base du secteur communautaire est très forte. Voir les raisons soulevées par Ian Morrison (1998 : 27). Par ailleurs, notre recherche sur le terrain confirme cette résistance des groupes de femmes et des groupes communautaires à accepter les placements de Workfare. La Table féministe francophone de concertation provinciale, le plus grand

regroupement de groupes de femmes francophones hors Québec, a pris officiellement position contre le Workfare en 1997, après qu'elle eut organisé une série de forums sur la question dans plusieurs grandes villes de l'Ontario. Tous les groupes et regroupements membres de la Table féministe ont aussi adopté cette position. Cependant, quatre groupes locaux nous ont dit accepter des placements de Workfare en dépit de la position contraire de leur regroupement provincial, et deux autres n'avaient pas de position définitive sur le sujet. Tous les autres groupes étaient résolument et farouchement contre la politique et n'entendaient pas accepter de placement dans leur organisation. De plus, deux femmes assitées sociales, membres d'associations communautaires et de groupes de femmes, nous ont dit avoir défendu publiquement des positions contre le Workfare lors de débats organisés en conseil d'administration et ont fait état du climat de résistance à la politique dans le secteur communautaire. Pour en savoir plus sur les positions des groupes de femmes et communautaires en milieu francophone en Ontario, voir Jacinthe Michaud (à paraître en 2005).

20. Ce constat nous vient d'un entretien avec une représentante du Toronto Social Services au cours de l'été 2000.

21. *Ibid*, p. 23; voir aussi Boismenu et Bernier (2000).

22. Ces chiffres ont été compilés par Chantal Cholette pour le compte de la Table féministe francophone de concertation provinciale. On y apprend en outre que seulement 89 placements ont été effectués dans cette région, entre novembre 1997 et avril 1998 et qu'au cours de cette période, 17 personnes n'ont pu terminer le programme, soit parce que le placement ne convenait pas, soit parce qu'elles ne se sont pas présentées.

23. L'auteur fait référence à un jugement du Tribunal des droits de la personne du Québec (1996) dans la cause Franck Lambert c. ministère du Tourisme du Québec et ministère de la Sécurité du revenu et de la Formation professionnelle, Canada, Province du Québec, District de Montréal (voir McAll, 1999 : 35).

24. Se référer à nouveau à l'article de Nancy Fraser et Linda Gordon pour un bref historique du National Welfare Right Organization (NWRO). Les auteures suggèrent que si le discours du NWRO réclamant l'aide sociale comme un droit avait pu survivre au-delà des années 1970, sans doute n'aurions-nous pas vu celui sur le paupérisme devenir si hégémonique dans les années 1980.

25. Le choix des termes « libéral » ou « conservateur » est très délicat quand il s'agit de parler des tendances vis-à-vis certains problèmes sociaux et les politiques publiques élaborées pour y remédier. Le premier fait référence à une approche progressiste en matière de discours et de politiques, cependant qu'il porte à confusion dans un contexte d'économie de marché.

Celui de « conservateur » n'est pas sans ambiguïté non plus, dans la mesure où plusieurs courants s'y rencontrent, certains d'entre eux pouvant être contradictoires (Roche, 1995).

26. Dans cet article, « Le droit au travail et à la formation : les enjeux et les doutes du droit international », publié en 1994, Lucie Lamarche faisait le rappel des modifications juridiques qui affectaient les conventions internationales, telles que celle de l'emploi, en regard des législations de type Workfare adoptées par plusieurs pays et enjoignait les organisations syndicales et autres organismes spécialisés dans la revendication du droit au travail à s'intéresser aux forums internationaux. De plus, elle mettait en garde contre une reformulation inconsidérée de la revendication du droit au travail sans que ne soit pris en considération les effets des politiques néolibérales sur le niveau du salaire et les conditions de l'emploi.

Références

BOISMENU, Gérard et Nicole F. Bernier (2000), « La contrepartie dans l'aide sociale et la transformation du rapport individu-État au Canada : trois études de cas », dans Maryse Potvin, Bernard Fournier et Yves Couture (dir.), *L'individu et le citoyen dans la société moderne*, Montréal, Les Presses de l'Université de Montréal, p. 99-127.

BOISMENU, Gérard et Jane Jenson (1996), « La réforme de la sécurité du revenu pour les sans-emploi et la dislocation du régime de citoyenneté au Canada », *Politique et sociétés*, 30 : 29-52.

BROWN, David M. (1995), « Welfare Caseload Trends in Canada », dans John Richards et William G. Watson (dir.), *Helping the Poor : A Qualified Case for Workfare*, Toronto, C.D. Howe Institute, p. 37-90.

BROWNE, Paul Leduc (2000), « The Neo-Liberal Uses of the Social Economy : Non-Profit Organizations and Workfare in Ontario », Eric Shragge et Jean-Marc Fontan (dir.), *Social Economy : Internation Debates and Perspectives*, Montréal, Black Rose Books, p. 65-80.

CHOLETTE, Chantal (1998), « Le travail obligatoire en Ontario : solution ou imposture? », *Reflets*, 4, 1 : 100-127.

CONSEIL DE PLANIFICATION SOCIALE OTTAWA-CARLETON (1999), *Dire les choses telles qu'elles sont : Espoir et réalité*, rapport de l'équipe du projet sur le suivi du programme Ontario au travail, Ottawa.

DESCARRIES, Francine et Christine Corbeil (1998), « Politique familiale et sécurité du revenu à l'aube de l'an 2000. Regard sur le discours féministe québécois », dans Renée Dandurand *et al.*, (dir.), *Quelle politique familiale à l'aube de l'an 2000?* Montréal et Paris, L'Harmattan, p. 111-122.

DECHÊNE, Paul (1994), *Les stratégies d'aide à l'emploi et de développement de l'employabilité des clientèles défavorisées aux États-Unis : bilan de la recherche évaluative*, Québec, Direction de l'évaluation et de la statistique, ministère du Revenu.

DOOLEY, M. (1995), « Lone-Mother Families in Canada and Social Assistance » dans M Dooley, R. Finnies, S. Phipps et N. Naylor, *Families Matter : New Policies for Divorces, Lone Mothers and Child Poverty*, Toronto, C.D. Howe Institute, p. 35-104.

EVANS, M. Patricia (1993), « From Workfare to the Social Contract : Implication for Canada of Recent US Welfare Reforms », *Canadian Public Policy*, 19, 1.

EVANS, M. Patricia (1995), « Linking Welfare to Jobs : Workfare, Canadian Style », dans Adil Sayeed (dir.), *Workfare : Does it Work? Is it Fair?*, Montréal, Institut de recherche en politiques publiques, p. 75-104.

EVANS, M. Patricia (1998), « Gender, Poverty and Women's Caring », dans Carol T. Baines, Patricia M. Evans et Sheila M. Neysmith (dir.), *Women's Caring : Feminist Perspectives on Social Welfare*, Toronto, Oxford, New York, Oxford University Press, p. 47-68.

FORTIN, Bernard, Michel Truchon et Louis Beauséjour (1990), *On Reforming the Welfare System : Workfare Meets the Negative Income Tax*, Groupe de recherche en politique économique, cahier n° 9016, Département d'économie, Québec, Université Laval.

FRASER, Nancy et Linda Gordon (1997), « A Genealogy of "Dependency" : Tracing a Keyword of the U.S. Welfare State », dans Nancy Fraser, *Justice Interruptus : Critical Reflections on the « PostSocialist » Condition*, New York & London, Routledge, p. 121-149.

GUERON, Judith M., et Edward Pauly (1991), *From Welfare to Work*, MRDC, Russel Sage Foundation, New York.

HAGEN Jan L. et Liane Davis (1994), *Another Perspective on Welfare Reform : Conversations With Mother on Welfare*, Albany, The Nelson A. Rockefeller Institute of Government.

HOY, Shirley (1995), « Building Mutual Accountability in Welfare », dans John Richards et William G. Watson (dir.), *Helping the Poor : A Qualified Case for Workfare*, Toronto, C.D. Howe Institute, p. 184-200.

JACOBS, Lesley A. (1995), « What are the Normative Foundations of Workfare? », dans Adil Sayeed (dir.), *Workfare : Does it Work? Is it Fair?*, Montréal, Institut de recherche en politiques publiques, p. 13-37.

KITTAY, Eva Feder (1998), « Welfare Dependency and a Public Ethic of Care », dans Gwendolyn Mink (dir.), *Whose Welfare*, Ithace & London, Cornell University Press, p. 189-213.

KRASHINSKY, Michael (1995), « Putting the Poor to Work : Why "Workfare" Is an Idea Whose Time Has Come », dans John Richards et William G. Watson (dir.), *Helping the Poor : A Qualified Case for Workfare*, Toronto, C.D. Howe Institute, p. 91-120.

LAMARCHE, Lucie (1994), « Le droit au travail et à la formation : les enjeux et les doutes du droit international », dans Lucie Lamarche (dir.), *Emploi précaire et non-emploi : droits recherchés*, Cowansville, Les éditions Yvon Blais, p. 59-108.

LIGHTMAN, Ernie S. (1995), « You Can Lead a Horse to Water, but... : The Case Against Workfare », dans John Richards et William G. Watson (dir.), *Helping the Poor : A Qualified Case for Workfare*, Toronto, C.D. Howe Institute, p. 121-150.

LITTLE, Margaret Jane Hillyard (1998), *No Car, No Radio, No Liquor Permit » : The Moral Regulation of Single Mothers in Ontario, 1920-1997*, Toronto, Oxford, New York, Oxford University Press.

MCALL, Christopher (1999), « L'État des citoyens et la liberté de marché », *Sociologie et sociétés*, 31, 2 : 27-40.

MCALL, Christopher et Deena White (1996), *Structures, systèmes et acteurs : Welfare et Workfare comme champs d'action sociale*, rapport de recherche avec la collaboration de Jean-Yves Desgagnés, Madelyne Fournier, Christel-Anne Noraz et Lucie Villeneuve, équipe de recherche sur la pauvreté et l'insertion au travail, Département de sociologie, Montréal, Université de Montréal.

MICHAUD, Jacinthe (2000), « La politique du Workfare en Ontario : les groupes de femmes coincés entre la nécessité et l'État néolibéral », *Reflets*, numéro spécial « Problèmes sociaux en Ontario français », 6, 2 : 34-60.

MICHAUD, Jacinthe (2001), « Stratégies de résistance, stratégies de contournement : l'autoreprésentation des femmes francophones et le travail obligatoire en Ontario », dans Andrea Martinez et Michèle Ollivier (dir.), *La tension tradition-modernité : Construits socioculturels de femmes autochtones, francophones et migrantes*, Ottawa, Les Presses de l'Université d'Ottawa, p. 49-67.

MICHAUD, Jacinthe (à paraître en 2005) *Conscience subalterne, conscience identitaire : la voix des femmes assistées au sein des organisations féministes et communautaires*, Ottawa, Les Presses de l'Université d'Ottawa.

MINISTRY OF COMMUNITY AND SOCIAL SERVICES (1999), « Ontario Works », Community Placements, disponible sur le site Internet www.cfc.gov.on.ca/CFCS.

MINISTRY OF COMMUNITY AND SOCIAL SERVICES (2000), « Placements Double in Ontario's Workfare Program : Baird », communiqué, 5 juin.

MOREL, Sylvie (2000a), « Les femmes et la mondialisation : les enseignements de l'analyse insitutionnaliste commonsienne de l'assistance sociale », dans Marie-Andrée Roy et Anick Druelle (dir.), *Lectures féministes de la mondialisation : contributions multidisciplinaires*, Les cahiers de l'Institut de recherches et d'études féministes, 5, Université de Montréal, p. 147-170.

MOREL, Sylvie (2000b), *Les logiques de la réciprocité : les transformations de la relation d'assistance aux États-Unis et en France*, Paris, Presses universitaires de France.

MORRISON, Ian (1998), « Ontario Works : A Preliminary Assessment », *Journal of Law and Social Policy*, 13, printemps : 1-46.

NAPLES, A. Nancy (1998), « From Maximum Feasible Participation to Disenfrangement », Gwendolyn Mink (dir.), *Whose Welfare*, Ithaca & London, Cornell University Press, p. 56-80.

NARAYAN, Uma (1997), « Towards a Feminist Vision of Citizenship : Rethinking the Implications of Dignity, Political Participation and Nationality », dans Mary Lindon Shanley et Uma Narayan (dir.), *Reconstructing Political Theory : Feminist Perspectives*, University Park, The Pennsylvania University Press, p. 48-67.

NOËL, Alain (1995), « The Politics of Workfare », dans Adil Sayeed (dir.), *Workfare : Does it Work? Is it Fair?*, Montréal, Institut de recherche en politiques publiques, p. 39-73.

O'CONNOR, Julia S., Ann Shola Orloff et Sheila Shaver (1999), *States, Markets, Families : Gender, Liberalism and Social Policy in Australia, Canada, Great Britain and the United States*, Cambridge, Cambridge University Press.

PIERCE, Diana (1990), « Welfare is not for Women : Why the War on Poverty Cannot Conquer the Feminization on Poverty », dans Linda Gordon (dir.), *Women, the State, and Welfare*, Madison, The University of Wisconsin Press, p. 265-279.

RICHARDS, John (1995), « The Study in Brief » , dans John Richards et William G. Watson (dir.), *Helping the Poor : A Qualified Case for Workfare*, Toronto, C.D. Howe Institute, p. ix-xxvii.

RICHARDS, John et William G. Watson (1995), *Helping the Poor : A Qualified Case for Workfare*, Toronto, C.D. Howe Institute.

ROCHE, Maurice (1995), « Rethinking Citizenship and Social Movements : Themes in Contemporary Sociology and Neoconservative Ideology », dans Louis Maheu (dir.), *Social Movements and Social Classes : The future of Collective Action*, London, Sage, p. 186-219.

ROY, Marie-Andrée et Anick Druelle (dir.), (2000), *Lectures féministes de la mondialisation : contributions multidisciplinaires*, Cahier de l'IREF, 5, Montréal, Université du Québec à Montréal.

SOLINGER, Rickie (1998), « Poisonous Choice », Molly Ladd-Taylor et Lauri Umansky (dir.), « *Bad* » *Mothers : The Politics of Blame in the Twentieth-Century America*, NewYork, London, New York University Press, p. 381-402.

SHRAGGE, Eric (1997), *Workfare : Ideology for a new Under-Class*, Toronto, Garamond Press.

TABLE FÉMINISTE FRANCOPHONE DE CONCERTATION PROVINCIALE (1998), *Le portrait du travail obligatoire dans Ottawa-Carleton*, chiffres compilés par Chantal Cholette, mai.

WORKFARE WATCH (1999), *Broken Promises : Welfare Reform in Ontario*, Toronto, Ontario Social Safety Network et Community Social Planning Council of Toronto.

5

Politiques sociales et soins de santé : conséquences et enjeux pour les femmes

Francine Saillant, Département d'anthropologie,
Université Laval
Marielle Tremblay, Département des sciences humaines,
Université du Québec à Chicoutimi
Michèle Clément, CLSC Haute-Ville-Des-Rivières
Aline Charles, Département d'histoire, Université Laval

Introduction

Au Québec, avant la Révolution tranquille des années 1960, deux acteurs principaux étaient au cœur de la prestation des soins et services : d'une part, l'Église catholique, et à travers elle les communautés religieuses féminines qui géraient l'essentiel du secteur hospitalier; et d'autre part, les familles, et à travers elles les femmes, qui offraient aide, savoir, soutien et soins à leurs proches. Il faut aussi noter l'importance cruciale que joua le secteur caritatif à travers l'action bénévole des femmes (Charles, 1990; Saillant, 1999; Juteau et Laurin-Frenette, 1997).

À la Révolution tranquille, on assiste à la mise en place de l'État-providence; l'État prend alors le relais des organismes religieux (Guérard, 1996). Les principes fondamentaux de l'État-providence s'incarnèrent clairement, offrant la garantie de l'universalité des soins et services. On rejette l'ancien modèle d'intervention de l'État québécois dans les affaires sociales, limité à un rôle supplétif auprès des organismes privés (qui offraient les services d'aide), pour la grande majorité religieux. On tend désormais vers des contrats de service entre l'État et les hôpitaux, le premier ayant à charge de superviser les dépenses des seconds. Cette nouvelle orientation imprègne les réformes du système de santé entreprises ensuite dans les années 1960 et 1970.

Plusieurs événements avaient préparé le terrain de ces changements. Avant les années 1960, l'État instaure deux mesures importantes : la *Loi provinciale de l'assistance publique* (1921) et les subventions *ad hoc* aux hôpitaux du fédéral (Guérard, 1996). En 1960, le Québec adhère à un programme à frais partagés proposé en 1957 par le gouvernement fédéral : l'assurance-hospitalisation. C'est en 1965 que le gouvernement fédéral propose un programme commun d'assurance-maladie et en 1966 qu'est créée la Commission d'enquête sur la santé et le bien-être social (commission Castonguay-Nepveu) qui étudie l'intégration des services sociaux et sanitaires et aborde la question de l'assurance-maladie. Ses conclusions et propositions seront soumises par tranches entre 1967 et 1972. L'assurance-maladie est mise sur pied en 1971 et universalise l'accès aux soins, tandis que la Régie de l'assurance maladie du Québec assume la gestion de ce nouveau programme. En 1972, la *Loi sur les services de santé et les services sociaux* permet la création de nouveaux organismes publics dans le domaine de la santé, dont les Centres locaux de services communautaires (CLSC). Un véritable système public se met en place, favorisant un meilleur partage des responsabilités liées à la maladie dans l'ensemble de la société, et ayant pour conséquence de réduire les inégalités d'accès et de diminuer la charge familiale que représentaient les soins pour la majorité des femmes.

Le système de santé québécois est cependant de nouveau en pleine transformation depuis les bouleversements politiques qui ont conduit au virage ambulatoire (*ambulatory care*) amorcé en 1996 (Côté *et al.*, 1998;

Comité d'orientation et de concertation sur l'économie sociale, 1996). Les ajustements structurels liés à la modification des formes et montants alloués aux paiements de transferts fédéraux destinés aux provinces et, de façon plus générale, les réorientations néolibérales de l'État en matière de services publics (éducation, santé, protection sociale) ont favorisé un tel virage, déplaçant progressivement le lieu des soins de l'institution vers la communauté. Les modifications structurelles amenées par l'État canadien dans le financement de la santé et de l'éducation relèvent d'une logique spécifique : celle de la centralisation accrue des pouvoir fédéraux de dépenser. Cependant, une autre logique est venue en quelque sorte justifier l'État canadien dans ses choix : celle des pratiques visant l'atteinte de l'équilibre budgétaire par la réduction du déficit et de la dette. En cela, le Canada a imité nombre de pays qui ont adopté certaines des visions du néolibéralisme : réduction des interventions étatiques dans la sphère des programmes sociaux et adoption de mesures favorisant la libéralisation des marchés.

Mais le virage ambulatoire n'est, selon nous, que l'aboutissement d'un long processus historico-politique amorcé depuis les années 1960, d'abord avec la désinstitutionnalisation en santé mentale, puis avec celle survenue pour les personnes âgées. Qu'il s'agisse de désinstitution- nalisation ou de virage ambulatoire, les femmes demeurent au cœur des transformations du système de santé, interpellées en tant qu'« aidantes naturelles ». Cette expression est cependant fortement critiquée par les féministes qui l'interprètent au minimum comme une forme de natu- ralisation et d'essentialisation des fonctions sociales et affectives de l'aide et des soins, et au pire comme un enrôlement des femmes dans la sphère privée et le travail invisible et non reconnu, un recul quant aux idéaux d'autonomie qui ont marqué historiquement le mouvement des femmes.

Le présent texte fera état de l'histoire récente des politiques et services concernant les soins de santé au Québec, et ce, à travers deux exemples, celui des soins aux personnes ayant des problèmes de santé mentale et celui des soins aux personnes âgées. Ces deux exemples seront traités sous l'angle de la désinstitutionnalisation parce qu'ils préfigurent, selon nous, les mesures d'un désengagement étatique en matière de santé annonciatrices du virage ambulatoire, donc des types de services et soins qui leur sont typiques. Également, notre attention se portera plus spécifiquement sur les enjeux et conséquences de ces changements pour les femmes qui sont appelées, de manière bénévole, à donner des soins dans la « communauté » et dans la « famille », compte tenu de l'importance de cette donne dans les politiques et services maintenant disponibles. Pour chacun de ces deux cas (santé mentale, vieillissement), nous présenterons l'évolution des transformations, conséquences des politiques privilégiées, en tentant d'identifier les moments clés, les tendances centrales, de même que les liens avec la période actuelle et le virage ambulatoire. Ce dernier est donc abordé dans le continuum d'une histoire de politiques et de services venant poser d'une manière différente : 1) le rapport des individus fragiles ou potentiellement dépendants à la société et à l'État; 2) le rapport des femmes à ces mêmes individus et à l'État. Dans une dernière section, nous examinerons les notions de famille et de communauté à la fois comme leitmotiv des politiques et comme métaphore masquant la place des femmes et leur rôle dans les soins aux proches. Nous tenterons enfin de poser les conséquences de ces nouveaux rapports pour les femmes en particulier et les enjeux qui leur sont reliés.

1. La désinstitutionnalisation en santé mentale

1.1 La première vague de désinstitutionnalisation en santé mentale : la « déshospitalisation »

Jusqu'au début des années 1960, le Québec a connu deux formes de prise en charge de la maladie mentale : communautaire et institutionnelle (Dorvil *et al.*, 1997). La première forme a prévalu jusqu'au milieu du XIXᵉ siècle et reposait, pour l'essentiel, sur les solutions apportées à la maladie mentale par les familles et les communautés. La seconde forme est assimilable, pour sa part, à l'asile. Il s'agit en fait d'une prise en charge institutionnelle des besoins de base du malade sans la contrepartie d'une thérapeutique assurant la maîtrise des symptômes psychiatriques et de l'évolution de la maladie. On avait certes recours à certains moyens médicinaux, mais rien dont la portée eut été suffisamment efficace pour que soit envisagé le retour du malade dans sa communauté (Parent, 1999).

À la charnière des années 1950 et 1960, une série d'événements vont contribuer à remettre en question l'asile comme système d'intervention. Il y a d'abord la découverte d'une médication antipsychotique permettant de réduire les symptômes aigus de la maladie tels que les hallucinations, l'angoisse psychique et les délires. Parallèlement à cette percée médicale, la façon de traiter la maladie fait l'objet d'un virage idéologique qui trouve aussi son dénouement en 1962. Pour une large part, on doit ce virage à l'arrivée au Québec de psychiatres « modernistes » ayant une conception différente de la maladie mentale (elle devient à leurs yeux une maladie comme les autres).

En 1962, le dépôt du rapport de la commission Bédard (Bédard *et al.*, 1962) va en effet donner le coup d'envoi, cautionné par l'État, à la première grande vague de désinstitutionnalisation en santé mentale (1962-1970). Profitant largement de l'appui des psychiatres modernistes de l'époque, le rapport dénonce le confinement, l'exclusion et le trop grand contrôle sur les personnes présentant des troubles mentaux : on recommande leur sortie des institutions et leur réinsertion sociale (Gagné, 1996). Pour la première fois, croit-on, les conditions sont réunies pour envisager réalistement le contrôle de la maladie mentale et, éventuellement, le déplacement des malades de l'hôpital vers la communauté.

Bien que le rapport Bédard ait mis un terme au monopole des grands hôpitaux psychiatriques de type asilaire et ait, dans le même mouvement, transformé la responsabilité de l'hôpital vis-à-vis du malade, de la communauté et de sa famille – de permanente qu'elle était, la responsabilité hospitalière devient transitoire et circonscrite au traitement des phases aiguës de la maladie –, l'hospitalisation de longue durée est tout simplement remplacée par l'hospitalisation en pointillé (Gagné, 1996 : 18). Les hôpitaux psychiatriques doivent en effet gérer un fort taux de réadmission. Les familles qui n'ont pas toujours des rapports harmonieux avec leurs proches voient réapparaître celui que jadis on enfermait. La cohabitation est souvent conflictuelle, faite de déchirements et de souffrance pour les uns et les autres. Étant donné ses grandes difficultés à vivre de façon autonome, l'enfant malade adulte, par exemple, dépendra à nouveau de sa mère pour les activités d'encadrement de son quotidien (nourriture, hygiène, etc.) (St-Onge *et al.*, 1995) tandis que cette dernière se verra culpabilisée pour la souffrance de son enfant (Paquet, 2001) dont elle ne peut prévenir ni les fugues ni les actes répréhensibles.

En fait, même si la plus grande partie des malades mentaux vit maintenant hors des hôpitaux psychiatriques, leur traversée vers la communauté et leur retour dans les familles ne s'est pas accompagnée de la mise en place des ressources de soutien et d'insertion sociale requises. En 1970, le taux de réadmission dépasse même les taux de première admission (Doré, 1987).

1.2   La deuxième vague : la « non-institutionnalisation »

Durant la période 1971-1988, la maladie mentale n'est plus considérée différemment des autres maladies et les services destinés aux personnes ayant des troubles mentaux sont, par la force des choses, intégrés au réseau des services sociosanitaires généraux. Les mesures de déshospitalisation se poursuivent. Cette fois, on vise les individus ayant vécu de très longues périodes en institution (Dorvil *et al.*, 1997). Les jeunes malades connaissent pour leur part des mesures de non-institutionnalisation (ou de non-hospitalisation) et, lorsque l'hospitalisation est inévitable, elle sera brève et le plus souvent répétitive.

La réforme Castonguay-Nepveu entraînera aussi l'ouverture de plusieurs départements de psychiatrie dans les centres hospitaliers de courte durée. L'urgence des hôpitaux généraux devient peu à peu la porte d'entrée des malades, tandis que les hôpitaux psychiatriques n'acceptent plus qu'avec parcimonie les malades référés. C'est au cours des années 1970 que l'on se tournera aussi du côté du traitement communautaire de la maladie mentale par l'intermédiaire des cliniques de secteur[1]. Rejetant le modèle asilaire, on souhaite offrir aux personnes malades les soins requis par leur condition tout en leur permettant de vivre dans la communauté; la « communauté » étant ici tout ce qui n'est pas l'hôpital ou l'asile.

Cette décennie verra également apparaître la naissance d'un mouvement organisé d'ex-psychiatrisés revendiquant des droits et faisant connaître son opposition à la conception étroite de la maladie mentale et au contrôle abusif du malade par l'institution psychiatrique (Parent, 1999). Également, le *Projet de politique en santé mentale pour le Québec : pour un partenariat élargi,* mieux connu sous l'appellation de rapport Harnois, est publié. Ce rapport recommande l'implantation de nouvelles ressources communautaires et le développement d'un partenariat entre les principaux acteurs (famille, intervenants, communautés, personnes, secteurs, etc.). Ces recommandations trouveront finalement écho dans la Politique de santé mentale que le gouvernement du Québec adopte en 1989. Les grands paramètres de cette politique sont la primauté de la personne, l'amélioration de la qualité des services, la recherche de solution dans le milieu de vie de la personne, l'équité et la consolidation du partenariat.

1.3   L'après Politique de santé mentale

La décennie 1990 se vivra sous le signe d'une nouvelle réforme (encore). Vers l'année 1995, le gouvernement du Canada procède en effet à une série d'abrogations restructurant à la baisse les modalités de transferts fédéraux vers les provinces. Pour gérer la décroissance qui en découle, le gouvernement du Québec procède à son tour à une série de restructurations en matière de santé et de services sociaux qui auront pour effet de hâter et d'intensifier son désengagement de la santé déjà amorcé dans la Politique de santé et de bien-être (Côté *et al.,* 1998). C'est cette nouvelle phase dans l'évolution des politiques publiques que l'on a appelé le « virage ambulatoire », évoqué en début d'article et sur lequel nous reviendrons en fin de section.

En 1995, le vérificateur général signale que la Politique de santé mentale n'a pas atteint les objectifs. Le peu de services dans la communauté pour les personnes en situation de besoin est aussi déploré. Le Bilan d'implantation de la politique de santé mentale sera également rendu public en 1997 (gouvernement du Québec, 1997). Les constats positifs concernant l'implantation de la Politique sont à l'effet que cette dernière a permis des gains importants sur le plan de la promotion et du respect des droits des malades, de même que sur le plan de la formation des professionnels. On considère, en contrepartie, que les usagers sont toujours loin des décisions qui les concernent, que souvent leur droit à recevoir des services personnalisés et adéquats n'est pas respecté. Malgré une meilleure reconnaissance du secteur communautaire, celui-ci demeure par ailleurs largement sous-financé. Enfin, les plans de désinstitutionnalisation promus par la Politique et le mouvement vers l'intégration sociale ne se sont pas concrétisés. Le Bilan d'implantation de la Politique de santé mentale permet par ailleurs de dégager des enjeux que la Politique de 1989 n'avait pas relevé, notamment, la santé mentale des femmes[2].

Partant de ces conclusions, le gouvernement du Québec publie, en 1997, les Orientations pour la transformation des services de santé mentale : document de consultation (gouvernement du Québec, 1997) et invite la population et les groupes intéressés à y réagir. À l'issue de la démarche consultative auprès des principaux organismes et groupes nationaux concernés ou intéressés par les Orientations, quatre grandes préoccupations faisant l'objet d'un consensus sont dégagées : 1) la nécessité d'offrir des services de santé mentale dans la communauté ; 2) la nécessité d'accorder une priorité aux personnes ayant des troubles mentaux graves et persistants ; 3) l'importance d'actualiser un leadership national. Le quatrième point revêt une importance capitale pour notre propos : il concerne la nécessité de faire apparaître plus clairement dans le texte définitif sur les Orientations pour la transformation des services en santé mentale des éléments tels que l'importance d'un financement stable, l'autonomie des usagers et usagères, l'utilité d'un soutien aux proches, le rôle novateur des organismes communautaires et, enfin, la nécessité d'adapter les services de santé mentale aux réalités vécues par les femmes.

Dans la foulée du virage ambulatoire, on revient également à la charge, en 1997, avec une nouvelle phase de désinstitutionnalisation en santé mentale. On procède, sur une période de cinq ans, à la fermeture de 3 000 lits psychiatriques. On espère ainsi redonner aux hôpitaux de soins de courte durée leur vocation de soins spécialisés, tout en mettant fin à leur utilisation au long cours, faute de ressources d'hébergement communautaires adaptées. Il est par ailleurs prévu que les économies ainsi réalisées seront réorientées vers des ressources plus légères.

La question qu'il faut ici se poser est la suivante : qu'advient-il de ceux et celles qui n'ont pas l'autonomie nécessaire pour vivre en appartement ou en famille d'accueil ? De ceux qui n'ont pas les habilités requises pour encadrer leur quotidien ? De ceux dont le comportement est désorganisé ou « socialement inadéquat » ? De ceux qui sont incapables de travailler et qui, à partir du moment où ils circulent librement dans la communauté, doivent aussi intégrer à leur budget personnel une part importante ou la totalité des coûts associés à cette liberté ? Répondre à ces questions nécessite que l'on dépasse le seul cadre de la gestion médicale de la maladie et que l'on s'intéresse également à celui de sa gestion sociale qui interpelle au plus haut point les femmes.

Il faut souligner à quel point les politiques en santé mentale ont tablé sur la place différente à donner aux personnes psychiatrisées dans la société. Cette place différente de l'usager progressivement accordée par les politiques et leurs programmes successifs a cependant mis à l'ombre la famille et les personnes-soutien. Il a fallu attendre 1997 pour que cette préoccupation apparaisse explicitement. Il ne faut pas oublier que les proches que sont les mères ou les épouses sont objets de doute, situés entre le soutien potentiel qu'ils représentent dans la famille et la communauté et l'une des causes de la maladie du psychiatrisé, donc le blâme. L'ambiguïté de cette posture (de soutien ou de blâme) et la trop faible attention accordée par les chercheurs et les gestionnaires au cas des personnes-soutien, qu'elles soient d'ailleurs homme ou femme, se traduisent par une invisibilité sociale qui contraste avec le discours des politiques communautaristes.

2. La désinstitutionnalisation des personnes âgées

Comme dans le cas de la maladie mentale, la prise en charge de la vieillesse au Québec a revêtu des formes à la fois institutionnelles et communautaires jusqu'à la Révolution tranquille mais selon des modalités et une chronologie un peu différentes. *Workhouses*, asiles, hôpitaux et hospices accueillent une clientèle âgée au XIXᵉ, tandis que se multiplient au tournant du XXᵉ siècle les institutions spécifiquement vouées au soin des personnes âgées. D'origine privée (religieuse ou laïque) jusqu'aux années 1960, ces institutions ne sont que partiellement subventionnées par l'État en vertu de la *Loi provinciale de l'assistance publique* de 1921. On ne peut cependant parler ici d'une institutionnalisation de la vieillesse similaire à celle qui s'est développée dans le champ de la santé mentale. Les personnes âgées n'ont pas suscité les mêmes sentiments de peur, d'opprobre ou de honte que les personnes souffrant de troubles mentaux; elles n'ont pas été massivement mises à l'écart de la société et leur histoire n'est pas celle d'un grand enfermement asilaire. Malgré la présence de pratiques d'institutionnalisation relativement anciennes, ce sont bien davantage les formes communautaires – et surtout familiales – d'une prise en charge de la vieillesse qui ont prévalu. Jusqu'aux années 1960, en effet, une majorité de personnes âgées en perte d'autonomie sont soignées par un proche, une fille principalement (Saillant, 1999; Collard, 1999) et n'entrent à l'hospice qu'en tout dernier recours, en cas de démence sénile ou d'absence de réseau familial, par exemple.

2.1 D'une politique d'institutionnalisation à l'émergence du maintien à domicile

La Révolution tranquille marque cependant un véritable renversement de tendance. S'érigeant en protecteur des personnes âgées tout au long des années 1960 et 1970, l'État québécois s'inspire alors d'une philosophie qui privilégie l'hébergement en centre d'accueil comme réponse à la perte d'autonomie qu'accompagne l'avance en âge. Cette politique remporte un tel succès que le taux d'hébergement des aînés au Québec compte au début des années 1980 parmi les plus élevés d'Occident.

Aussi important soit-il, le virage en faveur de l'institutionnalisation des personnes âgées n'empêche cependant pas que soient créées en 1962 des unités de soins à domicile destinées à restreindre la durée des hospitalisations. Il n'empêche pas non plus que ces unités soient intégrées au cours de la décennie suivante au réseau public de services ni que leur mandat soit repris, d'abord par les Départements de santé communautaire (DSC), puis par les CLSC (Guérard, 1996). Il n'empêche pas davantage l'auteur du rapport Pour une politique de la vieillesse, déposé en 1970 devant la commission Castonguay-Nepveu, de préconiser le développement des services et des soins à domicile. Dans l'ensemble néanmoins, les décennies 1960 et 1970 demeurent marquées par une politique gouvernementale favorisant l'institutionnalisation des personnes âgées.

La fin des années 1970 inaugure pourtant un nouveau virage. L'État québécois fait alors face à un « géronto-boom » démographique, à une crise des finances publiques ainsi qu'à un courant prônant la déprofessionnalisation partielle des soins. Ces facteurs l'incitent à changer radicalement de direction pour favoriser la désinstitutionnalisation des personnes âgées. Il se dote donc en 1979 d'une véritable politique de services à domicile qui vise tout particulièrement une clientèle âgée en perte d'autonomie. En 1984-1985, si les services de maintien à domicile représentent moins de 2 % de l'ensemble des dépenses de santé au Québec, « tels un déversoir universel », ils accueillent néanmoins une part importante des clientèles qui ne peuvent autrement recevoir des services. Ils prennent aussi la forme de services intensifs de maintien à domicile (SIMAD) mis sur pied en 1986 par la ministre des Affaires sociales de l'époque, Thérèse Lavoie-Roux. Visant principalement à désengorger les urgences des hôpitaux, ce programme se donne aussi pour objectif de favoriser le maintien à domicile des personnes âgées en perte d'autonomie en offrant des solutions de rechange à l'institutionnalisation.

2.2 Le recours à la famille et à la « communauté »

L'alourdissement des clientèles et le manque chronique de ressources obligent néanmoins à réajuster la politique des services de soins à domicile dès le milieu de la décennie 1980. En 1986, la Fédération des CLSC du Québec souligne en effet qu'il faudrait quadrupler le budget alloué à ce chapitre, ce que confirme l'année suivante la commission Rochon à propos des personnes âgées. Parallèlement, qui plus est, les listes d'attente des centres d'hébergement et des établissements hospitaliers s'allongent rapidement. Pour résoudre ce problème, l'État tente alors d'établir de nouvelles alliances et se tourne vers le milieu « naturel », les familles et les communautés, en faisant de celles-ci ses « nouveaux » partenaires. C'est à ce moment que naissent plus explicitement les « aidantes naturelles[3] », ces femmes qui doivent prendre en charge leurs proches âgés.

L'État met ainsi l'accent sur la nécessité d'un partenariat pour assurer des soins adéquats aux personnes âgées, partenariat supposant que les familles et les communautés viendraient, en quelque sorte, à son secours. Refusant désormais le rôle d'acteur principal, il propose d'offrir un soutien à ces dernières qui, elles, deviendraient les principales responsables de la prise en charge des personnes âgées en perte d'autonomie. Le document ministériel *Un nouvel âge à partager : politique du ministère des Affaires sociales à l'égard des personnes âgées* (ministère des Affaires sociales, 1985) donne le coup d'envoi à cette nouvelle orientation gouvernementale qui s'éloigne de la conception de l'État-providence. On y lit ainsi :

> Dans le but d'aider les individus et les groupes à assumer leurs responsabilités, le Ministère, dans la perspective d'une approche communautaire, favorisera les interventions qui aident la personne âgée à trouver dans son réseau naturel les soins et l'aide dont elle a besoin, qui suscitent, développent ou maintiennent les rapports d'échange réciproques de services entre la personne âgée et son réseau naturel d'aide. Loin de se substituer à ces formules, les services publics leur seront complémentaires et verront à les appuyer (43).

L'orientation adoptée ici est en fait très similaire à celle retenue à la même époque dans le cas de la santé mentale : « Le partenariat suppose la mobilisation de la personne, de ses proches, des intervenants, de la communauté, des ressources publiques et de celles du milieu » (ministère de la Santé et des Services sociaux, 1989 : 26).

Deux autres documents gouvernementaux : *Une réforme axée sur le citoyen : plan d'implantation* (ministère de la Santé et des Services sociaux, 1990) et *La politique de la santé et du bien-être* (ministère de la Santé et des Services sociaux, 1992), réaffirment, quelques années plus tard, la nécessité d'un partenariat en matière de soins aux personnes âgées en prônant l'arrimage du réseau « naturel » au réseau sociosanitaire public. L'objectif visé est toujours de maintenir le plus longtemps possible la personne âgée dans son milieu d'origine afin de diminuer le recours à des services institutionnels coûteux tels que l'hébergement public et privé, les urgences et les hôpitaux (Vézina *et al.*, 1993). Neutre en apparence, ce plaidoyer gouvernemental en faveur d'un partenariat État-famille-communauté interpelle en fait directement les femmes. La commission Rochon affirmait d'ailleurs dès 1987 que ces « nouveaux » partenaires (principalement les familles et les femmes) fournissaient déjà entre 70 et 80 % des soins dispensés aux personnes âgées.

2.3 Un maintien à domicile qui tourne en rond

La situation actuelle, quant à elle, est porteuse de son passé récent : les clientèles continuent de s'alourdir, tandis que familles et communautés sont encore davantage mises à contribution. Plusieurs facteurs en sont responsables. Parmi eux, il faut noter le vieillissement accéléré de la population, la diminution du soutien communautaire, les mutations familiales, la participation accrue des femmes au marché du travail, la mobilité géographique et professionnelle des enfants, l'individualisme croissant, la saturation des ressources institutionnelles, l'érosion des principes d'universalité et de gratuité des services (Roy, 1996 : 24).

Plusieurs recherches sur le maintien à domicile révèlent les nombreuses difficultés que traversent les familles ayant la charge d'un proche âgé. Manquant de fonds et de ressources, celles-ci tendent à s'épuiser (Sévigny *et al.*, 2002). Le soutien gouvernemental semble effectivement demeurer insuffisant, malgré toutes les déclarations de principes et toutes les annonces de subventions : « Les politiques de désengagement de l'État québécois dans le secteur de la santé et des services sociaux laissent craindre le pire dans l'avenir pour le soutien familial des aînés en perte d'autonomie » (Roy, 1998 : 95). Les recherches montrent aussi que les femmes (mères, épouses, filles, brus), plus que tous les autres membres d'une famille, sont celles qui jouent le rôle d'aidantes principales (Lavoie, 2000; Paquet, 1999; Saillant et Gagnon, 2002). Or, le manque de soutien pour les soins à domicile (par exemple ressources de répit-gardiennage) et de places dans les centres d'hébergement pèse lourdement sur les obligations des femmes envers leurs proches. Ajoutons à cela que même si les groupes communautaires ont été davantage mis à contribution tout récemment (Gagnon *et al.*, 2000), notamment les groupes offrant des services de repas, de voiturage, de visites d'amitié, mais aussi l'aide domestique, les familles et les personnes âgées y recourent finalement assez peu, notamment à cause d'une méconnaissance des services offerts et de leur accessibilité plus limitée.

Au moment où nous écrivons ces lignes, une nouvelle commission a vu le jour, la commission Clair (2000), dont l'objectif était d'identifier des formes alternatives de financement aux services de santé et services sociaux. Dans le domaine du vieillissement (mais aussi de la santé mentale), un même constat se dégage : on fait état de l'importance de renforcer les services de première ligne et le réseau communautaire, incluant l'économie sociale, mais encore une fois, familles et femmes sont quasiment passées sous silence. En 2000, le rapport Anctil voyait le jour, cadre de référence préparatoire à la Politique de soutien à domicile toujours attendue au Québec. C'est sans doute dans ce document que la contribution des proches y est la plus reconnue, à travers cette idée d'un équilibre à rechercher entre la solidarité et la responsabilité collective. Alors que sont rappelés les faits que 70 à 85 % de l'aide aux personnes ayant des incapacités est sous la responsabilité des proches, majoritairement des femmes, et qu'il en coûterait 30 à 60 $ par jour si un salaire était octroyé aux « aidantes naturelles », cette politique attend toujours d'être adoptée et publiée.

3. Et le virage ambulatoire ?

Le virage ambulatoire est souvent présenté comme une réorganisation fondamentale des services sociaux et de santé au Québec. Il est vrai qu'il touche les systèmes de gestion et de prestation des soins. Le virage ambulatoire met en place une forme d'administration des services qui en principe est censé écourter les listes d'attente et satisfaire les besoins multiples de la population vieillissante et du groupe des malades chroniques. Le virage ambulatoire fut mis en place à partir de 1996, soit dans la période de l'implantation du programme de Transfert canadien en matière de santé et de services sociaux, lequel venait diminuer de 700 millions de dollars l'argent fédéral destiné à l'éducation postsecondaire, à la santé et aux services sociaux. Le virage ambulatoire est devenu, indirectement, une façon d'adapter la prestation des services à la nouvelle donne budgétaire.

Le virage ambulatoire se caractérise au plan de la prestation des services par l'intensification et la multiplication des mesures de déshospitalisation. On entend par déshospitalisation le déploiement de mécanismes permettant de faire de l'hospitalisation une solution de dernier recours et, le cas échéant, d'en réduire considérablement la durée au profit d'interventions moins lourdes telles que la chirurgie d'un jour, les soins externes, l'hôpital de jour, les soins à domicile, etc. Ces changements touchent les établissements et leur personnel, à plus d'un titre, en ce qu'ils ont entraîné des fermetures d'établissements, des fusions, l'attrition de nouvelles vocations à certaines institutions, des réarticulations entre les ressources cliniques et les ressources communautaires. Les perturbations chez le personnel de la majorité des établissements furent nombreuses : retraites anticipées, réaffectations, intensification du travail, surtout chez les infirmières.

IMP.

Le principe organisateur du virage ambulatoire est l'offre d'une majorité de soins de santé à la personne dans sa communauté (Conseil du statut de la femme, 1999 : 11). L'hôpital devient un lieu de soins parmi d'autres et, surtout, la philosophie qu'on avait envers les personnes psychiatrisées et vieillissantes rejoint potentiellement toute la population.

C'est ainsi, dans la continuité directe des politiques et services aux clientèles que sont les personnes âgées et les personnes souffrant de problèmes de santé mentale, que vient s'implanter, à partir de 1996, le virage ambulatoire. Ce dernier généralise ainsi certains des principes de la désinstitutionnalisation : recours à la « communauté », à la famille et, indirectement, aux femmes, structures de services et de soins allégées, diminution du recours à ces même structures. C'est en ce sens que l'on peut parler d'une construction sociohistorique du virage ambulatoire, qui ne surgit pas spontanément, pas plus qu'il n'est un simple produit du néolibéralisme.

IMP.

La transformation dans l'offre des services traditionnellement dispensés par l'État nécessite, par ailleurs, une révision du partage des responsabilités vis-à-vis les besoins de la personne malade, dépendante ou vulnérable. La famille et les proches (principalement les femmes), les groupes communautaires et l'entreprise privée voient leurs responsabilités s'intensifier et redeviennent, dans ce nouveau contexte, qu'ils le désirent ou non, des « partenaires » clés de la prise en charge des personnes en situation de besoin (Armstrong *et al.*, 1994; Gagnon *et al.*, 2000; Guberman *et al.*, 1991).

4.   De plus larges enjeux

L'évolution des politiques sociales liées aux soins de santé interroge ainsi à un double titre : elle pose le problème de l'identité des femmes comme aidantes et soignantes, de leur autonomie dans la famille et la communauté ainsi que des usages sociopolitiques de cette identité; elle pose également le problème du sens même que peut prendre le terme « communauté » qui revient dans les discours gouvernementaux comme un élément structurant. Et enfin, quelles sont les conséquences directes de ces politiques sociales sur la vie des femmes ?

4.1   *Appel à la communauté et sens de la communauté*

Comme on a pu le voir, les programmes et les politiques en matière de santé ont fait appel depuis plus de deux décennies, de manière explicite, aux communautés pour favoriser la prise en charge de la maladie et de diverses formes de dépendance. Les exemples de la prise en charge (et de non-prise en charge) de personnes vivant avec un problème de santé mentale et de personnes vieillissantes en perte d'autonomie, qui ont précédé le virage ambulatoire, sont sur ce point tout à fait explicites. Toutes les politiques adoptées depuis les années 1970, incluant celles qui ont entraîné le virage ambulatoire, ont procédé de façon à peu près similaire : constats et questionnements envers le rôle de l'institution, inquiétude vis-à-vis le modèle professionnaliste, médical et détaché des besoins des personnes, puis appel aux capacités de prise en charge des communautés. Ce dernier élément implique plusieurs postulats, bien sûr implicites, dans les énoncés de politiques, dont, au premier chef une vision anthropologique de la notion de communauté réunissant des caractéristiques propres au modèle que proposait Tönnies (1977) : communauté idéalisée basée sur la cohérence interne, les liens organiques et les relations harmonieuses. La communauté devient ici le berceau accueillant des indigents, des moins capables. Elle aurait la possibilité d'accueillir normalement tous ceux pour qui la vie est justement difficile dans cette communauté. Il semble essentiel de comprendre que cet appel à la communauté semble une utopie, fondée sur le retour espéré et magnifié aux liens organiques dans des sociétés qui en auraient perdu le sens et peut-être même le désir. La communauté dont il est ici question est entièrement imaginée. C'est là oublier des siècles d'enfermement des fous, des siècles de charité hospitalière destinée aux pauvres, aux prostituées mais aussi aux vieux et aux malades. Il faut se demander à quelle idée de communauté on se réfère ici : une communauté ouverte, tolérante à l'indigence, à la dépendance et aux différences, a-t-elle jamais véritablement existé ?

De fait, ce n'est pas à la communauté que l'on se réfère véritablement, mais au groupe domestique qui est l'instance réelle de prise en charge de la maladie dans la « communauté » dans les sociétés contemporaines. Le groupe domestique est le lieu des relations primaires où s'expriment toujours à différents niveaux (juridiques, économiques, culturels, moraux) les devoirs et obligations envers les proches dans la famille, à travers les liens de parenté. Lorsque le groupe domestique prend le sens de « famille », il est cependant aussi idéalisé que la communauté dont il serait issu. La famille est vue comme le milieu idéal de l'aide et des soins, le milieu là aussi qui nécessairement représente l'accueil et l'inconditionnalité de l'aide : le malade, c'est l'éternel enfant que l'on soigne et soutient, envers qui la dette n'attend pas de retour. Or, cette famille de référence, groupe et lieu de l'accueil, quand la désinstitutionnalisation se met en place, peut-elle, désire-t-elle, et sait-elle accueillir ?

De fait, la famille a changé : elle a diminué et s'est nucléarisée, basée sur la reproduction des individus plutôt que des relations (Strathern, 1992), situant ses modèles entre le devoir et l'électif, entre le statut et l'affectif (Saillant et Gagnon, 2001). La famille référence des politiques et des programmes est une famille utopique, celle qui par ses caractéristiques de cohérence et d'harmonie serait capable d'accueil inconditionnel. Cela est-il entièrement vrai de la réalité des personnes ayant des problèmes de santé mentale, avec qui les relations souvent problématiques sont imbriquées dans les causes mêmes de la maladie ou, tout au moins, de certaines de ses conséquences ? Pour leur part, les personnes âgées sont accueillies, certes, mais ce n'est pas le plus grand nombre : la situation de solitude et de détresse que vivent nombre de vieux laissés à eux-mêmes dans les centres d'hébergement de longue durée est une réalité qui indique certes la difficulté de composer avec la dépendance dans la modernité avancée, mais aussi qui est révélatrice des transformations familiales et de la socialité aujourd'hui.

Dans la famille, les femmes sont le plus souvent interpellées comme aidantes et soignantes : il est difficile de le voir dans le cas des personnes souffrant de problèmes de santé mentale, puisqu'elles ne sont pas nécessairement au premier plan des soins de l'enfant ou de l'époux devenu malade ou exclu. Mais il est fréquent qu'elles soient tenues responsables des maladies des leurs, en particulier des enfants, en tant que mère. La responsabilité de la maladie et la responsabilisation sont alors accentuées. Il y a aussi ces nombreuses situations où elles ont à souffrir, de par le rôle de femme soignante dans la famille, des absences, des errances, des conséquences et des exclusions de ceux et de celles qu'elles ont mis au monde ou marié.

Ainsi, comme une série de tropes, les termes « communauté », « famille » et « femme » semblent transiter dans le vocabulaire des politiques et des programmes comme autant d'équivalents interchangeables. Il est toutefois clair que le premier terme paraît le plus cité et le plus ancré dans les représentations (celui de communauté), alors que les deux autres (famille et femme) plus implicites, incarnent progressivement cette idée du transfert des responsabilités et des formes de solidarité auxquelles on fait appel et qui sont espérées. Ainsi, l'idée de communauté intervient constamment dans les politiques avec la désinstitutionnalisation en santé mentale, comme lieu idéalisé mais virtuel d'accueil et de soins; cette même idée de communauté est évoquée également pour les personnes âgées, et la famille devient peu à peu acteur des soins et de la prise en charge. Avec le virage ambulatoire, la famille s'impose explicitement et la communauté devient plus que le lieu d'accueil et de soins mais aussi acteur. La communauté se transforme en producteur de services avec l'appel au bénévolat, aux groupes communautaires et aux entreprises d'économie sociale. Les femmes, quelque peu absentes du discours, sont toutefois omniprésentes dans les pratiques.

4.2 Identité

S'il est possible de considérer les services publics dans le domaine de la santé comme des mesures diverses venant pallier les conséquences variées de la maladie et de la perte d'autonomie, dont la dépendance est la plus évidente, toute transformation au sein même des politiques et services atteint, d'une manière ou l'autre, l'autonomie : celle des personnes malades et potentiellement dépendantes, mais aussi celle des personnes aidantes, en particulier les femmes aidantes. Or, l'autonomie pour les femmes est le leitmotiv même du mouvement féministe, dans ses expressions multiples, en même temps que cette valeur a été structurante pour la construction de la nouvelle identité des femmes.

Soigner dans la famille est une activité qui, dans les pays occidentaux et dans bien d'autres, a été marquée sous le sceau du genre féminin. Les soins aux proches s'inscrivent dans le travail de la reproduction et sa continuité : donner la vie, la maintenir. Et cela implique non seulement soigner la maladie, ou y pallier, mais faire vivre tous les systèmes de communication et réseaux dans lesquels le malade s'inscrit : familial, social, sociosanitaire, économique, culturel, etc. Les liens étroits entre femmes et soins ont été débattus par de nombreuses auteures qui les ont associés à une forme d'aliénation : rapprochés de l'activité maternelle, les soins seraient aussi avilissants et contraignants pour les femmes que certaines tâches maternelles, comme les décrivait Simone de Beauvoir dans *Le deuxième sexe*. D'autres ont appréhendé cette association comme une question d'identité : ancrés dans l'habitus féminin, les soins composeraient en bonne partie l'identité féminine. On se retrouve bien sûr ici en plein débat sur la nature féminine, et sur la place des soins dans la construction sociale des genres. Il faut éviter le piège de la thèse qui rejetterait l'identité de nombreuses femmes parce que prétendu produit de l'aliénation, et de celle qui essentialise une telle identité. Il faut d'abord se rappeler que si, pour beaucoup de femmes, les conséquences sont nombreuses à donner les soins aux proches tant sur le plan de la responsabilité morale que comme fardeau, pour ces mêmes personnes, les gratifications sont nombreuses. On « donne des soins » pour de multiples raisons : pour faire circuler les liens familiaux et sociaux, les entretenir, les maintenir. On donne des soins parce qu'on a reçu et que l'on veut redonner. Le retour est souvent décrit par les personnes aidantes comme tissé d'apprentissages, de moments de croissance et de joies, malgré et au-delà des difficultés (Lavoie, 2000; Sévigny *et al.*, 2002). Faut-il considérer la parole des femmes comme un mensonge et une mascarade, lorsque évoquant leurs motivations et raisons qui les amènent à persister dans ce rôle, elles insistent sur les effets de retour du don dans les soins plutôt que sur le fardeau, bien que ce fardeau existe et soit aussi nommé ? Nous pensons que non. La part du don dans les soins n'est pas don de soi et don des femmes, mais don pour le maintien dans la vie et inscription dans le lien social (Dandurand et Saillant, 2003). Le fardeau est conséquence d'un don qui n'a pas sa place dans une société où la valeur est chose et marchandise plutôt que relation et lien.

En clair, cette identité de femme soignante ne doit pas unilatéra-lement être considérée comme une essence ou une aliénation, redoublant ou englobant l'opposition don et travail. L'État, par ses politiques, vient toutefois renforcer l'habitus de soins des femmes par une sorte d'essentialisation des soins. Les attentes sociales envers les femmes soignantes sont comme celles qu'on a envers le rapport de la mère à l'enfant : inconditionnalité, présence, habileté relationnelle, etc. Dans ce cas, on pourrait supposer une forme de surplus identitaire. L'identité de la femme-mère s'additionne à celle de soignante, reliant structurellement maternage et habitus de soins (culturel, historique), ce qui érige l'habitus en politique sociale implicite.

Ce surplus identitaire (généré par la délégation) ne saurait être vu sans son versant inverse : le déficit d'identité, à relier encore une fois à cette communauté invisible, communauté de référence idéalisée que les femmes viennent incarner. L'isolement dont on faisait état plus tôt est un isolement dont les causes sont nombreuses : 1) l'isolement dans la sphère domestique, dans le privé et dans l'affectif, où le travail ne prend de valeur que dans l'espace de la relation ou de systèmes de relations intimes; 2) l'isolement dans l'invisibilité sociale des gestes et des relations souvent chargés émotivement; 3) l'isolement dans l'inversion de statut et la nouveauté de situations encore inédites : devenir par exemple parent de son père ou de sa mère, devenir soignante plutôt qu'amante, etc.; 4) l'isolement dans le fait que le statut de femme soignante n'a pas de reconnaissance réelle : tout le système public est orienté sur le malade, la maladie et non pas sur celles et ceux qui aident, même si on les sollicite au nom des solidarités et pour occuper cette place vacante de la communauté dans la modernité. Il s'ensuit justement un déficit d'identité, à travers l'expérience d'un statut incertain et pourtant en forte demande sociale, venant expliquer en partie la demande de visibilité et de reconnaissance du travail des aidantes naturelles comme l'a rappelé la Table des groupes de femmes de Montréal à la commission Clair (TGFM, 2000).

Ce paradoxe est selon nous l'enjeu transversal qui vient toucher les femmes dans leur autonomie, mais aussi dans la définition qu'elles voudront se donner d'elles-mêmes dans l'avenir.

4.3   Des conséquences directes

Si le recours aux aidantes est devenu si important dans la société actuelle, il est une préoccupation qui malheureusement est passée sous silence : celle de la santé même des personnes aidantes et de leur qualité de vie. Les femmes impliquées dans la prise en charge doivent gérer une multitude d'activités et d'attitudes mentales : l'inquiétude, les nuits trop courtes, les séjours en milieu hospitalier, les demandes des divers membres de la famille et la conciliation avec les exigences du marché du travail, car on sait qu'elles sont nombreuses à être sur le marché du travail. Elles sont alors confrontées à la surcharge, ou à l'incapacité à remplir efficacement les rôles cumulés et aux demandes conflictuelles qui rendent difficile un accomplissement satisfaisant de ces mêmes rôles. Les responsabilités et tâches liées aux soins peuvent non seulement amener les femmes à vivre de l'épuisement mais aussi de l'isolement, car le réseau auquel ces femmes peuvent recourir pour l'exécution des activités de prise en charge est restreint, agissant sur une base ponctuelle et parfois inexistant (Sévigny *et al.*, 2002; Lavoie *et al.*, 1998). Les femmes aidantes doivent voir au mieux-être du proche dépendant dans un contexte où leur propre autonomie est mise en cause. La prise en charge risque alors de contribuer à la position d'infériorité des femmes dans l'espace économique, en raison de ses impacts importants sur leur participation au marché du travail et sur leur revenu. Les femmes peuvent ainsi vivre avec plus d'acuité la pauvreté et la dépendance économique au moment et après une prise en charge, surtout si elle est prolongée. Au-delà des valeurs d'humanisation des soins souhaitées par un grand nombre d'individus, et aussi souhaitables soient-elles, les politiques font finalement bien peu pour rendre adéquates les mesures de soutien pour les femmes assumant une prise en charge à domicile.

Le développement social et historique des rapports sociaux de sexe attribue aux femmes des habiletés « naturelles » aux soins et au soutien (Saillant, 1991, 1992; Guberman *et al.*, 1991). La division sexuelle du travail détermine des champs d'activité en fonction du genre, si bien que les soins et le soutien constituent un aspect du travail domestique et de la sphère d'activité des femmes. Or, le travail des soins et du soutien à un proche dépendant présente des caractéristiques similaires aux activités maternelles, tant dans la nature du travail que dans le rapport social dans lequel il s'inscrit. En effet, les deux se caractérisent par la gratuité et l'invisibilité. Dans certains cas, particulièrement lorsqu'il s'agit d'enfants, les soins peuvent avoir un caractère technique et médical. Les politiques sociales qui accentuent le rôle des milieux naturels dans le maintien des personnes dépendantes dans la communauté constituent donc un renforcement de l'engagement des femmes dans le maternage (Bouchard *et al.*, 1999).

Les tâches de soins et de soutien, dans un contexte de désinstitutionnalisation, de réduction des durées d'hospitalisation et de responsabilisation des communautés, comprennent potentiellement des gestes ayant une forte connotation technique : manipulations corporelles, injections, contrôle de la médication, utilisation de matériel spécialisé comme cela peut être le cas pour des personnes âgées très malades mais aussi dans le cas des enfants. Ils comprennent aussi des habiletés relationnelles complexes comme lorsqu'il s'agit d'interagir adéquatement avec une personne psychotique, très dépressive ou suicidaire. Ces gestes, réalisés autrefois par du personnel formé à cet effet dans les institutions, et faisant l'objet d'une attribution en fonction de catégories professionnelles, sont de plus en plus confiés à des femmes dans la sphère domestique. Or, la compétence réelle développée par ces femmes ne suffit pas à éliminer les nombreux problèmes que la délégation et la responsabilisation entraînent. En devenant les principales responsables des soins, les femmes doivent aussi porter la responsabilité du succès de ces soins, de leur bonne marche, du bien-être, voire de la guérison, de la personne dépendante. L'imputabilité, conséquence de la délégation, est d'autant plus pernicieuse que construite sur la division sexuelle du travail et la non-reconnaissance publique de ce travail de soins.

Mais en ce qui concerne l'analyse des politiques sociales, la valorisation du travail gratuit des femmes dans les soins aux proches a aussi comme corollaire de servir la cause du désengagement de l'État.

La responsabilisation de la communauté en matière de prestation de soins et de soutien a comme objectif d'offrir la mobilisation, la stabilité et l'encadrement nécessaires au mieux-être des personnes dépendantes dans leur milieu de vie. Cela signifie que des liens familiaux puissent prendre le relais des solidarités sociales. Les femmes deviennent dans ce contexte la clé de cette responsabilisation, car elles permettent le développement des solidarités familiales nécessaires au transfert des soins et du soutien dans la « communauté », puisque la prise en charge est généralement assumée principalement par une seule personne, une femme surtout. Les autres membres de la famille, enfants, frères et sœurs, conjointe et conjoint, interviennent sur une base ponctuelle, pour assumer des tâches et responsabilités complémentaires certes mais circonstanciées : transport, gardiennage, répit, etc. (Dandurand et Saillant, 2003). Quant aux réseaux de sociabilité, ils tendent à se développer de façon horizontale au plan de l'expérience de prise en charge, c'est-à-dire avec d'autres personnes, principalement des femmes, qui ont elles-mêmes un rapport de soins et de soutien à un proche dépendant (Bouchard *et al.*, 1997). Le lien social instauré par la prise en charge ouvre sur une solidarité de personnes dont les interactions se déroulent principalement dans la sphère privée. Le remplacement des solidarités sociales par des solidarités familiales apparaît donc comme un processus aux conséquences importantes pour les liens sociaux. Si la responsabilité des soins relève de plus en plus de l'ordre privé, c'est-à-dire de la famille, des parents proches, des amis et des voisins, elle sera donc d'autant plus facile à assurer que le milieu sera stable et favorisé; les milieux désorganisés seront donc doublement désavantagés. Les gens seuls sont souvent des gens pauvres. De plus, on sait que la prestation des soins à domicile impose des coûts financiers que certaines personnes ne peuvent assumer, ce qui influe sur leur accessibilité.

En confiant aux communautés locales une partie de la responsabilité des soins et du soutien, l'État interpelle les organisations de la société civile, et tout particulièrement les groupes communautaires. Or, cela a pour conséquence d'encourager le travail gratuit ou faiblement rémunéré des femmes de ces organismes, qui exécutent des tâches comme la préparation de repas, les courses et le répit-gardiennage. Toutes ces activités constituent une reproduction de celles de l'univers domestique et dans les mêmes conditions, c'est-à-dire qu'elles ne bénéficient que de peu de reconnaissance sociale et n'ont souvent que la gratification comme salaire. À cette dynamique structurelle s'en ajoute une autre, lourde de conséquence malgré que l'on ne puisse encore en mesurer la portée. En effet, les organismes bénévoles dans le domaine du maintien à domicile ont observé une forte pression sur leurs membres : demandes accrues de service chez des clientèles alourdies; complexification des modes de financement de l'État; exigences en matière de formation. En conséquence, le recrutement devient difficile, de même que la persistance dans l'implication (Robichaud, 1994).

Ainsi, à tous les niveaux (famille, société civile), la responsabilisation de la communauté dans le domaine des soins et du soutien peut contribuer à un renforcement de la division sexuelle du travail et à une conception traditionnelle des rapports de genre.

Conclusion

Les enjeux et conséquences directes des orientations actuelles du système de santé sont multiples, comme on peut s'en rendre compte. Au-delà des interrogations amenées sur les thèmes de l'identité, de la communauté et de la vie quotidienne des femmes, il nous faut penser ce qu'il en est des luttes en cours et à venir au sein du mouvement des femmes.

Rappelons d'abord que toutes ces transformations n'ont pas eu lieu sans que le mouvement féministe n'intervienne sur plusieurs fronts, seul ou en alliance avec d'autres mouvements, syndical par exemple. Le mouvement des femmes n'a pas abandonné l'autonomie comme thème central de ses luttes et revendications, et le virage ambulatoire a été perçu comme une façon détournée de « retourner les femmes à la maison ». En ce sens, les grandes associations (ex. : Fédération des femmes du Québec, AFEAS) et certains syndicats (la Fédération des infirmières et infirmiers du Québec) ont placé le travail de soins comme préoccupation centrale, soit en raison de son invisibilité et de sa non-qualification (dans le domestique, pour les aidantes), soit en raison de sa banalisation et de sa déqualification (dans le public, pour les travailleuses). La tentation de l'État de faire appel aux programmes de l'économie sociale pour certaines tâches (travailleuses de l'aide domestique) a été aussi vertement critiquée en tant que forme déguisée de privatisation des services. Nous pourrions dire que les politiques actuelles ont conduit le mouvement des femmes vers une demande accrue pour les services publics, mais aussi vers une demande de soutien et une autre de reconnaissance. La crainte de perdre les services publics, en qualité et en quantité, et d'en payer une part importante des frais en assurant le poids social de la dépendance des groupes fragilisés attire l'attention et les énergies. Cette peur se double d'une deuxième : voir le domaine public avalisé par un marché plus que lucratif, celui de la vie et de la mort, avec tout ce que cela entraîne d'autres enjeux, éthiques ceux-là. Les luttes féministes dans le domaine de la santé rejoignent d'ores et déjà le combat international contre le néolibéralisme. Ces revendications apparaissent majeures et centrales, car elles touchent les femmes elles-mêmes comme sujets et citoyennes à part entière, à travers la valeur de leur contribution comme « productrices de la santé », mais aussi leur qualité de vie et leur éthique.

Par ailleurs, il est important de réaliser que certaines questions, autrefois valorisées dans le mouvement pour la santé des femmes au début des années 1970, sont maintenant évacuées. La demande pour les services publics ne devrait pas masquer les enjeux de médicalisation sous-tendus par les transformations. Le « tout à la communauté » et « tout à la famille » se fait à travers une médicalisation accrue, notamment des personnes psychiatrisées et âgées, et d'ailleurs grâce à cette médicalisation. Les revendications pour les services publics ne sauraient nous faire perdre de vue non seulement la quantité mais la nature même des services.

Les débats entraînés par la transformation du système de santé public au Québec et au Canada ne peuvent de surcroît être conduits en vase clos. L'internationalisation du mouvement des femmes et des luttes anticapitalistes suggèrent des voies d'analyse et de convergence politique indéniables et des comparaisons entre les systèmes de santé du Nord et du Sud, où des tendances similaires se dessinent. Si la marchandisation de la santé est à nos portes, en conséquence de l'affaiblissement croissant du public eu égard au marché, il en est de même de la marchandisation du corps et de la vie. Entre le marché des gènes, de l'eau et celui de la compassion des femmes et de leurs services à faible prix, plusieurs liens devraient être établis.

Notes

1. Le principe de sectorisation renvoie au fait que chaque centre hospitalier, ou selon le cas clinique, assume la responsabilité territoriale pour la prestation des services psychiatriques. Les principaux objectifs de la sectorisation sont : 1) de rendre accessible à toute personne l'ensemble des services psychiatriques; 2) d'adapter les services psychiatriques aux besoins de la population en tenant compte des particularités régionales et sous-régionales; 3) de mieux répartir les ressources.

2. Les autres enjeux sont la promotion et la prévention en santé mentale, les services aux jeunes de 0 à 17 ans, les services aux communautés culturelles, la sectorisation géographique des services psychiatriques, la santé mentale des personnes âgées et la *Loi sur la protection du malade mental.*

3. C'est-à-dire que les femmes ont, d'une manière, toujours été « aidantes naturelles », alors que l'appellation « aidante naturelle » devient publique à un moment précis comme nous le soulignons.

Références

ANCTIL, Hervé (2000), *Pour une politique de soutien à domicile des personnes ayant des incapacités et de soutien aux proches, rapport du comité pour la révision du cadre de référence sur les services à domicile*, Québec, gouvernement du Québec, ministère de la Santé et des Services sociaux.

ANCTIL, Hervé et Lucie Bélanger (2002), *Rapport d'évaluation sur la place des entreprises d'aide domestique du secteur de l'économie sociale dans les services à domicile : état de situation et pistes de solution*, Québec, ministère de la Santé et des Services sociaux, Direction générale de la planification stratégique et de l'évaluation.

ARMSTRONG, P. *et al.*, (1994), *Take Care : Warning Signals for Canada's Health System*, Toronto, Garamond Press.

BÉDARD, D., D. Lazure et C.A. Roberts (1962), *Rapport de la Commission d'étude sur les hôpitaux psychiatriques au ministère de la Santé de la province de Québec*. Québec, gouvernement du Québec.

BOUCHARD, N., C. Gilbert et M. Tremblay (1997), « Les solidarités fragiles : les femmes et le prise en charge de personnes en perte d'autonomie », dans C. Ménard et F. Villeneuve (dir.), *Projet de société et lecture chrétienne. Actes du colloque de la Société canadienne de théologie (1996)*, Montréal, Fides, p. 171-186.

BOUCHARD, N., C. Gilbert et M. Tremblay (1998), « Communautés de femmes, femmes dans une communauté », *Des communautés au communautaire*. Actes du colloque tenu le 7 novembre 1997 à l'UQAC, Chicoutimi, Université du Québec à Chicoutimi, Groupe de recherche et d'intervention régionale (GRIR), p. 79-96.

BOUCHARD, N., C. Gilbert et M. Tremblay (1999), « Des femmes et des soins. L'expérience des aidantes naturelles au Saguenay », *Recherches féministes*, 12, 1 : 63-81.

CHARLES, A. (1990), *Travail d'ombre et de lumière : le bénévolat féminin à l'Hôpital Sainte-Justine, 1907-1960*, Québec, Institut québécois de recherche sur la culture.

COLLARD, C. (1999), *Une famille, un village, une nation : la parenté dans Charlevoix, 1900-1960*, Montréal, Boréal.

COMITÉ DE LA POLITIQUE DE SANTÉ MENTALE (1988), *Pour un partenariat élargi* (rapport Harnois), Québec, ministère de la Santé et des Services sociaux, Comité de la santé mentale.

COMITÉ D'ORIENTATION ET DE CONCERTATION SUR L'ÉCONOMIE SOCIALE (1996), *Entre l'espoir et le doute*, Québec, gouvernement du Québec.

COMMISSION CLAIR (2000), *Les solutions émergentes. Commission d'étude sur les services de santé et les services sociaux*, Québec, gouvernement du Québec.

COMMISSION D'ENQUÊTE SUR LA SANTÉ ET LE BIEN-ÊTRE SOCIAL (commission Castonguay-Nepveu) (1970), *Rapport sur la Commission d'enquête sur la santé et le bien-être social*, IV : La santé, 2 : Le régime de santé, Québec, gouvernement du Québec.

COMMISSION D'ENQUÊTE SUR LES SERVICES DE SANTÉ ET LES SERVICES SOCIAUX (commission Rochon) (1987), *Rapport d'enquête sur les services de santé et les services sociaux* (rapport Rochon), Les Publications du Québec, gouvernement du Québec.

COMMISSION D'ÉTUDE SUR LES SERVICES DE SANTÉ ET LES SERVICES SOCIAUX (commission Clair) (2000), *Rapport et recommandations : les solutions émergentes*, Québec, gouvernement du Québec, ministère de la Santé et des Services sociaux.

CONSEIL DU STATUT DE LA FEMME (1999), *Virage ambulatoire : le prix caché pour les femmes*, Québec, gouvernement du Québec.

CÔTÉ, D. *et al.* (1998), *Qui donnera les soins ? Les incidences du virage ambulatoire et des mesures d'économie sociale sur les femmes du Québec*, Ottawa, Condition féminine Canada.

DANDURAND, Renée et Francine Saillant (à paraître en 2003), « Des soins aux proches dépendants, Quelle solidarité du réseau familial ? », dans Francine Saillant, Manon Boulianne et Sylvie Khandjian (dir.), *Femmes et systèmes de santé : enjeux et transformations*, Les Presses de l'Université Laval.

De BEAUVOIR, Simone (1949), *Le deuxième sexe*, Paris, Gallimard.

DORÉ, M. (1987), « La désinstitutionnalisation au Québec », *Santé mentale au Québec*, 12, 2 : 144-157.

DORVIL, H., H.A. Guttman, N. Ricard et A. Villeneuve (1997), *Défis de la reconfiguration des services de santé mentale*, Québec, gouvernement du Québec, ministère de la Santé et des Services sociaux, Comité de la santé mentale du Québec.

FÉDÉRATION DES CLSC (1986), *Virage ambulatoire. Introduction générale*, Collection « La transformation du réseau », volet 2, Montréal, Fédération des CLSC du Québec.

GAGNÉ, J. (1996), « Le virage ambulatoire en santé mentale : un détour qui évite l'alternative », *Santé mentale au Québec*, XXI, 1 : 15-26.

GAGNON, Éric, Francine Saillant *et al.* (2000), *De la dépendance et de l'accompagnement : soins à domicile et liens sociaux*, Québec, Les Presses de l'Université Laval.

GOUVERNEMENT DU QUÉBEC (1989), *Politique de santé mentale*, Québec, ministère de la Santé et des Services sociaux, Direction des communications.

GOUVERNEMENT DU QUÉBEC (1997), *Orientations pour la transformation des services de santé mentale : document de consultation*, Québec, ministère de la Santé et des Services sociaux, Direction de la planification et de l'évaluation.

GUBERMAN, N., P. Maheu et C. Maillé (1991), *Et si l'amour ne suffisait pas. Femmes, familles et adultes dépendants*, Montréal, Les Éditions du remue-ménage.

GUÉRARD, F. (1996), *Histoire de la santé au Québec*, Montréal, Boréal.

JUTEAU, D. et N. Laurin-Frenette (1997), *Un métier et une vocation : le travail des religieuses au Québec de 1901 à 1971*, Montréal, Les Presses de l'université de Montréal.

LAVOIE, J. P. (2000), *Familles et soutien aux proches dépendants*, Montréal, L'Harmattan.

LAVOIE, J. P. *et al.*, (1998), *Les relations entre les services formels et les aidantes naturelles. Une analyse des politiques de soutien à domicile du Québec*, Montréal, Direction de la santé publique de Montréal-Centre, Université de Montréal et Regroupement des aidantes et aidants naturel(le)s de Montréal.

MARTIN, J. M. (1970), *Pour une politique de la vieillesse*, Québec, Éditeur officiel, Commission d'enquête sur la santé et les services sociaux, Annexe 17.

MINISTÈRE DE LA SANTÉ ET DES SERVICES SOCIAUX (1989), *Politique de santé mentale*, Québec, gouvernement du Québec.

MINISTÈRE DE LA SANTÉ ET DES SERVICES SOCIAUX (1990), *Une réforme axée sur le citoyen : plan d'implantation*, Québec, gouvernement du Québec.

MINISTÈRE DE LA SANTÉ ET DES SERVICES SOCIAUX (1992), *La politique de la santé et du bien-être*, Québec, gouvernement du Québec.

MINISTÈRE DE LA SANTÉ ET DES SERVICES SOCIAUX (1997), *Bilan d'implantation de la politique de santé mentale*, Québec, gouvernement du Québec.

MINISTÈRE DES AFFAIRES SOCIALES (1985), *Un nouvel âge à partager : politique du ministère des Affaires Sociales à l'égard des personnes âgées*, Québec, gouvernement du Québec.

PAQUET, M. (1999), *Les professionnels et les familles dans le soutien aux personnes âgées dépendantes*, Montréal, L'Harmattan.

PAQUET, S. (2001), *Folie, entraide, souffrance*, Québec/ Les Presses de l'Université Laval, Paris/L'Harmattan.

PARENT, J.O. (1999), « De la prise en charge de la maladie mentale au droit à la santé mentale au Québec. Présentation d'éléments d'ordre historique et politique, formulation d'un certain nombre d'enjeux éthiques », dans *La réforme de la santé au Québec : questions éthiques. Cahiers de recherche d'éthique*, Montréal, Fides, p. 195-223.

RAPPORT SUR LA COMMISSION D'ENQUÊTE SUR LA SANTÉ ET LES SERVICES SOCIAUX (1985), Québec, gouvernement du Québec.

ROBICHAUD, S. (1994), *L'État et les solidarités bénévoles : les enjeux politiques de la gratuité*, Québec, Université Laval, Département de science politique, thèse de doctorat.

ROY, J. (1996), « L'histoire du maintien à domicile ou les nouveaux apôtres de l'État », *Service social*, 1, 1994 : 7-32.

ROY, J. (1998), *Les personnes âgées et les solidarités. La fin des mythes*, Québec, IQRC.

SAILLANT, Francine (1991), « Les soins en péril : entre la nécessité et l'exclusion », *Recherches féministes*, 4, 1 : 11-29.

SAILLANT, Francine (1992), « La part des femmes dans les soins de santé », *Revue internationale d'action communautaire*, 238, 68 : 95-106.

SAILLANT, Francine (1999), « Transformation des soins familiaux et lien social », dans Pascal-Henri Keller et Janine Pierret (dir.), *Qu'est-ce que soigner ?*, Paris, Syros, p. 11-24.

SAILLANT, Francine et Éric Gagnon (2001), « Responsabilité pour autrui et dépendance dans la modernité avancée. Le cas de l'aide aux proches », *Lien social et politiques*, 46 : 55-69.

SAILLANT, Francine et Renée Dandurand (2002), « Don, réciprocité et engagement dans les soins aux proches », *Recherches sociologiques*, 37 : 19-50.

SÉVIGNY, Odile, Francine Saillant et Sylvie Khandjian (2002), *Fenêtres ouvertes. Dire et partager l'aide et les soins*, Montréal, Écosociété.

SÉVIGNY, Odile, Francine Saillant et Sylvie Khandjian (à paraître en 2002), *Expérience et aide aux proches : enjeux actuels*, Montréal, Écosociété.

ST-ONGE, M., F. Lavoie et H. Cormier (1995), « Les difficultés perçues par des mères de personnes atteintes de troubles psychotiques face au système de soins professionnel », *Santé mentale au Québec*, XX, 1 : 189-118.

STRATHERN, M. (1992), *Reproducing the future : essays on anthropology, kinship, and the new reproductive technologies*, New York, Routledge.

TABLE DES GROUPES DE FEMMES DE MONTRÉAL (TGFM) (2000), *Pour une analyse féministe des services sociaux et de santé*, Montréal, mémoire présenté par la Table des groupes de femmes de Montréal.

TÖNNIES, F. (1977), *Communauté et sociétés*, Paris, Bibliothèque du CEPL.

VÉZINA, A. et D. Pelletier (1998), *Une même famille, deux univers : aidants principaux, fonctionnement familial et soutien à domicile des personnes*, Québec, Université Laval, Centre de recherches sur les services communautaires.

VÉZINA, A., J. Vézina et C. Tard (1993), *Dynamique des relations des quatre acteurs impliqués dans le soutien des personnes âgées à domicile : recension d'écrits*, Québec, Université Laval, Centre de recherche sur les services communautaires.

6

Les politiques fédérales sur la violence faite aux femmes : la tolérance zéro comme panacée

Colette Parent, Département de criminologie
et **Cécile Coderre**, École de service social
Université d'Ottawa

Introduction

Dans le discours du trône de mai 1991, le premier ministre conservateur Brian Mulroney annonce la création d'un comité chargé d'étudier le problème de la violence faite aux femmes. Trois mois plus tard, soit le 15 août 1991, l'honorable Mary Collins, ministre responsable de la Condition féminine, expose en conférence de presse le mandat du nouveau Comité canadien sur la violence faite aux femmes et présente les membres choisies pour en faire partie. Dans son allocution, la ministre indique que des groupes de femmes ont demandé une étude approfondie du problème. Elle affirme que cette initiative constitue un important pas vers « l'élimination ultime d'un des problèmes les plus troublants et généralisés qui sévisse aujourd'hui, soit celui de la violence faite aux femmes » (Condition féminine Canada, 1991 : 2). Elle ajoute :

La violence et la crainte de la violence menacent la sécurité personnelle et l'égalité de toutes les femmes du Canada à tous les jours, au foyer, dans la rue et au travail. Lorsque les femmes se voient refuser leur droit fondamental à la sécurité de la personne, elles ne peuvent participer à part entière dans la société. La violence et la menace de la violence empêchent les femmes de parvenir à la pleine égalité dans la société canadienne (Condition féminine Canada, 1991 : 2).

Aussi le Comité s'est-il vu confier le mandat d'examiner la violence faite aux femmes dans toutes ses dimensions, « de dégager les problèmes et "personnaliser la violence" telle que l'ont vécue les femmes qui en sont victimes; [...] [de] sensibiliser davantage le public; [...] [de] formuler des recommandations » (Condition féminine Canada, 1991 : 4). Elle précise que dans les 15 mois qui suivent, le Comité devra parcourir le pays pour recueillir les témoignages du plus grand nombre de participants et participantes de la communauté et qu'en matière de violence faite aux femmes, il faut viser « une tolérance zéro ».

Le gouvernement lance alors une initiative qui, dit-il, prend source dans les demandes de différents groupes de femmes et modèle le mandat du Comité sur une consultation élargie à travers le pays, à la recherche des voix du plus grand nombre de femmes et en particulier de celles qui parviennent peu à se faire entendre. Par ailleurs, avant toute consultation, il oriente d'entrée de jeu les recommandations vers une politique préventive basée sur le concept fondamentalement répressif de « tolérance zéro ». Le rapport du Comité, nous le verrons plus loin, basera d'ailleurs fidèlement ses recommandations sur ce concept.

Dans le cadre de ce chapitre, nous nous sommes demandées jusqu'où, au-delà des conflits et des controverses qui ont marqué les travaux du Comité, le rapport final rendait compte de la voix des femmes. Peut-on dire que les groupes de femmes qui ont témoigné devant le Comité se sont appuyés sur le concept de tolérance zéro dans le sillage de la politique gouvernementale ? Sinon, peut-on tout au moins affirmer que les travaux du Comité ont représenté un moment de jonction entre les demandes des groupes de femmes et la politique fédérale en ce qui concerne la violence ? Finalement, ce concept, central dans les travaux du

Comité, a-t-il servi d'appui aux politiques fédérales subséquentes en matière de violence contre les femmes ?

Pour répondre à ces questions, nous examinerons d'abord l'émergence et l'utilisation du concept de tolérance zéro, en particulier au Canada, en matière de violence contre les femmes. Nous nous pencherons également sur l'évolution des théories féministes sur la question de la violence dans le cadre du mouvement des femmes des années 1960-70, afin de pouvoir en déceler l'impact sur les travaux du Comité. Nous présenterons un bref aperçu de l'évolution des relations entre les instances gouvernementales et les groupes de femmes autour de cette question. Une fois le cadre du problème délimité, nous examinerons la formation et les travaux du Comité et, surtout, le contenu des témoignages des groupes de femmes présenté lors des séances de consultation. Nous confronterons alors les demandes formulées par ces groupes de femmes aux recommandations finales contenues dans le rapport du Comité pour établir jusqu'où celui-ci rend compte de la voix des femmes.

1.   La tolérance zéro comme base des politiques gouvernementales

Selon Wacquant (2001), le concept de tolérance zéro s'est répandu en Amérique puis en Europe dans la foulée de la redéfinition des rôles des États qui, partout, en se retirant de l'arène économique, ont affirmé la nécessité de réduire leur rôle social et celle d'élargir, en la durcissant, leur intervention pénale. Sous les régimes de Reagan aux États-Unis et de Thatcher en Grande-Bretagne, on assiste en effet à la montée d'un État néolibéral et d'une vague répressive qui met de l'avant un impératif d'intolérance envers les infractions, qu'elles soient sérieuses ou mineures.

Les toutes premières formulations du concept de tolérance zéro, sous l'administration Reagan, visent une approche musclée de lutte contre l'usage et le trafic des drogues. Le concept s'appuie sur les principes selon lesquels : 1) tout usage de drogue, qu'il renvoie à la consommation de marijuana ou au trafic d'héroïne, est criminel; 2) le fardeau de la preuve repose sur l'accusé et non sur la Couronne; 3) l'application systématique et agressive de la loi antidrogue est essentielle pour réduire l'usage et les torts causés par les drogues (Condition féminine Canada, 1995).

Au Canada, ce concept apparaîtra à plusieurs fort approprié pour lutter contre toute forme de violence, et en particulier contre la violence faite aux femmes. En 1990, les membres du Jackson's Point Housing Co-op en Ontario créent une « zone libre de violence conjugale[1] » en adoptant un règlement qui permet l'expulsion des conjoints violents de la coopérative (Condition féminine Canada, 1995 : 2). En 1991, la Co-operative Housing Federation of Canada emboîte le pas en adoptant une résolution qui incite toutes les coopératives d'habitation à faire de même et par la suite, plusieurs d'entre elles modifient en ce sens leurs règlements.

En 1991, le rapport final du Groupe de travail ontarien sur les abus sexuels des médecins envers leurs patients (The Ontario Task Force on Sexual Abuse of Patients) affirme que la tolérance zéro constitue une norme sûre à partir de laquelle on peut mesurer la valeur des politiques, des pratiques, des procédures et des programmes d'éducation mis de l'avant pour s'attaquer au problème, ainsi que pour établir que l'abus sexuel des médecins envers les patients n'est jamais acceptable et ne doit jamais être toléré dans notre société. La même année, le gouvernement manitobain adopte une politique de tolérance zéro en matière de violence conjugale en collaboration avec les forces policières de la province[2].

Par ailleurs, dans le cadre de cette recherche, nous nous sommes demandées jusqu'à quel point le concept de tolérance zéro avait été évoqué dans les débats parlementaires à la Chambre des communes sur la problématique de la victimisation des femmes avant la mise sur pied du Comité canadien sur la violence contre les femmes, soit de 1970 à 1991. Notre équipe de recherche a donc effectué une lecture de tous les débats de la Chambre se rapportant aux thèmes suivants : violence familiale, violence conjugale, violence faite aux femmes; agressions sexuelles contre les enfants, les femmes; le harcèlement sexuel; la prostitution et la pornographie impliquant des femmes, des enfants; les enfants maltraités; les armes à feu; la tuerie de 1989 à l'École polytechnique de Montréal et sa commémoration annuelle le 6 décembre. Nous avons pu établir ainsi que les politiciens avaient très peu évoqué le concept de tolérance zéro et qu'aucune volonté de changement politique ne s'était appuyée sur celui-ci.

On peut donc affirmer que si le concept avait déjà servi de principe directeur à certaines politiques en matière de violence contre les femmes au pays, il fait véritablement son entrée dans les politiques fédérales au moment de la mise sur pied du Comité canadien sur la violence contre les femmes.

Mais qu'en est-il au même moment de la conceptualisation du problème de la violence contre les femmes dans les rangs féministes ?

2. De la théorie féministe sur la violence contre les conjointes à celle de la violence contre les femmes

La réflexion féministe sur la violence contre les femmes s'est largement développée dans les milieux féministes des pays occidentaux industrialisés à partir des années 1970. Dans un premier temps, on a procédé à l'identification du problème à partir des témoignages des femmes elles-mêmes. Ensuite, on s'est penché sur la définition du problème, on a cherché à en préciser les paramètres et les solutions, toujours à partir de la parole des femmes. Le troisième moment, que nous voyons se profiler dans les années 1990, est celui de la reconnaissance des victimes comme actrices sociales, et du même coup de la complexité des enjeux et des solutions à mettre de l'avant. Précisons enfin que ces différentes périodes se chevauchent et que notre catégorisation vise essentiellement à cerner les moments forts du développement de certaines idées.

2.1 La découverte du problème : de la parole des femmes aux fondements socioéconomiques de la violence contre les conjointes

Si l'émergence du mouvement féministe occidental contemporain remonte aux années 1960, la question de la violence contre les femmes, qui sera d'abord centrée sur la violence contre les conjointes, n'émerge elle-même que plus tard, dans les années 1970. On s'entend pour associer cette émergence aux initiatives d'Erin Pizzey en Angleterre et à la création du Chiswick's Women's Aid. C'est dans ce centre communautaire que des femmes commencent à témoigner des mauvais traitements subis systématiquement, pendant des années, aux mains de leurs conjoints. Elles mettent en évidence la peur et la douleur qui marquent leur quotidien. À partir de ce moment, de nombreux groupes de femmes dans différents pays vont définir la violence contre les conjointes comme un problème social. Une des premières démarches entreprises alors est de chercher à en saisir les causes, et l'on se tourne vers les réflexions théoriques des féministes des premières heures pour trouver des bases d'analyse. Or, dans ces moments initiaux, les théoriciennes féministes comme Shulamith Firestone, Kate Millet, Joan Mitchell, Sheila Rowbotham considèrent que l'oppression des femmes prend sa source dans la société et non pas dans la violence directe qu'exercent les hommes sur les femmes[3], et elles portent une attention limitée à la question de la violence contre les femmes. Edwards (1987 : 16) affirme en effet que depuis la publication du *Deuxième Sexe* de Simone de Beauvoir, les féministes relient l'oppression des femmes à la société et à ses institutions patriarcales, et non pas à la biologie ou aux individus. Elles en cherchent les causes dans les structures sociales de production et de reproduction, ou encore dans la construction dichotomique de la masculinité et de la féminité plutôt que dans les différences physiologiques entre les hommes et les femmes. Leur perspective théorique servira néanmoins de base aux premières analyses féministes qui portent spécifiquement sur la violence contre les conjointes.

En effet, les premières explications théoriques de la violence contre les conjointes publiées par Dobash et Dobash (1979), Klein (1979), Martin (1976), McLeod (1980), Pagelow (1984) et Schechter (1982) mettent en évidence que la violence contre les conjointes est inscrite dans les institutions et a été perpétuée à travers les époques historiques dans différentes sociétés. Pour ces auteures, la violence contre les conjointes doit être reliée à la domination et au contrôle exercés par le mari contre son épouse dans nos sociétés patriarcales. Elles évoquent donc d'entrée de jeu l'héritage de l'histoire occidentale pour documenter et expliquer la domination des femmes, tant au sein de la famille que dans la société.

Par ailleurs, Dobash et Dobash (1979), dont l'œuvre a fortement influencé les études subséquentes durant cette période, signalent l'importance de bien circonscrire le phénomène de la violence contre les conjointes[4]. Ils dénoncent les études qui s'inspirent d'une conception générale abstraite de la violence pour chercher à élaborer un modèle d'explication unique pour toute manifestation de violence dans la société (Dobash et Dobash, 1979 : 8). Ils allèguent que cette approche réduit, voire ignore les différences significatives entre les formes de violence et induit deux types d'erreur. La première est d'appeler violence n'importe quelle action qui implique l'usage de la force physique, que l'on réfère à une poussée ou encore à une blessure par balles, etc.; la seconde est d'amalgamer tous les actes de violence, qu'ils surviennent dans un milieu ou un autre (maison, rue, champ de bataille), ou qu'ils aient été perpétrés par une catégorie ou une autre de personnes (mari, parents, enfants, groupes de motards hors-la-loi, police, etc.). Les auteurs insistent sur le fait qu'il faut penser le concept de violence au pluriel, tant en dehors qu'au sein de la famille, et soutiennent que « chaque type de violence doit être examiné et expliqué en référence aux caractéristiques sociales, historiques et interpersonnelles qui lui sont spécifiques » (Dobash et Dobash, 1979 : 9).

Mais comment peut-on combattre cette violence lorsqu'elle cible les conjointes ? Ici, l'ensemble des auteures soutiennent différentes mesures, dont l'établissement de refuges, de programmes d'assistance juridique, de services d'intervention en période de crise ainsi que la mise sur pied de groupes de soutien, de cours d'autodéfense, etc. Elles mettent en évidence que toutes ces mesures, aussi importantes soient-elles, ne réussiront pas à elles seules à résoudre le problème. Puisque ce dernier prend source dans la société, dans la domination des femmes par les hommes, il faut, selon Klein (1979 : 29), changer le statut des femmes dans la société; il faut libérer la famille et la sexualité.

2.2 De la violence contre les conjointes à la violence contre les femmes : les femmes comme victimes

Mais peu à peu, une autre conception de la violence émerge dans les rangs féministes et devient dominante dans les années 1980. Les féministes ne pointent plus du doigt les institutions patriarcales comme fondement de l'oppression des femmes, mais la violence masculine, elle-même définie comme une forme majeure de pouvoir des hommes sur les femmes. Dès 1978, Hanmer propose une définition sociologique de la violence, non pas envers les conjointes, mais plus globalement envers les femmes. Elle affirme qu'une telle définition « doit tenir compte de l'usage de la force et de la menace comme moyen d'obliger les femmes à se comporter de telle ou telle façon » (Hanmer, 1978 : 70). Elle est la première à introduire le terme de « continuum de la violence », évoquant le meurtre à un pôle et la menace à l'autre, mais elle n'explore pas de façon détaillée les différentes formes de violence qui composent le continuum. La violence contre les conjointes prend place parmi les différentes manifestations de violence exercées contre les femmes.

Selon Hanmer (1978), la force et la menace constituent les piliers des relations hiérarchiques entre les hommes et les femmes, elles sont la sanction qui soutient toutes les autres formes de contrôle. Notons qu'ici l'auteure ne veut pas nier les dimensions structurelles du problème, mais montrer que c'est la violence et la menace de violence qui en constituent les bases.

Cette violence ou menace de violence envers les femmes remplit deux objectifs : le premier est d'exclure ou de restreindre l'implication des femmes dans certains domaines, l'autre est de les contraindre à certains comportements[5]. Si les femmes comme groupe ne défient pas leurs oppresseurs, c'est peut-être qu'elles ont peur ou encore qu'elles sont suffisamment « bien tenues en main » et que l'exercice de la force est inutile. Dans cette perspective, toutes les femmes, comme membres de la même catégorie de sexe, partagent cette vulnérabilité physique devant à la violence. Si elles ne subissent pas toutes directement la violence physique, elles peuvent toutes en être la cible et la vie de chacune d'entre elles en est affectée d'une façon ou de l'autre. Certaines auteures réfèrent au concept de « terrorisme domestique » pour décrire les effets psychologiques et sociaux de la violence masculine sur les femmes. Aussi, lorsque nous parlons de relations hommes-femmes, selon Hanmer (1978 : 82), nous devons parler d'exploitation de sexe. Notons qu'ici l'accent est mis sur les femmes comme groupe vis-à-vis les hommes comme groupe, et non pas spécifiquement sur les femmes comme épouses, comme membres de la cellule familiale.

Les féministes vont donc orienter leurs analyses vers les différentes formes de violence dont les femmes sont victimes et sur les liens entre ces types d'agression. En 1988, Kelly mène une première recherche qui porte sur les différentes formes de violence contre les femmes et opérationnalise le concept de « continuum de violence sexuelle » qui englobe non seulement l'agression sexuelle et la violence contre les conjointes, mais aussi le harcèlement sexuel, l'inceste, les téléphones obscènes, les menaces de violence, etc. Le caractère commun de ces formes de violences « ... est l'abus, l'intimidation, la coercition, l'intrusion, la menace et la force auxquelles les hommes ont recours pour contrôler les femmes » (Kelly, 1988 : 76). Elle veut montrer comment les comportements « typiques » et les comportements « aberrants » des hommes sont reliés les uns aux autres. Kelly refuse de distinguer les différentes formes de violence à partir du critère de gravité utilisé usuellement, particulièrement dans le domaine pénal : pour elle, ce critère ne rend pas compte de l'expérience subjective des personnes directement concernées par le problème, soit les femmes.

La violence contre les conjointes prend ainsi place parmi l'ensemble des formes de violence subies par les femmes. Les féministes documentent, à partir du témoignage des femmes, les différents types de violence dont elles font l'objet. Elles mettent en évidence le problème de l'escalade de la violence, identifient le scénario du « cycle de la violence », et proposent la notion de « syndrome de la femme battue ».

Le témoignage des femmes, on l'a vu, a servi d'appui pour penser le problème; dans ce deuxième moment de théorisation, les féministes considèrent que le témoignage des femmes peut servir de voie vers la guérison. La solution est de se mettre à l'écoute des femmes afin de pouvoir les aider à recouvrer leur espace psychique et à cibler les voies pour combattre l'oppression. Les changements peuvent donc émerger à travers les complicités entre femmes et une lutte des femmes unies à travers leur vulnérabilité commune.

Par ailleurs, notons qu'en mettant l'accent sur le sort commun des femmes comme victimes potentielles de différentes formes de violence, les féministes présentent les femmes davantage sous l'identité globalisante de la victime ou de la survivante que de celle de l'actrice sociale.

2.3   Les conjointes victimes reconnues comme actrices sociales

Mais dès la fin des années 1980, des femmes ont affirmé qu'elles n'étaient pas que des victimes mais aussi des travailleuses, des artistes, des sportives, etc. Les chercheures et les intervenantes féministes ont dû prendre en compte l'existence des témoignages de femmes violentées par leur conjoint qui refusaient de réduire leur relation intime avec celui-ci à une relation d'oppression. Leurs paroles font état de liens interpersonnels, affectifs, au-delà ou en dépit de la violence exercée contre elles. Ces paroles témoignent également de complicités, d'alliances objectives devant d'autres formes d'oppression, comme celle qui accompagne les rapports raciaux, de classe, etc.

Aussi, notons-nous qu'encore une fois, le témoignage des femmes permet à certaines féministes d'identifier les dérives et de chercher à y répondre. Peu à peu, ces témoignages imposent une reconceptualisation qui s'amorce durant les années 1990, bien que les voix qui la portent apparaissent encore fort peu nombreuses et que certains paramètres sont encore à circonscrire plus précisément. En ce troisième moment des théorisations féministes de cette problématique, les féministes sont appelées à reconnaître que ce type de violence exercée contre les femmes présente une caractéristique incontournable : il s'inscrit dans la famille, dans le cadre d'une relation intime qui implique différents acteurs sociaux, les enfants inclus. Si cette relation intime peut représenter un lieu de contrôle social pour les femmes, le lieu de leur asservissement potentiel à leur rôle d'épouse et de mère[6], elle constitue du même coup un lieu pour être en relation, un lieu qui permet de se définir, en partie du moins, par ses liens affectifs (Jones et Schechter, 1994; Parent, 2002). Aussi, si on veut s'attaquer à la question de la violence contre les conjointes, il nous apparaît essentiel d'éviter la tentation de la polarisation : la famille comme espace politique de la guerre entre les sexes versus la famille comme espace intime privé; l'épouse comme l'esclave du patriarcat versus la femme libre de liens conjugaux comme idéal de la femme libérée.

Compte tenu de ces différents développements théoriques, quelles sont les initiatives mises en œuvre par les féministes pour combattre la violence contre les conjointes, contre les femmes ? Ont-elles pu compter sur la collaboration de l'État fédéral au fil des années, soit des premiers moments, dans les années 1970, jusqu'à la formation du Comité national de lutte contre la violence faite aux femmes ?

3. Les relations entre l'État fédéral canadien et les groupes féministes

3.1 *Une collaboration... qui s'effrite*

D'abord, précisons que la décennie 1960-70 est marquée par un événement majeur qui aura de fortes répercussions sur les politiques fédérales en ce qui concerne la question des femmes : les groupes de femmes demandent et obtiennent la création d'une commission royale d'enquête sur les besoins des femmes en matière d'égalité. Le rapport de la commission Bird, rendu public en 1970, contient 167 recommandations dont certaines portent sur la formation d'un organisme chargé de veiller à leur mise en œuvre et sur la mise sur pied d'autres institutions étatiques favorisant la promotion de la condition féminine. Ces demandes sont reçues d'une oreille favorable par l'État fédéral qui appuie un certain nombre de politiques portant sur des préoccupations de justice sociale. Il encadre des programmes qui favorisent la solidarité entre citoyens et encourage l'expression collective des besoins et positions des groupes désavantagés. Dans les milieux gouvernementaux, on considère qu'assurer un traitement équitable à ces groupes peut contribuer à solidifier l'identité nationale (Jenson et Phillips, 1996)[7]. Dans les années 1970, l'État crée alors plusieurs institutions[8] susceptibles de soutenir les demandes des groupes de femmes et de financer leur fonctionnement mais, selon Rankin et Vickers (2001), le féminisme d'État qui se développe alors prend appui des pratiques administratives qui présentent des faiblesses sérieuses. Par exemple, l'existence même de certains organismes comme le Conseil consultatif canadien sur la situation de la femme dépend du bon vouloir des politiciens et rend le Conseil vulnérable aux influences partisanes. Par ailleurs, les groupes de femmes ne peuvent compter de façon soutenue ni sur un personnel politique soucieux de défendre systématiquement les besoins des femmes ni sur des féministes au sein de la fonction publique qui connaissent les dossiers et représentent en quelque sorte les groupes de femmes[9]. La culture bureaucratique fédérale, notons-le, prône la neutralité et demeure hostile aux partis pris chez les fonctionnaires censés rendre compte de la multiplicité des points de vue et intérêts. Le gouvernement a ainsi formé des organismes et développé des politiques de promotion de la femme en se basant sur l'idée que pour connaître les besoins des femmes et leurs demandes de changement, il fallait compter sur la communication directe avec des groupes de femmes extérieurs à l'appareil étatique comme tel. Mais, au fil des années, on constate que tant les politiques gouvernementales ayant pour objet les groupes de femmes que les positions politiques de ces derniers se sont modifiées sensiblement et que les relations entre les deux se sont fortement détériorées.

En effet, selon Jenson et Phillips (1996), durant les années 1980, le gouvernement fédéral s'est peu à peu rangé à l'idée que les difficultés de la vie relevaient essentiellement de la responsabilité individuelle et a opéré un grand nombre de coupures dans ses programmes sociaux aussi bien que dans les institutions étatiques destinées à appuyer les revendications des groupes de pression[10]. Les institutions étatiques destinées à promouvoir la condition féminine ont donc été éliminées ou frappées de coupures draconiennes. Durant la même période, les politiciens canadiens en viennent peu à peu à considérer que les groupes de femmes (aussi bien que d'autres groupes comme les autochtones, etc.) constituent moins des groupes de défense des femmes canadiennes que des groupes de pression représentant certains groupes de femmes ou encore des groupes de soutien et de services pour les femmes (Jenson et Phillips, 1996). Leur légitimité et leur crédibilité s'en retrouvent donc fortement affectées. On peut déjà déceler cette nouvelle orientation dans le cadre de la formation et du fonctionnement du Comité canadien sur la violence faite aux femmes, comme nous le verrons plus loin.

Durant la même période, la composition et les orientations de nombreux groupes de femmes connaissent des changements. Nous concentrerons notre analyse sur le Comité canadien d'action sur le statut de la femme (CCASF) qui, créé en 1972, est appelé très tôt à jouer le rôle d'organisme représentant les groupes de femmes auprès du gouvernement fédéral[11]. En effet, le CCASF, un regroupement d'organisations féministes à l'échelle pancanadienne, prend rapidement de l'expansion. On compte environ 120 groupes de femmes qui font partie de l'organisation en 1977, et 586 en 1988 (Bashevkin, 1996 : 220). Par ailleurs, si au départ le CCASF adopte principalement un rôle assez conventionnel de lobbying auprès des partis politiques, il modifie sensiblement son orientation à partir des années 1980 (Young, 1996). À ce moment, la composition de son exécutif est prise en charge par des membres de la base et par des féministes socialistes. Il devient beaucoup moins respectueux des élites politiques, met de l'avant des moyens de lutte non conventionnels et surtout étend sa critique au contexte social et économique d'ensemble (Young, 1996 : 202). Dans le même souffle, le CCASF développe des liens avec d'autres mouvements sociaux et des organisations syndicales. Il joint sa voix à l'opposition qui monte contre les mesures néolibérales[12] mises de l'avant par le gouvernement Mulroney. Ainsi, au fil des années, le CCASF se pose de plus en plus comme un groupe d'opposition au gouvernement[13].

Les relations entre le gouvernement et les groupes de femmes en ce qui concerne la problématique de la violence contre les femmes ont suivi un parcours similaire même si la problématique est considérée comme prioritaire tant d'un côté que de l'autre.

3.2 L'État et les groupes de femmes devant la problématique de la violence contre les femmes

Pendant les années 1970, les groupes féministes axent d'abord leurs demandes sur l'implantation des recommandations de la commission Bird qui, rappelons-le, s'était concentrée sur l'accès à l'égalité sociale et économique des femmes et ne faisait aucunement référence à la violence exercée contre elles.

En 1979, Condition féminine Canada présente le premier plan d'action fédéral sur la question des femmes, Femmes en voie d'égalité, dans lequel la violence contre les femmes est identifiée comme un des dossiers prioritaires. Le gouvernement cible alors deux initiatives, soit la lutte contre le harcèlement sexuel au travail et la réalisation d'une étude sur la violence dont les femmes sont victimes. Dans les années 1980, le gouvernement concentre ses politiques sur cinq domaines spécifiques de victimisation des femmes, soit l'agression sexuelle, l'abus sexuel des enfants, la prostitution, la pornographie et la violence contre les conjointes (Levan, 1996 : 323-330). Comment peut-on évaluer ces initiatives ?

Pendant la période qui précède la prise de pouvoir du Parti conservateur du Canada, soit de 1963 à 1984, le mouvement féministe canadien aurait enregistré, selon Bashevkin (1996 : 125), un certain nombre de gains en matière de politique fédérale aux chapitres : 1) de l'égalité des droits tant au niveau législatif que judiciaire; 2) du droit de la famille; 3) du libre choix en matière d'avortement; 4) de la violence contre les femmes, incluant l'agression sexuelle et la violence contre les conjointes; 5) des droits dans le domaine du travail, y compris la rémunération et les soins aux enfants. Des 16 décisions qu'elle a recensées dans ces domaines, elle en classe neuf comme étant positives pour les femmes. Par ailleurs, lorsqu'elle effectue le même travail pour la période du gouvernement conservateur de Mulroney, entre 1984 et 1993, le bilan est encore plus positif. Des 29 décisions prises dans les mêmes domaines, elle en classe cette fois 25 comme positives pour les femmes.

Mais malgré cette volonté commune de lutter contre la violence faite aux femmes, on observe à ce niveau également une détérioration progressive des relations entre les groupes de femmes et le gouvernement fédéral. Les représentantes féministes considèrent que les victoires réalisées durant cette période l'ont été plutôt malgré le gouvernement que grâce à celui-ci. Elles estiment également que ces gains ont été très limités parce que non intégrés à un plan d'ensemble destiné à promouvoir l'égalité des femmes (Bashevkin, 1996).

3.3 *La formation du Comité canadien sur la violence faite aux femmes*

Le 6 décembre 1989, la tuerie de l'École polytechnique à Montréal provoque une onde de choc dans la société canadienne et élargit l'agenda politique à la question de la violence contre les femmes. La demande d'une commission royale d'enquête, qui avait déjà fait l'objet de discussions, refait surface, mais cette fois l'accent est mis sur la violence faite aux femmes. « Le 6 décembre 1990, un groupe de plus d'une trentaine d'organismes de femmes, avec le soutien de plusieurs gouvernements provinciaux et municipaux, ont soumis officiellement une pétition demandant la mise sur pied d'une commission royale d'enquête sur la violence contre les femmes » (Levan, 1996 : 335)[14]. Plusieurs nourrissent l'espoir que cette commission permette de joindre les éléments disparates des études menées jusqu'à cette date et la pétition s'appuie sur la conviction que la mise sur pied d'une enquête publique majeure puisse avoir un impact similaire à celui de la Commission royale d'enquête menée en 1970. Pendant ce temps, le sous-comité de la condition féminine du Comité permanent de la santé et du bien-être social, des affaires sociales, du troisième âge et de la condition féminine met sur pied des consultations auprès des groupes des femmes sur la question de la violence contre les femmes et sur la pertinence d'établir une commission royale d'enquête. En juin 1991, il publie un rapport intitulé *La guerre contre les femmes*, dans lequel il établit fermement un lien entre l'inégalité des femmes et la violence qu'elles subissent :

> La violence faite aux femmes qui se fait sentir un peu partout a amené de nombreux intervenants à conclure que ce phénomène ne peut être compris qu'en rapport avec le contexte social de la vie des femmes. D'aucuns ont affirmé au Comité que la violence faite aux femmes reflète et renforce l'inégalité du statut de la femme par rapport à celui de l'homme. Ainsi, la vulnérabilité des femmes à la violence est liée de façon indissociable aux inégalités sociales, économiques et politiques que connaissent les femmes dans leur vie quotidienne. En outre, la violence et la crainte de la violence empêchent les femmes de parvenir à l'égalité (Comité permanent de la Santé et du bien-être social, des affaires sociales, du troisième âge et de la condition féminine, 1991 : 11).

La guerre contre les femmes émet 24 recommandations qui enjoignent le gouvernement fédéral à lutter de façon vigoureuse contre la violence faite aux femmes. Le rapport recommande entre autres la mise sur pied d'une commission royale d'enquête sur la violence faite aux femmes en collaboration avec les groupes des femmes à travers le pays et avec les autres provinces. Il conseille également que les membres de la commission d'enquête soient choisis par les groupes de femmes et les représentent. Mais tant le mémoire du CCASF présenté au sous-comité que le titre et le contenu fortement dénonciateur du rapport contribuent à maintenir le climat de confrontation entre le gouvernement et les groupes de femmes.

Le rapport recevra l'approbation de la plupart des groupes de femmes mais ne sera pas endossé par le Comité permanent de la santé et du bien-être social, des affaires sociales, du troisième âge et de la condition féminine (Levan, 1996 : 337-338). Le 18 juin 1991, à la 10ᵉ conférence annuelle des ministres fédéral, provinciaux et territoriaux responsables de la condition féminine à St. John's (Terre-Neuve), les représentants gouvernementaux proposent un plan d'action pour lutter contre la violence faite aux femmes dans lequel on réitère le lien entre l'inégalité des femmes et la violence dont elles sont l'objet.

C'est dans ce cadre politique controversé, eu égard à l'ensemble des politiques du fédéral et plus particulièrement à la question de la violence contre les femmes, que la ministre présente, le 15 août 1991, la composition et le mandat du Comité canadien sur la violence faite aux femmes. Comme nous l'avons signalé au début du texte, la ministre fait elle-même le lien entre l'inégalité des femmes et la violence dont elles sont l'objet et propose de mettre en œuvre une politique de tolérance zéro pour éradiquer le problème.

4.   Le Comité canadien, porte-parole de la voix des femmes ?

4.1   *La composition et le mandat du Comité : les racines d'une controverse*

Pour établir la composition et le mandat du Comité canadien sur la violence faite aux femmes, la ministre Collins a consulté, entre autres, des représentantes des groupes de femmes partout au pays, des conseils consultatifs provinciaux, ses collègues des provinces et des territoires, puis a fait son choix à partir d'une liste de 250 noms. Elle est confiante que les personnes sélectionnées « représentent le meilleur exemple des connaissances, de l'expérience, de la sensibilité et du leadership en la matière que l'on puisse trouver au pays » (Condition féminine Canada, 1991 : 3). Le Comité se compose de deux coprésidentes, soit Pat Freeman-Marshall, directrice exécutive de Metro Action Committee on Public Violence Against Women and Children (METRAC) de Toronto et Marthe Asselin-Vaillancourt, une activiste communautaire du Québec. S'y joignent sept membres, dont un homme, une femme immigrante, deux femmes francophones et une femme autochtone. Pour compléter le Comité, le gouvernement conservateur crée un cercle autochtone responsable des dimensions de la question qui touchent les femmes des Premières Nations (Levan, 1996 : 338).

Même si la sélection du Comité n'avait pas été confiée aux groupes de femmes, sa composition reçoit un accueil assez favorable dans les rangs féministes. Lee Lakeman, représentante des Canadian Association of Sexual Assault Centres (CASACS), affirme par contre que cette initiative gouvernementale n'est pas une initiative féministe et critique les membres du Comité qu'elle considère comme des femmes-alibis. Elle souligne qu'il faudra surveiller les travaux du Comité pour s'assurer qu'il soit redevable aux groupes de femmes (Levan, 1996 : 340). Le Comité, qui se sent imputable bien sûr au gouvernement, mais aussi aux groupes de femmes et aux femmes canadiennes, demeurera dans une situation fort difficile durant toute la durée de ses travaux. Il cherchera en effet à répondre à un mandat du gouvernement conservateur, tout en offrant une démarche et un produit féministes en réponse aux revendications des groupes de femmes.

Le Comité doit ensuite faire face à des problèmes de structure. Indépendant à ses débuts, le cercle autochtone est très tôt incorporé au Comité. À ce moment, d'autres groupes de femmes, entre autres des membres de minorités raciales et culturelles, dénoncent leur exclusion du Comité. On forme alors un comité consultatif pour mieux refléter la diversité des femmes canadiennes. Mais les relations entre le « vrai » comité sur la violence et le comité consultatif, n'en demeureront pas moins problématiques durant toute la durée des travaux.

Par ailleurs, même si le mandat du Comité canadien sur la violence faite aux femmes avait été défini par le gouvernement, ses membres ne considèrent pas qu'il comporte « des éléments incompatibles avec une vision féministe de la violence faite aux femmes ». Qui plus est, « le processus choisi, c'est-à-dire rencontrer les femmes dans leur milieu et adopter une approche communautaire, interactive et réceptive, correspondait également à la vision des membres du Comité » (Comité canadien sur la violence faite aux femmes, 1993, annexe B : 2). Notons que tant les questions du mandat que du processus choisi reviendront plus tard hanter le Comité.

4.2   Un Comité informé par l'analyse féministe de la question...

Suivant le mandat qui lui avait été confié, le Comité canadien articule son travail sur la base d'une consultation élargie. Il mène sept tournées de consultation dans tous les coins du pays, visite ainsi 139 collectivités et consulte en tout environ 4 000 personnes. Il reçoit 245 mémoires de différentes organisations lors de ces tournées de consultation. À la suite de cette ronde nationale, il organise des rencontres et des tables rondes avec des représentantes d'organisations de femmes, de groupes religieux, de jeunes, etc. (Comité canadien sur la violence faite aux femmes, 1993, annexe D).

Le rapport final du Comité prend appui sur un « prisme d'analyse féministe, qui permet de voir dans la violence la conséquence de l'inégalité sociale, économique et politique inhérente à la structure de notre société, phénomène renforcé par des notions qui s'expriment dans une langue et une idéologie sexistes, racistes et fondées sur la classe » (Comité canadien sur la violence faite aux femmes, 1993, première partie : 4). Pour lutter efficacement contre la violence, il propose un plan d'action national basé sur deux grandes mesures, imbriquées l'une à l'autre, la première centrée sur l'accès à l'égalité juridique, économique, sociale et politique pour les femmes, et la seconde sur l'élimination de la violence faite aux femmes à travers une politique fondée sur le concept de tolérance zéro. Le Comité considère que c'est l'inégalité qui rend les femmes vulnérables à la violence et que c'est la violence qui les empêche d'accéder à l'égalité. Le Comité affirme que :

> La tolérance zéro signifie qu'aucune forme de violence n'est acceptable et que la sécurité et l'égalité des femmes sont des priorités. Tous les organismes et toutes les institutions sont vivement encouragés à examiner leurs programmes, pratiques et produits en fonction de la politique de tolérance zéro, qui comprend :
>
> • une structure de responsabilité
> • des étapes de mise en œuvre

- et un modèle d'application (Comité canadien sur la violence faite aux femmes, 1993, cinquième partie : 3).

Cette politique doit d'abord s'appliquer dans les secteurs suivants : les services médicaux et sociaux, l'appareil judiciaire, le monde du travail, le secteur militaire, l'éducation, les médias, l'enseignement, les institutions religieuses et le gouvernement fédéral. Ensuite, elle devra atteindre tous les secteurs de la société aussi bien que tous les individus. Pour mettre en œuvre la politique de tolérance zéro, **tous les organismes, tous les groupes, toutes les institutions** doivent prendre les six mesures suivantes : adopter officiellement la politique et rendre cette décision publique; créer un comité d'action sur la tolérance zéro pour en surveiller la mise en œuvre; évaluer les risques pour la sécurité des femmes au sein du groupe ou de l'organisme ou de l'institution; dresser un plan d'action; libérer les ressources nécessaires; surveiller l'application et le respect de la politique.

Ce plan d'action est longuement développé dans la cinquième partie du rapport qui ne couvre pas moins de 92 pages. Il importe le concept répressif de tolérance zéro dans les différentes institutions sociales, place la lutte contre la violence faite aux femmes sous le signe du contrôle et de la surveillance dans les principaux secteurs de la société et décortique toutes les dimensions d'expressions potentielles de violence contre les femmes. Le cadre proposé est donc très large et si beaucoup d'initiatives prises isolément peuvent apparaître « une bonne idée », l'ensemble des recommandations tisse une toile d'araignée qui cible toute éventualité de violence et dessine les contours d'une approche totalitaire, répressive.

Par exemple, le Comité propose des mesures de tolérance zéro à l'intention de tous les organismes et particuliers du secteur des services. Il souligne entre autres la nécessité « d'adopter un code d'éthique fondé sur la politique de tolérance zéro pour garantir le droit à la dignité, au respect, à la confidentialité des renseignements et à la sécurité ». Pour ce faire, il faut :

- l'adoption d'une stratégie exhaustive d'éducation des prestateurs et clientes des services au sujet des fondements théoriques, des valeurs et des principes inhérents au code;
- des évaluations du rendement;
- des sanctions sévères (avertissements, refus d'une promotion, renvoi, suspension du permis) en cas d'infraction du code et une procédure de plainte efficace (Comité canadien sur la violence faite aux femmes, 1993, cinquième partie : 38).

En fait, cette politique ne met pas seulement tout « acte » de violence sous le signe de la tolérance zéro, mais toute dimension de la vie sociale qui peut favoriser la violence contre les femmes ou qui fait faute de la déceler. La tolérance zéro est une politique qui promeut une approche musclée vis-à-vis un événement, quelles que soient les circonstances. Elle ne tient pas compte de la complexité des situations, privilégiant la réponse automatique et aveugle. On a vu comment les politiques de mise en accusation automatique et de non-retrait des poursuites dans les cas de violence contre les conjointes avaient fait l'impasse de la complexité de la question et suscité la critique des femmes victimes elles-mêmes. On peut imaginer l'ampleur de la réduction opérée lorsqu'on élargit le mandat à l'ensemble de la société.

Mais peut-on dire que cette orientation s'est appuyée sur la volonté des groupes de femmes de la base, que cette voix de la loi et du contrôle émane de celles qui luttent dans le quotidien contre la violence faite aux femmes ?

Ici, le mandat et le processus adopté par le Comité nous permettent déjà d'émettre certains doutes. D'abord, le concept de tolérance zéro a été proposé par le gouvernement dans l'énoncé du mandat et nous n'avons trouvé aucun indice dans les dossiers du Comité canadien sur la violence faite aux femmes (lettres, procès-verbaux, etc.) qui nous permettent de croire que la tolérance zéro ait posé de sérieux problèmes aux membres du Comité. Dans son rapport final, le Comité fait état d'un certain nombre de difficultés, mais n'évoque pas à ce propos le concept de tolérance zéro. Ensuite, les consultations ont favorisé les témoignages individuels mais n'ont pas donné beaucoup d'espace aux organismes féministes qui dispensent des services aux femmes. Dans son rapport final, le Comité reconnaît lui-même avoir eu des doutes quant à l'approche privilégiée. « Avions-nous raison d'opter pour la souplesse et pour l'expression individuelle des problèmes aux dépens d'une approche plus traditionnelle : la présentation de mémoires ? » (Comité canadien sur la violence faite aux femmes, 1993, deuxième partie : 6). Le concept suscite d'ailleurs des réactions parmi les groupes de femmes : le 15 avril 1992, à Winnipeg, Judy Rebick, du CCASF, et Eunadie Johnson, de l'Organisation nationale des immigrantes et des femmes appartenant à une minorité visible au Canada, mandatées par une table ronde de représentantes de groupes de femmes, rencontrent les membres du Comité et font part des « graves préoccupations » des groupes de femmes à l'égard du processus de travail. Elles affirment entre autres : « Le slogan du Comité, la tolérance zéro, n'est pas appuyé; pour les groupes de femmes, l'objectif doit être la violence zéro. La tolérance zéro est considérée comme une erreur sur le plan stratégique » (Comité canadien sur la violence faite aux femmes, 1992 : 2).

Pour compléter notre analyse, nous nous sommes demandées comment les groupes de femmes avaient défini le problème et la recherche de solutions lorsqu'elles ont soumis des mémoires à l'appui des témoignages lors des séances de consultation. En effet, même si le Comité n'avait pas organisé les consultations autour de la présentation de mémoires mais de témoignages individuels, de nombreuses organisations ont choisi cette première voie pour s'exprimer devant le Comité. L'annexe E du rapport final du Comité nous donne la liste des 245 organismes qui ont présenté des mémoires lors des consultations : nous y avons sélectionné les mémoires d'organismes ou de groupes de femmes voués à la défense des intérêts des femmes, que ce soit à travers des services d'intervention de première ligne (maisons d'hébergement, services d'urgence pour femmes victimes de violence, services d'aide aux femmes victimes d'agressions sexuelles, etc.) ou encore à travers des groupes de défense des droits et intérêts de groupes de femmes (Congress of Black Women of Canada, Canada Federation of University Women, etc.) ou de dossiers qui touchent les femmes (ICREF, Ontario Association of Interval and Transition Houses, etc.). Nous avons identifié ainsi 103 mémoires déposés dans un fonds d'archives à la Bibliothèque nationale du Canada.

Compte tenu de la loi d'accès à l'information et de certains avatars bureaucratiques, nous avons pu obtenir et analyser le contenu de 85 mémoires.

Un premier examen nous révèle que seulement 15 % des mémoires évoquent directement le concept (neuf mémoires) ou encore soulignent la nécessité de ne pas tolérer la violence contre les femmes dans notre société (quatre mémoires). Dans les 72 autres mémoires, cette dimension est absente. Est-ce que cela signifie que la répression, l'efficacité de la police et celle des tribunaux sont absentes des préoccupations des groupes et organismes qui sont intervenus dans ces consultations ? Sur quoi portent ces mémoires dans l'ensemble ?

La première impression est celle de la variété. D'abord, en ce qui concerne la longueur du texte qui parfois est contenu dans aussi peu que deux pages, mais qui peut tout aussi bien aller au-delà des 20 pages; ensuite, plus substantiellement, sur le plan de l'analyse du problème et des solutions proposées. En effet, certains mémoires présentent la question en mettant en évidence sa dimension structurelle, soit la domination des femmes par les hommes dans différents domaines, ou analysent les éléments de la vie quotidienne qui favorisent la violence contre les femmes. D'autres mettent de l'avant d'abord et avant tout l'expérience et les besoins d'un groupe cible, que ce soit les femmes immigrantes, les femmes de minorités visibles, les femmes autochtones, les femmes incarcérées, les prostituées ou les gais et lesbiennes, etc.; d'autres encore mettent l'accent sur les initiatives et services mis en œuvre par leur organisme pour lutter contre la violence faite aux femmes ou encore sur l'insuffisance des programmes et services en place dans différents secteurs de la société en réponse au problème. Certains mémoires, dont celui de METRAC, de l'Association des femmes juristes du Manitoba, de la Fédération des femmes du Québec, se concentrent sur les limites du système de justice pénale dans sa réponse aux problèmes de l'agression sexuelle, de la violence contre les conjointes ou de la pornographie. Les solutions proposées sont également très variées. On propose des mesures éducatives tant pour les jeunes que pour les hommes, les femmes et les professionnels de la justice. On évoque également l'importance des programmes d'aide et de soutien pour les femmes, les enfants, les hommes. Certains mémoires n'abordent pas les recours judiciaires, mais nombreux sont ceux qui présentent aussi des recommandations qui touchent le système pénal. Plusieurs mémoires évoquent la nécessité d'adopter des lois qui ciblent mieux le problème, des sentences qui reflètent davantage le sérieux de ces délits et qui assurent une meilleure protection des victimes ou encore des procédures qui augmentent l'efficacité de l'intervention pénale. D'autres, par ailleurs, demandent qu'on adopte des mesures qui assurent un traitement plus juste, plus respectueux de certains groupes d'individus, largement discriminés et victimisés par l'intervention pénale elle-même. C'est le cas de groupes autochtones, de minorités visibles, d'immigrants ainsi que de femmes incarcérées, ou de travailleuses du sexe, etc. Le contenu des mémoires fait donc ressortir le potentiel et les limites de l'intervention pénale auprès des catégories d'individus que le système vise à protéger et appelle ainsi à la prudence dans l'intervention. Certains mémoires, dont celui du Congress of Black Women of Canada (Regina Chapter) et du La Ronge Native Women Centre, mettent l'accent sur la nécessité que les solutions au problème émergent de la communauté elle-même, qu'on développe une approche holistique et des moyens novateurs pour faire face à la violence contre les femmes. Dans l'ensemble, les besoins sont nombreux et pressants et le financement fait cruellement défaut.

À travers ces mémoires, on peut saisir combien est complexe la question de la violence contre les femmes, combien variées sont les situations problématiques qui les touchent ; on peut aussi comprendre que pour penser les réponses on ne puisse faire l'impasse sur la variété et la flexibilité des moyens. Dans ce cadre, si la politique de tolérance zéro représente bien la voix du « assez, c'est assez », c'est une voix trop peu flexible pour rendre compte de la complexité du problème. Elle n'émane pas spontanément de la majorité des groupes de femmes qui sont venus faire part de leurs préoccupations au Comité, si bien que l'on constate que si celui-ci semble avoir été à l'écoute des femmes pour documenter le problème et pour rendre compte de leur expérience de violence, il a choisi d'articuler les solutions à partir de la voix du gouvernement. Les recommandations des groupes de femmes n'ont pas été toutes évacuées pour autant mais modelées à partir de l'impératif tolérance zéro.

On constate donc que le rapport du Comité canadien sur la violence faite aux femmes ancre résolument son analyse dans une perspective féministe : il établit fermement un lien entre l'inégalité et la violence et s'appuie sur les témoignages des femmes victimes pour étayer le problème. Sa conception de la violence contre les femmes emprunte largement au développement théorique qui a dominé la scène féministe durant les années 1980 et qui se bute à la dérive dont nous avons fait état plus haut, soit celle de réduire les femmes à un statut de victimes : si elles peuvent appuyer la documentation du problème, les femmes n'apparaissent pas comme étant des interlocutrices valables pour le théoriser et élaborer des solutions. Le Comité a donc fait fi de leur voix aussi bien que de celles de certains groupes féministes et s'est rallié à la conception gouvernementale de la question.

5.   L'après Comité canadien – la tolérance zéro évacuée des politiques fédérales sur la violence faite aux femmes

Le rapport du Comité canadien sur la violence faite aux femmes a été accueilli par des critiques fort nourries, non seulement depuis les rangs féministes qui avaient déjà fait entendre leur voix avant la fin des travaux, mais également dans différents secteurs de la société. Dans sa chronique du 5 août 1993, Lysianne Gagnon, de *La Presse*, reproche au rapport son indigence intellectuelle et factuelle et critique les recommandations en ces termes :

> Mais nos croisés [les membres du Comité] veulent tout de suite l'éradication du mal. D'où 494 recommandations, presque pathétiques par leur naïveté et par leur zèle. Hélas, en visant toute la société, on rate inévitablement la cible. À côté de recommandations sensibles mais peu nouvelles comme les garderies, ou de vœux irréalistes (demandez donc aux aides domestiques si elles veulent être assujetties aux lois du travail et payer des impôts!), ce qu'on réclame au fond, c'est une société autoritaire farcie d'interdictions de toutes sortes, de la censure des médias aux camps de rééducation pour avocats, en passant par la transformation immédiate des hiérarchies religieuses ! (*La Presse*, 5 août 1993).

Malgré ces limites, la ministre Mary Collins affirme que son gouvernement va adopter la nouvelle philosophie de tolérance zéro, mais sans toutefois se compromettre sur les ressources qui seront attribuées à sa mise en œuvre. Les élections fédérales de1993 portent les libéraux au pouvoir et le rapport du Comité est relégué aux oubliettes avec, du même coup, sa philosophie de tolérance zéro. Si, pendant les travaux du Comité canadien sur la violence faite aux femmes, le communiqué de presse issu de la 11ᵉ conférence des ministres fédéral, provinciaux et territoriaux responsables de la condition féminine fait état du « besoin d'efforts continus et conjoints nécessaires pour atteindre la tolérance zéro et mettre fin à la violence faite aux femmes » (Condition féminine Canada, 1992 : 5), le terme disparaît des communiqués suivants, entre 1994 et 2000.

Le gouvernement fédéral n'en maintient pas moins son engagement à éliminer la violence faite aux femmes en collaboration avec les provinces et les territoires. Les réunions annuelles des ministres fédéral, provinciaux et territoriaux qui suivent les travaux du Comité en témoignent. En 1994, les ministres endossent la Déclaration de Régina sur les droits à l'égalité des femmes ayant subi un acte de violence. Ils mettent sur pied un groupe de travail fédéral, provincial et territorial pour veiller à la mise en œuvre de la Déclaration. La ministre responsable de la Condition féminine en Saskatchewan, l'honorable Louise Simard, affirme :

> Le système judiciaire doit veiller à ce que les préjudices que subissent les femmes dans notre société et les stéréotypes auxquels on les associe ne viennent pas influer sur leur droit à l'égalité devant la loi (Condition féminine Canada, 1994 : 2).

On s'entend pour donner priorité aux projets destinés à protéger les victimes. À chaque année, les ministres réitèrent leur détermination à lutter contre la violence faite aux femmes. En 1996, elles publient *Au-delà de la violence : en quête de nouveaux horizons*, un guide de ressources pour les victimes. En 1998, elles rendent publique la Déclaration d'Iqaluit des ministres fédéral, provinciaux, territoriaux responsables de la condition féminine sur la violence faite aux femmes. Ce document met l'accent sur trois stratégies : « la mise en œuvre de programmes de prévention, d'éducation et de promotion de l'égalité; la consolidation de programmes efficaces et adaptés d'aide, de soutien et d'information aux victimes; et l'établissement de programmes de traitements adéquats pour les agresseurs ainsi que la sanction des comportements violents » (Condition féminine Canada, 1998 : 3). En 1999, les ministres publient un plan d'action stratégique, *Prévenir la violence contre les femmes,* dans lequel elles prônent « une approche globale qui tient compte de la complexité de la violence faite aux femmes et de la nécessité de mettre en place des stratégies de prévention et d'intervention » (Condition féminine Canada, 1999 : 6). Les stratégies privilégiées demeurent celles de la Déclaration d'Iqaluit. On y reconnaît de plus que l'élimination de la violence contre les femmes est un « objectif à long terme qui ne peut être atteint que si les valeurs et les attitudes de la société changent de façon durable » (Condition féminine Canada, 1999 : 3). Le succès de la lutte contre ce problème dépend de l'implication de tous, que ce soit comme citoyen ou citoyenne, intervenant ou intervenante ou encore décideur ou décideuse. La responsabilité des gouvernements est donc limitée et leur rôle est présenté comme celui d'un catalyseur (Condition féminine Canada, 1999 : 13). Les gouvernements ont par contre le mandat de favoriser la cohérence et la concertation des initiatives en la matière, voire les partenariats entre les différentes instances :

> Les instances fédérales, provinciales et territoriales tiennent à favoriser et à promouvoir le partenariat entre les secteurs privé, public et communautaire ainsi qu'avec d'autres paliers de gouvernement. Les partenariats favorisent l'engagement et la responsabilisation des instances locales et régionales ainsi que la contribution du secteur privé aux efforts des communautés pour éliminer la violence (Condition féminine Canada, 1999 : 10).

Finalement, notons que ce cadre de travail stratégique souligne l'importance d'intégrer parmi les initiatives des « programmes d'intervention pour les enfants de façon à contrer les effets à court, à moyen et à long terme de la violence dont ils sont témoins et victimes » (Condition féminine Canada, 1999 : 6).

On voit donc que durant les années 1990, le gouvernement fédéral a résolument articulé sa lutte contre la violence faite aux femmes à partir de paramètres qui se distinguent des politiques des années 1980. Tout d'abord, il limite la portée immédiate de ses objectifs en indiquant que cette lutte en est une à long terme : on ne saurait donc s'attendre à une campagne massive du fédéral (basée sur la tolérance zéro, par exemple) pour éliminer une fois pour toutes ce problème. Ensuite, il restreint son champ de responsabilité dans le domaine, ainsi que celui des groupes de femmes : tous les secteurs de la société doivent s'impliquer et travailler en concertation. Enfin, il met l'accent sur la prévention en étendant ses programmes aux enfants qui sont témoins et victimes du problème. Par contre, il maintient la ligne politique des gouvernements des années 1980 au chapitre des engagements budgétaires : on devra continuer à faire plus avec moins. Aussi, faut-il se demander si ces limites budgétaires, associées à la mise en place de programmes à l'intention des enfants, n'ont pas pour effet de limiter les maigres ressources destinées aux femmes directement affectées par la violence et de les responsabiliser davantage pour apporter la solution à un problème pourtant défini comme social.

Notes

1. Le terme anglais est *domestic violence-free zone*.
2. Dans plusieurs provinces canadiennes, le concept de tolérance zéro continuera à apparaître approprié pour lutter contre la violence familiale à la suite des travaux du Comité canadien sur la violence faite aux femmes. En février 1994, par exemple, l'Assemblée législative des Territoires du Nord-Ouest adopte une déclaration de tolérance zéro vis-à-vis la violence familiale, en se donnant comme objectif de l'éliminer d'ici l'an 2000. Cette déclaration encourage également les gouvernements municipaux, les organisations autochtones et d'autres groupes et organismes à adopter des déclarations semblables.
3. Pour une analyse de la conception de la violence parmi les féministes, voir Parent (2002).
4. Schechter (1982) proposera d'ailleurs une analyse similaire.
5. Bien que l'auteure ne donne pas d'exemples, on sait que les femmes ont été longtemps exclues de certaines professions. Exclues du public, elles ont été confinées, souligne l'auteure, à l'espace domestique; elles ont donc été contraintes aux tâches de maison.
6. Pour une analyse de la famille comme lieu de contrôle et de cœrcition, voir Dahl et Snare (1978), Heidensohn (1985), Hutter et Williams (1981).

7. Notons que l'analyse de Jenson et Phillips (1996) offre un éclairage d'ensemble sur les transformations des pratiques régulant l'exercice de citoyenneté au Canada depuis les année 1930.

8. Rankin et Vickers (2001 : 10) citent les institutions féministes suivantes : Condition féminine Canada; ministre responsable de la Condition féminine; Programme de promotion de la femme, Direction générale de la citoyenneté, Secrétariat d'État; Conseil consultatif canadien sur la situation de la femme; Bureau de main-d'œuvre féminine; groupes d'experts de Santé et Bien-être social Canada et du ministère de la Justice.

9. Levan (1996) souligne que le Programme de promotion de la femme au Secrétariat d'État, qui a été constitué comme le principal organisme appelé à subventionner les groupes de femmes, a pu établir sa crédibilité au début des années 1970 parce qu'il était dirigé par des féministes qui avaient des liens solides avec les groupes de femmes. Par ailleurs, à la fin de cette décennie, l'influence de cet organisme s'est dissipée.

10. Jenson et Phillips (1996) soutiennent que cette période marque un changement du régime de citoyenneté au Canada.

11. Le Comité canadien d'action sur le statut de la femme (CCASF) compte aujourd'hui 700 membres. Pour plus d'informations sur sa composition, son mandat et son histoire, on peut consulter son site Internet à l'adresse suivante : www.nac-cca.ca.

12. Le politiques néolibérales impliquent la réduction de l'appareil gouvernemental, des coupures majeures dans les programmes sociaux, l'attribution d'une partie du budget à la réduction du déficit et l'accroissement des lois du marché (dans ce domaine, signalons que le gouvernement Mulroney a signé le traité de libre-échange avec les États-Unis).

13. Pour une analyse plus détaillée de la détérioration des relations entre les groupes de femmes et le gouvernement fédéral, voir entre autres Bashevkin (1996), Findlay (1987, 1988), Gotell (1998), Levan (1996) et Young (1996, 2000).

14. Selon le rapport final du Comité canadien sur la violence faite aux femmes, le gouvernement fédéral aurait reçu des lettres et pétitions de plus de 26 000 personnes réclamant la formation d'une commission royale d'enquête sur la violence faite aux femmes.

Références

BASHEVKIN, Sylvia (1996), « Losing Common Ground : Feminists, Conservatives and Public Policy in Canada during the Mulroney Years », *Revue canadienne de science politique*, XXIX, 2 : 211-242.

COMITÉ CANADIEN SUR LA VIOLENCE FAITE AUX FEMMES (1993), *Un nouvel horizon : éliminer la violence – Atteindre l'égalité*, rapport final, Canada.

COMITÉ CANADIEN SUR LA VIOLENCE FAITE AUX FEMMES (1992), Rencontre de membres du Comité canadien sur la violence faite aux femmes avec Judy Rebick et Eunadie Johnson, Winnipeg, le 15 avril 1992, points dominants des discussions, Archives nationales du Canada, RG 106, dossier 1350-2, 93 – 94/247, vol. 2.

COMITÉ PERMANENT DE LA SANTÉ ET DU BIEN-ÊTRE SOCIAL, DES AFFAIRES SOCIALES, DU TROISIÈME ÂGE ET DE LA CONDITION FÉMININE (1991), *La guerre contre les femmes*, sous-comité sur la condition féminine, Chambre des communes.

CONDITION FÉMININE CANADA (1979), *Femmes en voie d'égalité*, Ottawa, ministère des Approvisionnements et Services.

CONDITION FÉMININE CANADA (1991), *Notes pour une allocution de l'honorable Mary Collins, ministre responsable de la Condition féminine à une conférence de presse portant sur le lancement du Comité canadien sur la violence faite aux femmes*, le 15 août, Toronto, Ontario.

CONDITION FÉMININE CANADA (1992), *La violence faite aux femmes : la grande priorité des ministres responsables de la Condition féminine*, 11ᵉ Conférence fédérale-provinciale-territoriale annuelle des ministres responsables de la Condition féminine, White Horse, Yukon, communiqué n° 006.

CONDITION FÉMININE CANADA (1994), *Les ministres demandent que les droits des femmes victimes de violence soient protégés*, ministres fédéral, provinciaux et territoriaux responsables de la Condition féminine.

CONDITION FÉMININE CANADA (1995), *Zero Tolerance Policy : A Review*, document de travail.

CONDITION FÉMININE CANADA (1998), *Mme Fry présente la déclaration des ministres fédéral, provinciaux et territoriaux responsables de la condition féminine sur la violence faite aux femmes*, ministres fédéral, provinciaux et territoriaux responsables de la Condition féminine.

CONDITION FÉMININE CANADA (1999), *Prévenir la violence contre les femmes. Cadre de travail stratégique*, ministres fédéral, provinciaux et territoriaux responsables de la Condition féminine.

DAHL, Tong Stang et Anita Snare (1978), « The cœrcion of privacy. A feminist perspective », dans Carol Smart et Barry Smart (dir.), *Women, Sexuality and Social Control*, London, Routledge and Kegan Paul, p. 8-26.

DEBUYST, Christian, Françoise Digneffe, Dan Kaminski et Colette Parent (dir.), (2002), *Le tragique et la sagesse pratique*, Bruxelles, De Boeck.

DOBASH, R. Emerson et Russell P. Dobash (1979), *Violence against Wives : The Case Against Patriarchy*, New York, Free Press.

EDWARDS, Anne (1987), « Male Violence in Feminist Theory : an Analysis of the Changing Conceptions of Sex/Gender Violence and Male Dominance », dans Jalna Hanmer et Mary Maynard (dir.), *Women, Violence and Social Control*, Atlantic Highlands, New Jersey, Humanities Press International, p. 13-29.

FINDLAY, Sue (1987), « Facing the State : The Politics of the Women's Movement Reconsidered », dans Heather Jon Maroney et Meg Luxton (dir.), *The Political Economy of Feminism*, Toronto, Methuen, p. 31-50.

FINDLAY, Sue (1998), « Representation and the Struggle for Women's Equality : Issues for Feminist Practice », dans Manon Tremblay et Caroline Andrew (dir.), *Women and Political Representation in Canada*, Women's Studies, Les Presses de l'Université d'Ottawa, p. 293-310.

GAGNON, Lysiane (1993), « Les idées et les faits », *La Presse*, mardi 3 août, B3.

GOTELL, Lise (1998), « A Critical Look at State Discourse on "Violence againt Women" : Some Implications for Feminist Politics and Women's Citizenship » dans Manon Tremblay et Caroline Andrew (dir.), *Women and Political Representation in Canada*, Women's Studies, Les Presses de l'Université d'Ottawa, p. 39-84.

HANMER, Jalna (1978), « Violence et contrôle social des femmes », *Questions féministes*, p. 67-90.

JENSON, Jane et Susan D. Phillips (1996), « Regime shift: new citizenship practices in Canada », *International Journal of Canadian Studies*, 14 : 111-135.

JONES, Ann et Susan Schechter (1994), *Quand l'amour ne va plus. Échapper à l'emprise d'un conjoint manipulateur*, Montréal, Le Jour.

HEIDENSOHN, France (1985), *Women and Crime*, New York, University Press.

HUTTER, Bridget et Gillian Williams (dir.), (1981), *Controlling Women. The Normal and the Deviant*, London, Crom Helm London and the Oxford University Women's Studies Committee.

KELLY, Liz (1988), *Surviving Sexual Violence*, Minneapolis, University of Minnesota Press.

KLEIN, Dorie (1979), « Can This Mariage Be Saved ? Battery and Sheltering », *Crime and Social Justice*, 12, hiver : 19-32.

LEVAN, Andrea (1996), « Violence against Women », dans Janine Brodie (dir.), *Women and Canadian Public Policy*, Toronto, Harcourt Brace & Compagny, Canada, p. 319-352.

MARTIN, Del (1976), *Battered Wives*, San Francisco, Glide Publications.

MCLEOD Linda (1980), *La femme battue au Canada : un cercle vicieux,* Ottawa, Conseil consultatif canadien sur la situation de la femme.

PAGELOW, D. Mildred (1984), *Family Violence,* New York, Praeger.

PARENT, Colette (2002), « Face à l'insoutenable de la violence contre les conjointes : les femmes comme actrices sociales », dans C. Debuyst, F. Digneffe, D. Kaminiski, et C. Parent (dir.), *Le tragique et la sagesse pratique,* Bruxelles, De Boeck, p. 83-103.

RANKIN, L. Pauline et Jill Vickers (2001), *Les mouvements des femmes et le féminisme d'État : intégrer la diversité à l'élaboration des politiques gouvernementales,* Condition féminine Canada.

SCHECHTER, Susan (1982), *Women and Male Violence. The Visions and Struggles of the Battered Women's Movement,* Boston, South End Press.

WACQUANT, Loïc (2001), Comment la tolérance zéro vint à l'Europe, *Le Monde diplomatique,* Manière de voir 56, Sociétés sous contrôle, mars-avril : 35-46.

YOUNG, Lisa (1996), Women's Movement's and Political Parties – a Canadian-American Comparison, *Party Politics,* 2, 2 : 229-250.

YOUNG, Lisa (2000), *Feminists and Party Politics,* Vancouver, University of British Columbia.

7

Le débat québécois sur l'économie sociale : « Mais que sont nos politiques devenues? »

Denyse Côté
Département de travail social
Université du Québec en Outaouais[1]

Introduction

Depuis l'arrivée au pouvoir du Parti québécois en 1994 et durant ses deux mandats successifs, les politiques publiques ont été conçues de façon à continuer la restructuration néolibérale de l'État amorcée par les libéraux, tout en y ajoutant certaines caractéristiques propres à la social-démocratie[2]. Le gouvernement du Parti québécois doit en effet, durant cette période, composer avec des mouvements sociaux forts dont il requiert l'appui pour son projet nationaliste. Son aile gauche est très articulée et plusieurs députés et ministres sont même issus des rangs des organisations populaires, syndicales et des groupes de femmes.

Selon les visées de ce gouvernement et de son prédécesseur libéral, un « État-accompagnateur » doit remplacer l'État-providence mis en place lors de la Révolution tranquille, lequel aura été à son époque le symbole de la modernisation de la société québécoise ainsi que le ciment de ses aspirations nationalistes, reprenant ainsi certaines fonctions jusque-là exercées par l'Église. La « passivité » ou la « dépendance » de la société civile envers l'État et l'interférence trop prononcée de l'État avec le marché motivent ce retrait de fonctions jugées dorénavant trop intrusives. Mais contrairement à son voisin américain ou au modèle canadien duquel il participe d'ailleurs[3], l'État québécois doit se renouveler en prenant en compte le rôle de cohésion qu'il a assumé dans ce contexte nord-américain où il est minoritaire[4], ainsi que les mouvements sociaux qui ont tour à tour forcé et appuyé son développement.

Par ailleurs, et ce, depuis le milieu des années 1970, le mouvement des femmes a choisi d'interpeller l'État québécois. La Marche des femmes « Du Pain et des Roses » l'avait fait justement en 1995, sur le thème de la reconnaissance du travail gratuit et invisible de soutien et d'entretien qu'effectuent les femmes auprès de leurs proches et de leurs communautés : elle avait réclamé au gouvernement du Parti québécois d'implanter un programme d'« infrastructures sociales », un investissement dans le tissu social. Le gouvernement y avait répondu favorablement, en paroles tout au moins, et avait mis en place en 1996 des « mesures régionalisées en économie sociale ». Ce sont ces mesures que nous allons analyser ici[5]. Elles ont été créées rapidement en réponse à la Marche des femmes, mais aussi dans la foulée d'une décentralisation de type néolibéral et de la recherche d'un équilibre des finances publiques (dont l'appellation québécoise a été celle du « déficit zéro »).

Nous présentons ici une analyse de ces mesures d'appui à l'économie sociale, car elles ont été décentralisées dès leur conception, gérées sur des bases régionale et locale et cogérées dans chaque région par des représentantes de groupes de femmes. Nous pourrons ainsi mieux saisir la complexité de ces nouvelles politiques publiques de type néolibéral mais gérées de concert avec la société civile, le développement du nouveau modèle québécois de gouvernance ainsi que la transformation dans ce contexte du rapport des groupes de femmes à l'État. Nous nous sommes intéressée en particulier aux groupes de femmes régionaux, directement interpellés par cette politique publique. Rappelons que les regroupements nationaux de groupes de femmes ont plutôt été écartés lors de la mise en place de cette mesure, le gouvernement ayant choisi de s'adresser directement aux tables régionales[6] de groupes de femmes. Rappelons également le contexte de généralisation du discours néolibéral et du discours économique au Québec : les demandes de « droits » sont maintenant rapidement invalidées, tout comme celles d'investissements directs dans des programmes sociaux (Côté, 2000). Pendant la période que nous analysons, les investissements publics dans le domaine du social sont aussi coupés de manière draconienne : ainsi, le virage ambulatoire est amorcé à ce moment même[7].

1. Un enjeu de gouvernance et de régionalisation

Afin de saisir la dynamique décisionnelle régionale en économie sociale, nous avons mené entre 1997 et 2001 une série d'entrevues semi-dirigées auprès de responsables régionaux du dossier de l'économie sociale en Outaouais et dans Lanaudière[8]. Nous avons également réuni en groupe de discussion (*focus group*) des promotrices de projets ayant reçu des subventions régionales en économie sociale, ainsi que des personnes ayant pu obtenir un emploi par le biais de ces subventions. Enfin, une recension téléphonique de tous les projets subventionnés dans ces deux régions à même les budgets régionaux en économie sociale a été complétée, nous permettant ainsi de recueillir des données sur la taille des budgets, la nature des critères de sélection des projets, et le nombre et la nature des emplois créés à même ces subventions.

Nous avons dressé un portrait des mécanismes décisionnels dans les Comités régionaux en économie sociale (CRES), un portrait des projets financés par ces mesures, ainsi que de leur incidence sur les groupes de femmes. Nous avons pu également documenter l'évolution des mesures locales et régionales en économie sociale par les CRES, leur transfert aux Centres locaux de développement (CLD)[9], et dresser un portrait reflétant les forces et les synergies présentes dans les deux régions autour de ce dossier. Nous présenterons dans ce chapitre les débats autour des définitions théoriques et opératoires de l'économie sociale qui, comme nous le verrons, ont constitué un des enjeux majeurs des trois premières années de cette mesure (1996-1999).

Pour bien comprendre la dynamique des acteurs régionaux ainsi que les enjeux de gouvernance, en particulier les enjeux de gouvernance régionale, il est nécessaire, dans un premier temps, de présenter le contexte de ces mesures, qui constitue également le point de départ de cette recherche. Les mesures québécoises d'encouragement à l'économie sociale au Québec sont en effet apparues dans la foulée de la Marche des femmes « Du Pain et des Roses » de 1995. Par « mesures » d'économie sociale, nous référons aux directives, à la politique ainsi qu'aux modalités de mise en œuvre des programmes gouvernementaux d'investissement dans le champ de l'économie sociale. Nous les distinguons du « champ » de l'économie sociale, qui réfère plutôt à des activités économiques socialement rentables. Le présent texte portera plus particulièrement sur les mesures régionalisées en matière d'économie sociale, soit celles qui ont été décentralisées dès 1996, année de leur conception dans les 17 régions du Québec. Ces mesures ont été par la suite, en 1998-99, localisées, c'est-à-dire décentralisées aux instances territoriales que sont les CLD. Nous présenterons ici certains éléments communs aux deux régions étudiées.

À la suite de la Marche de 1995, le gouvernement Bouchard instituait le Comité d'orientation et de concertation sur l'économie sociale (COCES) au sein duquel il nommait des représentantes de groupes de femmes. Il ne donna pas de suites au rapport de ce comité. Par ailleurs, le premier ministre Bouchard réunissait en 1996 les principaux acteurs collectifs de la société québécoise au sein du Sommet de l'économie et de l'emploi. Deux acteurs y siégeront pour la première fois : le Chantier de l'économie sociale, créé pour l'occasion, et le mouvement des femmes, représenté par Françoise David de la Fédération des femmes du Québec. Il s'agissait ici d'une reconnaissance de l'importance du mouvement des femmes et de l'appui qu'avait reçu la Marche des femmes auprès de la population, mais aussi de l'importance pour le gouvernement des groupes communautaires actifs en développement économique, qui réclamaient depuis un certain temps un « investissement » gouvernemental en économie sociale. Aussi, au cœur des discussions de ce Sommet : l'adhésion de la société civile dans son ensemble à l'objectif gouvernemental du « déficit zéro ». Ce fut chose faite.

Le gouvernement du Québec présenta donc en 1996 ces mesures régionalisées en économie sociale comme une réponse aux demandes du mouvement des femmes. Mais plusieurs groupes de femmes ne s'attendaient aucunement à ce que ces mesures en économie sociale constituent une réponse à la revendication des infrastructures sociales de la Marche de 1995. Elles s'attendaient encore moins à ce que cette réponse gouvernementale les interpelle directement. Or, les comités chargés de la supervision de l'implantation des mesures d'économie sociale dans toutes les régions du Québec (les CRES) réserveront, par décret gouvernemental, presque la moitié de leurs sièges à des représentantes de groupes de femmes régionaux. On comprend donc pourquoi par la suite ces mesures régionalisées en économie sociale ont été vues par les groupes de femmes en région comme une réponse à la revendication des infrastructures sociales portées par la Marche de 1995 : ils s'arrimaient ainsi aux décisions du gouvernement du Québec. Par ailleurs, chaque CRES devait établir des critères et modalités de fonctionnement applicables à sa propre région, en l'absence de lignes directrices claires émanant de Québec. Les CRES ne réaliseront que deux ans plus tard, en même temps que tous les autres acteurs régionaux intervenant en économie sociale, qu'il ne s'agissait ici que d'un interlude précédant la création des CLD.

Malgré leurs doutes et leurs craintes quant aux retombées de ces mesures gouvernementales en économie sociale sur les femmes et sur les groupes de femmes[10], malgré le faible soutien à ces nouvelles structures régionalisées de la part du gouvernement du Québec, du Chantier en économie sociale, mais aussi des regroupements nationaux de groupes de femmes, les groupes de femmes en région ont participé massivement aux CRES[11]. Pourquoi ? Pour pouvoir participer à la cogestion d'une mesure régionale, donc par le fait même influencer sa mise en application, pour partager un certain pouvoir décisionnel dans leur région, pour se faire reconnaître comme actrices sociales à l'intérieur de l'espace public régional. Ils y ont aussi participé afin d'articuler de façon plus opérationnelle leur vision féministe de l'économie sociale (ou, selon leur conception, des infrastructures sociales). Cela signifiait donc concrètement, selon leur point de vue, qu'elles pourraient contribuer à créer des emplois durables et de qualité, contrecarrer la tentation de faire des mesures d'économie sociale un simple programme d'employabilité pour les prestataires de la sécurité du revenu et, possiblement, pouvoir jouir à titre de groupes de femmes promoteurs de projets en économie sociale des retombées de cet « argent neuf » promis par le gouvernement du Québec aux régions sous l'étiquette de l'économie sociale. Or, aucun « argent neuf » ne semble avoir été redirigé à travers ces mesures, et les investissements des groupes de femmes en temps et en énergies au sein des CRES semblent avoir dépassé ce qui était escompté au départ.

En effet, ces années des CRES (1996-1998) ont été marquées par d'intenses débats idéologiques autour de la définition de l'économie sociale, que nous analyserons ici, autour de la mise en œuvre de cette définition par le biais des critères de sélection de projets, et enfin autour de la composition des CRES et de leur fonctionnement. Pendant cette période, la structure des CRES a été en continuel changement. Ainsi, les CRES ont connu trois générations en autant d'années : la première et la deuxième ont été marquées par l'isolement (quasi-absence de structure de soutien et de directives claires de Québec, du Chantier en économie sociale et du mouvement des femmes), la deuxième a vu l'élargissement de leurs effectifs aux groupes communautaires et aux syndicats, et la dernière a été celle de la fusion des CRES avec les Conseils régionaux de développement (CRD)[12]. Ces premières années ont également été marquées par l'expérimentation sur le terrain de nouveaux modèles d'attribution de fonds, et par la mise en place d'un partenariat régional entre le milieu communautaire et le milieu gouvernemental. Enfin, les CRES ont dû recréer des modes de fonctionnement à 17 exemplaires[13] à l'intérieur de chacune des régions.

2. Les définitions théorique et opératoire de l'économie sociale : un reflet des rapports entre l'État et la société civile

Qu'entendons-nous par « économie sociale » ? Il s'agit au départ de moyens de production économique alternatifs qui intègrent des objectifs et des considérations sociales. Née au XIXe siècle, l'« économie sociale » désignait au départ un projet de société s'opposant au capitalisme naissant. Rationalisme associatif, l'économie sociale prônait la libération des exclus par leur emploi dans des entreprises ou des institutions contrôlées par ceux-ci et devant leur assurer une autonomie économique et sociale (Gislain et Deblock, 1989). Apparue à la même époque que le libéralisme, l'économie sociale se voulait comme celui-ci une utopie dont le rôle serait d'influencer le capitalisme dans son développement, à cette différence cependant que son point de départ serait associatif plutôt qu'individualiste. Le coopératisme et le mutualisme seraient les axes centraux de l'économie sociale alors que l'accumulation d'une richesse individuelle serait le propre du libéralisme économique. Selon Ghislain et Deblock, l'économie sociale aurait cependant connu deux défaites intellectuelles au XIXe siècle qui l'auraient reléguée au rang de mouvement ou de philosophie mineure. Elle se fit en effet damer le pion par le marxisme qui devint hégémonique au XXe siècle et qui domina la culture révolutionnaire par une machine théorique beaucoup plus puissante. Soulagée de son aile radicale, elle fut aussi récupérée par le corporatisme social émanant en particulier de l'aile conservatrice de l'Église catholique.

Sur le plan empirique, l'économie sociale, en tant que concept, renvoie à un champ d'activité ou à un secteur de l'économie, mais elle demeure des plus floues. On retrouverait des entreprises d'économie sociale dans plusieurs secteurs économiques, des organisations aussi hétérogènes que le Mouvement Desjardins, des entreprises ayant reçu des investissements de Desjardins, du Fonds de solidarité de la Fédération des travailleurs du Québec ou de Fondaction, des imprimeries, etc. (Malo et D'Amours, 1999 : 47-58). Sur le plan théorique, le constat de l'absence d'une acception minimale du concept d'économie sociale et d'une définition opératoire de celle-ci est partagé[14].

Nous avons donc préféré partir ici d'une conception qui pose l'économie sociale comme politique sociale : les « mesures régionalisées en économie sociale » seront l'objet de notre étude. Mais la construction théorique de l'économie sociale qui a guidé la mise en place de ces mesures régionalisées doit tout de même être examinée dans un premier temps.

Soulignons d'entrée de jeu que, dans la littérature québécoise récente portant sur l'économie sociale, les concepts d' « économique » et de « social » sont utilisés de façon extensive et en rupture l'un avec l'autre. Ainsi, le Conseil du statut de la femme souligne que :

> Dans sa signification actuelle, plus pragmatique et surtout moins globalisante, l'économie sociale vise toujours à remédier à *la coupure constatée entre l'économique et le social... Le contexte social et économique* actuel ainsi que le questionnement du rôle de l'État par suite de la crise des finances publiques conduisent à rechercher des façons moins habituelles de faire du *développement économique et social* (Conseil du statut de la femme, 1996; nos italiques).

Aubry et Charest abordent cette même rupture entre l'économique et le social, pour la rejeter dans un premier temps :

> La vision dominante à laquelle adhèrent les milieux patronaux et gouvernementaux veut que [...] les activités du secteur privé sont [...] les seules pouvant créer véritablement de la richesse alors que celles de l'État ne sont que parasitaires, certes utiles socialement, mais improductives et strictement dépendantes du dynamisme du secteur privé. *De ce point de* vue, le social est non seulement séparé de l'économique, il y est soumis... Il [s'agit d'une] *conception erronée des relations entre le secteur privé et le secteur public, entre l'économique et le social* et qui oublie ce tiers secteur qu'est l'économie sociale... Dans les faits, *rien n'est strictement privé et rien n'est strictement public en matière de développement.*

Et la reconduire dans un second temps.

> L'économie sociale ou solidaire se réfère à cette partie de la réalité économique et sociale qui se situe *ni dans la sphère privée traditionnelle* (entreprises à but lucratif) *ni dans la sphère publique* (Aubry et Charest, 1995; nos italiques).

Mais comment peut-on fonder une définition de l'économie sociale par différenciation de deux sphères dont on vient tout juste de dire que leurs contours respectifs sont eux-mêmes flous ? Cette conception d'une rupture économie/société doit être questionnée dans une perspective de construction sociale de l'économie. Car l'économie est enracinée sociale-ment. En effet, toute activité économique, même les activités qui sont au cœur de l'économie dite marchande, s'enracine dans des rapports sociaux : relations ethniques, politiques, relations de parenté, réseaux de connais-sances, etc. (Granovetter 1992; Houle et Sabourin, 1994). Toute activité économique constitue ainsi une forme sociale. De ce point de vue, il est possible de dégager différentes formes sociales d'économie qui ne se définissent pas par leurs propriétés du point de vue de la science économique[15], mais du point de vue de leurs propriétés sociologiques : types de circulation, espaces et réseaux sociaux constitutifs des activités, finalités, etc., mais aussi types de savoir dont ces formes procèdent. Autrement dit, les formes sociales d'économie renvoient aux manifestations spécifiques que prennent les activités sociales concrètes constituant l'économie, plutôt qu'à une conception abstraite relevant du modèle des sciences économiques.

Cette prémisse peut aussi être inversée : toute forme sociale constitue une activité économique. Ainsi, les échanges informels entre acteurs sociaux constitueraient également une activité économique, même s'ils sont exclus des comptes nationaux et de la conception « classique » de la science économique. Ces césures entre l'économique et le social ont fondé la science économique et les sciences humaines, et ont inspiré les politiques publiques, qui sont soit économiques, soit sociales. Mais ces césures ne sont qu'artificielles. Les théoriciennes féministes ont largement étayé ceci (Waring, 1999) dans les domaines du travail, de l'économie, de l'économie domestique et du développement régional. Cette dichotomie constitue pour les femmes un mécanisme d'appropriation du travail gratuit dont elles ont la charge (Delphy, 1990 ; Guillaumin, 1992). C'est ce qu'ont avancé les groupes de femmes au sein des CRES. Dépassés par cette nouvelle hégémonie d'un discours dominant néolibéral et de nature essentiellement économique qui risquait de reléguer leur discours social à la marge des préoccupations gouvernementales, les groupes de femmes, tant au niveau national que régional, durent se resituer rapidement : quelle était leur conception de l'économie et de l'économie sociale ? La revendication des infrastructures sociales restait le point de ralliement le plus sûr, le consensus le plus large, puisque porté par l'ensemble du mouvement des femmes québécois en 1995. Renvoyant au concept des « infrastructures routières », programmes d'investissements gouvernementaux massifs destinés à combattre le chômage et à réactiver l'économie, les infrastructures sociales désignaient les ressources mises en place par des collectivités pour améliorer leur qualité de vie et qui se donnent des missions diverses : combattre les inégalités et la discrimination ; briser l'isolement des personnes; favoriser l'entraide, la prise en charge, l'éducation populaire, le sentiment d'appartenance et la participation; venir en aide aux personnes malades, âgées ou handicapées; garder les enfants, alphabétiser, accueillir, intégrer, etc. On le voit, il s'agit ici de ressources vitales pour une communauté. On parle donc d'économie sociale, de qualité dans les rapports humains plutôt que de surconsommation de produits manufacturés. Cette économie sociale est une alternative à l'exclusion marquée de beaucoup de femmes de l'économie de marché (Guay, 1997).

Les groupes de femmes ont donc vu l'économie sociale comme une réponse à la revendication des infrastructures sociales, qui visait la reconnaissance, par le gouvernement, du travail gratuit des femmes auprès de leurs familles et de leurs communautés, et ce, par des investissements importants dans le domaine dit « social ». Les groupes de femmes n'avaient jamais d'ailleurs utilisé l'expression « économie sociale » avant le Sommet de l'économie et de l'emploi de 1996. Pour le gouvernement du Québec, par contre, l'économie sociale est plutôt un tiers-secteur permettant le développement d'activités socialement rentables sans son intervention massive. Et pour le mouvement du développement économique communautaire, représenté par le Chantier de l'économie sociale, l'économie sociale représente plutôt la production concrète de biens ou de services qui constituent une addition nette à la richesse collective.

3.   Les mesures régionales en économie sociale (1996-1998) : une lutte pour le discours à l'intérieur de l'espace public régional

La question non résolue des définitions opératoires de l'économie sociale se retrouvera donc aux CRES de toutes les régions du Québec entre 1996 et 1998. Car ils étaient responsables de la définition des critères d'allocation budgétaire pour les projets de leur région en économie sociale. Ils avaient en effet pour mandat d'analyser les projets qui leur étaient présentés et de décider de l'acceptation de ceux-ci pour une subvention à même différentes sources de financement[16]. Ils devaient vraisemblablement baser ces critères sur une définition opératoire de l'économie sociale. Chaque CRES a donc dû adopter pour sa propre région une définition de l'économie sociale, des critères d'allocation de fonds, ainsi que des modes de distribution des subventions en économie sociale. Les groupes de femmes régionaux s'y sont investis largement, ayant été interpellés par le gouvernement du Québec dans l'application de cette mesure, et y voyant la réponse gouvernementale aux revendications des infrastructures sociales portées par la Marche de 1995, soit celle de la reconnaissance du travail gratuit des femmes auprès de leurs familles et de leurs communautés par de nouveaux investissements dans le domaine « social ». Les CRES étaient généralement composés en 1996-98 de quatre représentantes de groupes de femmes, d'une représentante du Conseil du statut de la femme, et de quatre représentants ministériels ou instances régionales (Secrétariat au développement des régions, Régie régionale de la santé et des services sociaux, ministère de la Sécurité du revenu, Société québécoise de développement de la main-d'œuvre) (Ninacs, 1998). Les représentantes des groupes de femmes ont travaillé à établir un consensus aux CRES, consensus où se refléterait leur définition opératoire de l'économie sociale. Les premières subventions régionales en économie sociale ont été attribuées en 1997. Notons que ces consensus furent de courte durée car, dès 1998, les CRES ne seront plus responsables de l'allocation budgétaire; le ministère des Régions et le CRD les remplaceront dans chacune des régions étudiées.

Les CRES ont donc été le lieu de plusieurs nouvelles mises en rapport. Nous analyserons ici la mise en rapport des groupes de femmes régionaux avec les acteurs politiques de la région[17]. Comme tout mouvement social, le mouvement des femmes occupe l'espace public à travers un discours de dénonciation de l'oppression et l'articulation de revendications qui visent à constituer une « contre-hégémonie véritable et efficace » (Michaud, 1995). Au moment où le discours économique prend préséance dans l'ensemble de l'appareil étatique, dans les médias et dans la société, le mouvement des femmes a dû transposer son discours et ses revendications en regard de ce nouveau paradigme. Il doit rapidement créer un nouveau discours, reposant sur une représentation féministe de l'économie et, dans une moindre mesure, sur une représentation féministe du développement régional. Ce nouveau discours est articulé essentiellement autour de la contribution économique informelle des femmes à la société et à l'économie ainsi que sur l'artificialité de la césure économie/société. Il s'agit pour le mouvement des femmes régional de s'affirmer comme sujet politique et, pour cela, de poser les femmes à la fois comme victimes (du système économique dans ce cas-ci) et comme sujets politiques autonomes (en regard du discours économique). Cette dichotomie représentationnelle, celle d'une affirmation des femmes à la fois comme sujets politiques et comme victimes, selon Michaud (1995), devrait permettre au mouvement des femmes de réaliser son plein potentiel de représentation discursive. La courte existence des CRES n'aura pas cependant permis aux groupes de femmes régionaux de la développer.

Plus concrètement, le mouvement des femmes doit renouveler ses réseaux de solidarité et rechercher un consensus entre les groupes qui le composent, et qui représentent parfois différentes tendances. À cette diversité d'opinions sur le bien-fondé d'un investissement d'énergies dans cette cogestion des mesures régionalisées en économie sociale s'ajoutent les problèmes proprement structurels que ces mesures posent au mouvement des femmes : en interpellant les groupes de femmes régionaux, le gouvernement québécois a déconstruit les canaux habituels de communication avec les regroupements nationaux et oblige à la reconstruction de nouveaux canaux avec les tables de concertation régionales. Cela oblige les regroupements nationaux à reconstruire la solidarité et l'unicité du discours propices à une intervention politique au sein de l'espace public national. Cela oblige aussi les regroupements régionaux de groupes de femmes à prioriser le dossier de l'économie sociale et à construire dans l'isolement un nouveau contre-discours qui sera opérationnel au sein des CRES. Un contre-discours sur l'économie et sur l'économie sociale doivent être construits rapidement.

D'autre part, les groupes de femmes locaux et régionaux doivent aussi établir des collaborations avec des acteurs gouvernementaux ainsi que des acteurs issus du secteur privé autour de la question de l'économie sociale. Or, les liens jusqu'alors étaient rares ou inexistants. Les groupes de femmes ont certainement vu ici la possibilité d'occuper l'espace public régional, nouvelle arène politique mise en place par les mesures décentralisatrices du gouvernement du Québec. Soucieux de faire valoir leur discours, de se légitimer à titre d'acteur collectif, les groupes de femmes s'engagent sur ce terrain sans trop savoir où cela les mènera. Leurs alliances politiques avec le mouvement communautaire autonome s'en sont parfois renforcées, parfois, au contraire, affaiblies. Et leurs rapports avec le mouvement pour le développement économique communautaire dans les régions étudiées restent souvent ténus.

> Lors de l'implantation des CRES en 1996, trois définitions de l'économie sociale circulent : celle du gouvernement du Québec, celle du Chantier de l'économie sociale issu du Sommet socioéconomique de 1996, et celle du mouvement des femmes élaborée en 1997. Ces différentes définitions de l'économie sociale se rejoignent autour des principes devant encadrer les projets d'économie sociale : autonomie de gestion des organismes et groupes (par rapport à l'État), processus de décision démocratique impliquant les usagers, les participants, les membres et les travailleurs, primauté de la personne et du travail sur le capital dans la répartition des revenus et surplus, et enfin, activités basées sur la participation, la prise en charge et la responsabilité individuelle et collective (gouvernement du Québec, 1998).

Pour les groupes de femmes cependant, l'économie sociale devrait englober l'ensemble des activités économiques formelles et informelles.

> [Elle doit être] pris[e] dans son sens très large, très global, comprenant toutes les infrastructures sociales et tout ça, qui n'a pas été retenu par le gouvernement (Répondant(e), ministère des Régions).

Nous retrouvons la filiation avec la revendication des infrastructures sociales de la Marche « Du Pain et des Roses » de 1995. L'économie sociale est ici conçue comme une solution de rechange aux inégalités sociales et économiques que vivent les femmes et vise la reconnaissance du travail des femmes, en particulier celle de leur travail gratuit et invisible. L'économie sociale, pour les groupes de femmes, c'est « faire économiquement des choses avec les femmes » (Répondant(e), CRES). Cette conception féministe de l'économie sociale permet d'englober des activités non marchandes prises en charge par les groupes de femmes et les groupes communautaires, et de reconnaître également la valeur économique du travail informel des femmes.

On reprend ici la définition opérationnelle de l'économie sociale portée par le mouvement des femmes et articulée en 1997, lors d'une concertation élargie (Relais-femmes, 1997) : l'économie sociale devrait viser la création d'emplois durables d'une durée minimum de trois ans, offrant des conditions de travail décentes, dont un salaire d'au moins 8,30 $ l'heure. Et cette création d'emplois devrait être reliée à la consolidation du tissu social.

Pour les organismes communautaires, l'enjeu des mesures d'économie sociale est celui de conserver leur autonomie et leur mission sociale. Ils craignent que l'accent mis sur la dimension économique propre à l'économie sociale ne relègue dans l'ombre l'aspect social de leur activité. Aussi pour eux, l'économie sociale est un programme gouvernemental comme les autres. Certains craignent même qu'en soumettant une demande de financement en économie sociale, ils ne limitent leur éligibilité à d'autres programmes gouvernementaux. Plusieurs organismes communautaires se sont donc tenus en retrait du débat sur l'économie sociale qui a eu lieu entre 1996 et 1998, malgré le fait que, souvent regroupés au sein de tables régionales des organismes communautaires, ils interviennent directement dans le champ de l'économie sociale depuis plus de 30 ans. Au moment des entrevues, la plupart d'entre eux ne s'étaient pas penchés sur une définition de l'économie sociale.

> Pour la plupart de nos membres, le champ de l'économie sociale est réservé à un programme, l'accréditation dans un programme (Répondant(e), organismes communautaires).

Le CRES d'une des régions étudiées a pour sa part adopté la définition de l'économie sociale mise de l'avant par le Chantier de l'économie sociale, qui correspond à celle du mouvement du développement économique communautaire, où l'on inclut des activités qui ne déboucheraient pas directement sur la production de biens et de services pouvant être « vendus ».

> Le concept d'« économie sociale » (aussi appelée « économie solidaire ») combine deux termes qui sont parfois mis en opposition : « économie » réfère à une production concrète de biens et/ou de services, à une addition nette de la richesse collective; la dimension

« sociale » réfère à la rentabilité sociale, et non purement économique de ces activités. La rentabilité sociale peut être évaluée en fonction de l'amélioration de la qualité de vie et du bien-être de la population, des emplois créés pour des personnes dont bon nombre seraient autrement exclues de l'accès à un emploi, des économies dans l'offre d'un grand nombre de services publics (aide aux personnes, protection de l'environnement, etc.) ou dans les prestations sociales (assurance-chômage, aide sociale), etc. (CRESL, 1998).

La définition opératoire de l'économie sociale adoptée par le Chantier et bonifiée de certains éléments inspirés de la définition opératoire issue du mouvement des femmes sera celle adoptée par la majorité des CRES régionaux. Ainsi, le CRES dont la définition a été citée ci-haut a spécifié par la même occasion trois types de projets ou organismes qu'il reconnaissait comme faisant partie du champ de l'économie sociale : les organisations ou projets qui s'autofinanceront à moyen terme par la production et la vente de biens et/ou services; les organisations ou projets qui s'autofinanceront en partie, mais qui auront toujours besoin du soutien financier de l'État; et enfin les organisations ou projets dont la rentabilité sociale est très importante mais qui ne peuvent jamais s'autofinancer parce que la clientèle n'en a pas les moyens (CRESL, 1998). Cette dernière catégorie permet ainsi l'insertion dans les critères d'allocation d'organismes ne répondant pas aux critères de « production de biens et services » tarifables.

Pour le gouvernement du Québec, par contre, l'enjeu de l'économie sociale est double : soit répondre à la mobilisation du mouvement des femmes et du milieu communautaire autour de la création d'emplois et maintenir les services sociaux, tout en réduisant le déficit budgétaire.

[Il] réside en sa capacité à mobiliser une portion significative du mouvement des femmes et du mouvement communautaire – en d'autres termes, des organismes qui ont actuellement des mandats appauvris ou marginalisés – et ce, conjointement à ses efforts pour réduire le déficit budgétaire, maintenir les services de santé et les services sociaux et créer de nouveaux emplois (Ninacs, 1998).

Sa conception de l'économie sociale est « classique » : production de biens et services, entreprise comme forme d'organisation et modalités sociales en guise de « valeur ajoutée » :

> Le concept « économie » renvoie à la production concrète de biens ou de services ayant l'entreprise comme forme d'organisation et contribuant à une augmentation nette de la richesse collective. Le concept « sociale » [sic] réfère à la rentabilité sociale et non purement économique de ces activités. Cette rentabilité s'évalue par la contribution au développement d'une citoyenneté active, par la promotion des valeurs et d'initiatives de prise en charge individuelle et collective. L'économie sociale s'ordonne autour des principes et des règles de fonctionnement suivants : le bien commun, l'autonomie de gestion, la démocratie, la primauté de la personne, le principe de la participation (gouvernement du Québec, 1998 : 8).

La rentabilité d'un projet d'économie sociale s'évalue pour le gouvernement du Québec selon une dimension économique et une dimension sociale :

> La rentabilité d'un projet d'économie sociale est double. Du point de vue économique, elle peut s'évaluer en fonction du nombre d'emplois créés, par la contribution de l'entreprise à l'économie sociale et bien sûr par les surplus qu'elle génère. Du point de vue social, la rentabilité est mesurée en fonction des effets bénéfiques directs et indirects sur la communauté, qui font partie intégrante du projet d'économie sociale (gouvernement du Québec, 1998 : 14).

Soulignons que certains éléments de la définition gouvernementale et de celle du Chantier de l'économie sociale diffèrent de celle du mouvement des femmes[18]. Ces différences ont fait l'objet de moult discussions. Les premières définitions réfèrent à des *entreprises* et à des *organisations identifiées à leur milieu*; la définition du mouvement des femmes réfère plutôt à des *initiatives issues de collectivités*, qui naissent des besoins de la communauté et sont mises en place par cette dernière. Le Chantier relie la rentabilité sociale au *développement d'entreprises communautaires*; la définition gouvernementale réfère plutôt à une *rentabilité sociale viable financièrement*, liée à l'atteinte d'un équilibre financier. Pour le mouvement des femmes, les finalités sociales impliquent plutôt de *travailler avec et pour ses membres* et dans une optique de *changement social*. Il s'agit donc pour le mouvement des femmes de soutenir financièrement des initiatives de la communauté jugées essentielles au développement d'une société sur le plan de l'entraide et de solidarité, plutôt que de se donner des balises de rentabilité économique. En ceci, leur définition opératoire de l'économie sociale sera essentiellement la même que celle du mouvement communautaire autonome.

La définition gouvernementale relie enfin la *création d'emplois* à la *rentabilité économique,* alors que la définition issue du mouvement des femmes relie la *création d'emplois durables à la rentabilité sociale*[19] et la création d'emplois à une réponse à la pauvreté et à l'amélioration de la qualité de vie plutôt que comme indice de rentabilité économique. Le gouvernement avance qu'un projet d'économie sociale doit *générer des revenus autonomes, c'est-à-dire des revenus provenant de la vente de son produit ou de son service,* encourageant ainsi le *virage entrepreneurial des organismes communautaires.* Le Chantier conçoit que les *entreprises communautaires génèrent des revenus,* alors que les groupes de femmes soulignent plutôt qu'il n'y a *pas d'obligation de tarification.* Cette obligation à la tarification sera reprise à partir de 1999 par la majorité des CLD et deviendra un facteur important excluant les groupes de femmes des subventions locales et régionales en économie sociale.

L'espace-temps entre 1996 et 1998 a donc été ponctué pour les groupes de femmes par une lutte pour influencer le discours public régional. Ceux-ci estiment avoir perdu cette lutte puisque leur conception « large » de l'économie sociale n'a pas été retenue par les CLD et par les CRD, reléguant aux oubliettes le projet de financer à même les deniers publics en économie sociale les activités d'« entretien » du tissu social. Pour cette raison, plusieurs groupes de femmes ont connu une déception aussi profonde que n'avait été forte l'espoir d'enfin voir reconnu ce travail invisible des femmes. D'autant plus que ce n'est que trois ans après la Marche de 1995 qu'ils ont pu faire ce constat, et après avoir investi des milliers d'heures bénévoles dans différentes instances régionales de concertation en économie sociale.

**4.   Les mesures régionales en économie sociale (1996-1998) :
       la légitimation de nouveaux acteurs collectifs régionaux**

Pendant leur courte existence, les CRES ont permis le financement, à
même les fonds régionaux en économie sociale, de projets ayant une
rentabilité sociale, mais ne pouvant jamais s'autofinancer. Les CRES
semblaient signifier que rien n'empêchait « d'essayer de voir à faire
progresser l'économie sociale dans le sens de la Marche " Du Pain et des
Roses " » (Répondant(e), ministère des Régions).

Les représentants régionaux du ministère des Régions et les
représentants des CRD se sont cependant employés à lever ce qu'ils
considéraient être une confusion dangereuse : la tarification des biens et
services était selon eux une condition incontournable de la qualification
d'un projet aux enveloppes locales et régionales en économie sociale. Le
ministère des Régions intervint même dans un cas lors de la mise sur pied
des CLD afin qu'ils adoptent cette définition gouvernementale. « Nous
autres, on a toujours axé sur la nôtre [notre définition] et moi je leur ai dit
très clairement : dans les CLD, c'est vers ça qu'on va aller pour éviter
l'ambiguïté » (Répondant(e), ministère des Régions).

Les CLD ont donc finalement adopté la définition gouvernementale
de l'économie sociale. La définition des CRES ainsi que celle des groupes
de femmes ont été « retirées de la circulation » : elle ne sont plus mise de
l'avant, et la rentabilité sociale des projets d'économie sociale a été
reléguée au second plan.

Dans un cas, la concertation au sein du CRES a mené à une discorde
et à des oppositions vives et même amères, à un point tel que le CRES
refusa de s'intégrer au CRD en 1999 comme le voulaient les nouvelles
dispositions gouvernementales. Il s'incorpora à titre d'organisme sans but
lucratif (OSBL) en marge de la nouvelle Table-aviseur en économie sociale
du CRD, réunissant en son sein uniquement les représentants des milieux
communautaires et syndicaux, expulsant par le fait même les représentants des ministères. Il cessa d'exister environ un an plus tard. Dans
une seconde région, cette concertation aurait au contraire été

« exceptionnelle », surtout pendant la deuxième année d'existence du CRES :

> C'était un des premiers plus beaux partenariats qu'on a eu avec les groupes, autant avec les fonctionnaires qu'avec les gens associés, les syndicats, tout ça; ça a été vraiment une belle équipe. Je sais que dans d'autres régions, ça n'a pas bien fonctionné ou un peu moins bien. Mais, nous, on réalise avec les contacts à l'extérieur, qu'on a été choyé ici, ça a très bien marché au niveau de la concertation (Répondant(e), CRES).

La concertation aurait été particulièrement intéressante lors du passage du CRES sous la gouverne du CRD, en raison selon certains de l'« ouverture » de la concertation à de nouveaux acteurs, en particulier aux CLD. Selon un répondant, en effet, l'acceptation par les acteurs concernés de la volonté gouvernementale de mise en place des CLD et de rattachement des CRES aux CRD a rendu ce passage plus facile :

> Au niveau de l'élargissement des structures, [au niveau] des CRES qui sont devenus des TRES [Tables régionales en économie sociale, intégrées aux CRD], c'était inévitable je pense, parce que le discours était un petit peu sclérosé, en tout cas ici, je parle, ailleurs je ne le sais pas. Cette ouverture-là a amené du sang neuf, a amené d'autres visions, a amené des gens qui venaient d'autres secteurs, puis qui voyaient les choses autrement. Je pense que ça va enrichir ce qu'il y avait comme niveau de discussion (Répondant(e), CRD).

Il est intéressant de noter ici que le discours des groupes de femmes sur l'économie sociale est identifié par ce répondant comme étant « sclérosé » et « résistant au changement ». Cela souligne à notre avis la fin de la lutte pour le discours : la « modernité » se situe toujours du côté du vainqueur. Ce même répondant soulignera aussi que ces changements permettront d'« introduire » l'économie sociale à l'intérieur de la dynamique de concertation du développement régional. On semble indiquer que la concertation était inexistante auparavant ou tout au moins, que les actions des CRES ne pourraient être considérées comme s'inscrivant à l'intérieur du « développement régional » :

Ça a comme dynamique d'impliquer l'économie sociale à l'intérieur de la dynamique du développement régional, ce qui n'était pas le cas avant... Moi, je pense qu'il y a des liens à faire entre tous ces gens-là (Répondant(e), CRD).

Les groupes communautaires et les groupes de femmes soulignent justement que leur pouvoir décisionnel aurait diminué après l'époque des CRES et que la conception qu'on y avait développée de l'économie sociale aurait régressé. De plus, les points de vue critiques vis-à-vis les mesures et politiques gouvernementales ont diminué, sinon disparu des instances régionales après la mise sur pied des CLD :

On est en train d'institutionnaliser l'économie sociale, on est en train de la « normer », alors qu'au départ on voulait quelque chose de plus idéologique peut-être, on était peut-être utopiste dans le temps. [...] Asteure, on ne critique plus les normes; quand on a affaire à des fonctionnaires, les gens disent : Ah bien, c'est ça, on ne peut pas passer autrement, on est en déficit budgétaire, il le faut. (Répondant(e), CRES).

En se transformant, les CRES ont perdu le contrôle de la gestion locale et régionale de l'économie sociale. Cela est interprété par certains répondants comme constituant une perte de pouvoir. Se pose alors pour ces groupes communautaires et groupes de femmes la question des priorités de leurs représentations au sein des instances régionales : « Est-ce qu'on continue à siéger à la TRES ou encore on va plus infiltrer au niveau des CLD ? » (Répondante, Table de concertation des groupes de femmes).

Pour d'autres, cependant, le rattachement du CRES au CRD lui confère au contraire davantage de pouvoir décisionnel dans les dossiers liés au développement régional. « L'économie sociale n'a pas tant de pouvoir que ça au CLD. Alors que la TRES, c'est le comité aviseur au CRD, qui, elle, négocie des axes de développement régionaux. Ça, c'est des enjeux plus grands » (Répondant(e) siégeant au CA d'un CLD).

Par ailleurs, travailler en partenariat a provoqué une confrontation des cultures organisationnelles, des approches, des idées, des méthodes de travail. « Moi, je pense qu'on se colore mutuellement. Par contre, ça demande des efforts, je dirais que des fois tu penses que tu es dans un cul-de-sac, puis que tu ne t'en sortiras pas » (Répondant(e), CRES).

Le travail en partenariat a aussi favorisé l'acquisition de nouvelles connaissances chez tous les acteurs.

> Comme avantage, ça apporte un discours, une façon de voir les choses, une influence certaine. Moi, je pense qu'on a de l'influence qu'on avait pas. [...] Les avantages, c'est qu'ils ont appris à nous connaître plus, à connaître aussi le professionnalisme (Répondant(e), CRES).

Ces nouvelles mises en rapport sont en fait l'expression de l'intégration des groupes de femmes à l'espace public régional. Quoique paradoxale, elle est positive.

Ayant perdu la lutte pour le discours autour des définitions de l'économie sociale[20], n'ayant donc pas pu faire prévaloir leur vision qui met l'accent principal sur les finalités sociales plutôt que sur les finalités économiques, les groupes de femmes ont par contre réussi à sensibiliser les responsables de dossiers régionaux à leurs positions qui, même si elles n'ont pas été retenues par le ministère des Régions, les CRD et les CLD, circulent encore au niveau régional. La présence et le leadership des groupes de femmes au sein des processus de concertation ainsi que l'éclosion du débat entourant l'économie sociale leur auront permis d'occuper à tout le moins un espace discursif. Ces positions seront-elles oubliées dans cinq ans, lorsque la mémoire collective de ces débats s'effacera ? Sans doute. C'est justement la raison pour laquelle les groupes de femmes se sont battus, sans grand succès[21], pour enchâsser leur position au sein des critères institutionnels d'allocation budgétaire en économie sociale.

C'est au niveau local où le bât blesse. La mise sur pied des CLD a été faite en rupture et non en continuité avec les CRES régionaux. De nouveaux acteurs (issus du secteur privé entre autres, ainsi que des municipalités), de nouvelles dynamiques, de nouveaux débats auront vite fait de mettre au rancart une dynamique considérée par certains comme dépassée. La multiplication des acteurs entraîne certes une meilleure mise en réseau, mais a entraîné aussi la mise en minorité (de majoritaires qu'elles étaient au CRES) des groupes de femmes. Tout porte à croire que la volonté politique du gouvernement du Québec de placer les groupes de femmes régionaux au cœur de ces nouvelles mesures décentralisées n'était que transitoire. La rupture entre les CRES et les CLD efface en quelque sorte le leadership qu'elles ont assumé dans ce dossier, puisqu'aucun lien n'est fait, aucune transition n'a été prévue : les CLD ont recommencé à neuf dans ce dossier, assumant seuls la responsabilité de l'allocation budgétaire en économie sociale sur leur territoire, et ce, sans lien direct avec les nouvelles TRES, maintenant intégrées aux CRD, qui ne disposent plus que d'un mandat régional de type consultatif. La mise en place de nouveaux réseaux locaux et des nouvelles instances locales que sont les CLD permet, certes, l'éclatement d'anciens fonctionnements « en silo »[22] ainsi que la localisation des pratiques. Toutefois, le choc des cultures ainsi provoqué prend par contre tout son sens quand on comprend qu'il s'agit là de mises en rapport de milieux autrefois cloisonnés. Cette situation permettra certes un décloisonnement des groupes de femmes, c'est-à-dire leur participation active à toutes les instances locales et régionales qui les concernent. Il reste à savoir tout de même quel a été et quel sera pour eux le prix à payer. Déjà, les choix s'annoncent difficiles, car beaucoup de groupes de femmes en région considèrent ne plus disposer de l'énergie nécessaire pour assurer une représentation adéquate à toutes les instances locales. Certains d'entre eux développent par contre de nouvelles stratégies de visibilité régionale, qui restent à étudier : nous pensons ici en particulier aux stratégies d'intégration (*mainstreaming*) ou de fonctionnement transversal, qui sont novateurs en région.

Conclusion

L'articulation des demandes des femmes au niveau municipal (Andrew, 2000) et le rapport des groupes de femmes à l'État (Masson, 1999) sont spécifiques certes, mais reflètent aussi le mode d'articulation général des rapports entre l'État et la société civile. Les pratiques des groupes de femmes ainsi que leurs modalités d'insertion dans l'espace public renvoient à nos modes de démocratie, ou tout au moins reflètent la cœxistence de différentes conceptions de celle-ci (Fraser, 1989). Dans le cas des mesures en économie sociale, le cheminement des demandes des groupes de femmes ainsi que la genèse de leur participation à la cogestion de celles-ci reflète aussi cette nouvelle génération de politiques publiques québécoises nettement marquée par un flou dans la démarcation entre la société civile et l'État. Elle est aussi marquée par la multiplication et la complexification des niveaux décisionnels, la constante construction (transformation) des balises, des mandats ainsi que l'omniprésence des jeux d'influence. La question de savoir comment acheminer leurs demandes au sein des instances régionales reste entière pour les groupes de femmes. Elles ont développé des expertises en concertation institutionnelle dans le champ de la gestion des problèmes économiques et sociaux. La mise en place des « mesures régionalisées en économie sociale » à la fin des années 1990 aura permis de développer de nouvelles aires d'intervention et d'action des groupes de femmes dans l'espace public régional. Elle aura aussi marqué le développement de nouvelles aires d'intérêt et d'action, celle de l'économie en particulier.

Par contre, cette nouvelle génération de politiques publiques québécoises est nettement marquée par la dominance d'un discours économique et par la perte du discours social qui a été autrefois le fait du Parti québécois et de l'État québécois lui-même. Et si ces politiques publiques ont un caractère particulier au Québec, c'est qu'elles prennent en compte la présence et la force du mouvement communautaire. Le gouvernement établit cependant désormais des priorités au niveau de la mission (de préférence économique) et du mode de production des biens et services (finalités économiques plus importantes que sociales) des groupes communautaires, certains répondant « mieux » à ses visées. Il devient clair maintenant que la grande majorité des organismes communautaires autonomes, dont les groupes de femmes, n'auront plus accès aux subventions en économie sociale, car leurs projets ne sont pas de nature assez « économique » pour satisfaire aux critères des programmes gouvernementaux.

Les conséquences de la cogestion des mesures régionalisées en économie sociale sur les groupes de femmes sont donc multiples : ils ont consenti d'importants investissements formels et informels dans la construction régionale de cette politique publique, ils ont partagé avec les ministères les responsabilités dans des décisions importantes au niveau régional. Ils ont développé de nouvelles expertises et établi de nouvelles influences politiques. Mais le caractère éphémère des retombées concrètes (lorsque comptabilisées en revenus, en emplois créés ou en appuis à des projets spécifiques) a créé un inconfort palpable : ne reproduit-on pas ici une fois de plus la dynamique de la non-reconnaissance du travail des femmes, puisque ces participations des groupes de femmes à la cogestion des mesures en économie sociale ont été essentiellement bénévoles… et que les retombées ont été faibles ? La réalisation de nouveaux partenariats et l'acquisition de nouvelles connaissances par les groupes de femmes dans cette étape de cogestion des mesures en économie sociale peut-elle compenser la perte d'influence qui en a découlée ?

Notes

1.   Avec la collaboration de Benoît Michaud et de Marie-Paule Maurice.

2.   Rappelons que la cosmogonie du discours politique québécois est essentiellement tournée depuis la Révolution tranquille vers l'appareil d'État provincial. Nos référents seront donc essentiellement ceux-là mêmes.

3.   Nous distinguons ici le « modèle québécois » du « modèle canadien » afin de faire la démonstration de particularités propres au Québec qui amènent celui-ci à générer des politiques publiques différentes de celles des autres provinces canadiennes, plusieurs fois d'ailleurs directement inspirées de modèles européens. Cela dit, le Québec participe aussi activement, il va sans dire, à la confédération canadienne.

4.   Rappelons que lors de la Révolution tranquille, en 1960, l'État québécois s'est substitué à l'Église catholique pour assurer la survie dite « nationale », celle de la culture, de la langue, mais aussi de la nation québécoises. À ce moment d'ailleurs, le concept de « nation » s'est transformé pour y intégrer une dimension territoriale : à la « nation canadienne-française » s'est substitué le concept de « nation québécoise ». Les gouvernements au pouvoir à Québec, qu'ils aient été de l'Union nationale, du Parti libéral ou du Parti québécois, ont tous successivement représenté au sein de la Confédération canadienne ces aspirations nationales québécoises. Par ailleurs, né du mouvement populaire et nationaliste de la fin des années 1960, le Parti québécois a dû, plus que tout autre parti, conserver des liens étroits avec les mouvements sociaux qui constituent une partie importante de sa base électorale.

5. Cette recherche a été financée par une Subvention interne de recherche (SIR) de l'UQO et par le programme des subventions stratégiques Femmes et changement du Conseil de recherche en sciences humaines du Canada (CRSH).

6. Il s'agit ici de regroupements régionaux de groupes de femmes. Chaque région administrative du Québec s'est dotée d'un tel regroupement.

7. Ce virage ambulatoire a été amorcé en 1996. Il s'agit d'une restructuration administrative du système sociosanitaire québécois priorisant la guérison à domicile plutôt qu'en centre hospitalier.

8. Lanaudière et l'Outaouais sont deux régions administratives du Québec. Ces deux régions ont été choisies en raison de leurs caractéristiques particulières qui permettaient l'introduction, tour à tour, d'éléments de variété et d'homogénéité dans notre échantillon. Ainsi, Lanaudière et l'Outaouais ont toutes deux de larges zones urbaines ainsi que des régions agricoles et forestières importantes. Par contre, les allégeances politiques (telles que reflétées par les résultats électoraux au niveau provincial) sont très différentes. Enfin, l'Outaouais est une « ancienne » région, et, de surcroît, une région frontalière. Située au cœur du Québec, Lanaudière s'est récemment séparée de la région des Laurentides : ses institutions proprement régionales ont donc une histoire très récente. Nous n'identifierons pas dans le texte la région afin de protéger l'identité des personnes qui ont accepté de répondre à nos questions, le nombre de répondant(e)s étant limité.

9. Les Centres locaux de développement ont pignon sur rue dans chaque localité, que ce soient des municipalités régionales de comté (MRC) ou des villes. Ainsi, une région comme l'Outaouais est découpée en quatre MRC (Papineau, Vallée-de-la-Gatineau, Pontiac, Collines-de-l'Outaouais) et une ville (Gatineau). Chaque MRC et chaque ville a un CLD, qui sert de portail unique des services gouvernementaux en entreprenariat sur le territoire concerné : appui au démarrage d'entreprises, de PME, de projets en économie sociale.

10. Voir à ce sujet le rapport du COCES ainsi que les propos des intervenantes interviewées dans le cadre de la recherche menée par Côté *et al.* (1998).

11. Seule la Table de concertation des groupes de femmes de Montréal a refusé de participer à ces mesures, préférant consacrer ses énergies à d'autres priorités.

12. Les CRD ont une mission régionale. Ils agissent à titre de planificateur du développement de chaque région, en concertation avec la société civile et les instances gouvernementales régionales.

13. Rappelons que le Québec comporte 17 régions.

14.   Ce constat se dégage de l'analyse du document de D'Amours qui identifie quatre façons de définir l'économie sociale : « par les composantes; par les règles de fonctionnement; par les valeurs; par la dynamique des acteurs et les formes économiques » (D'Amours, 1996 : 9). Il se dégage également du document du COCES que « la littérature ne fournit pas de définition unique de l'économie sociale, souvent nommée économie solidaire... » (COCES, 1998 : 21). Enfin, on retrouve ce même constat, celui de l'absence d'une acception minimale du concept d'économie sociale, dans le document d'Aubry et Charest : « L'économie sociale ou solidaire se réfère à cette partie de la réalité économique et sociale qui se situe ni dans la sphère privée traditionnelle (entreprises à but lucratif) ni dans la sphère publique. » Définition par la négative, qui s'explique par les difficultés à proposer une définition positive du phénomène : les bases théoriques n'étant pas claires, on tombe dans l'empirisme. « Si l'expression semble nouvelle, la réalité qu'elle recouvre ne l'est pas. Afin de nous permettre de saisir l'essentiel des caractéristiques propres aux activités qui relèvent de ce secteur, tout en évitant de nous embourber dans des définitions théoriques, il peut être utile de partir d'un exemple concret, celui de la mise sur pied du réseau de garderies sans but lucratif au Québec » (Aubry et Charest, 1995 : 21).

15.   Dont découle, par exemple, la césure du rapport économie/société mentionnée précédemment.

16.   Ces fonds provenaient de la Société québécoise de développement de la main-d'œuvre, du Secrétariat au développement des régions, du ministère de la Sécurité du revenu, de la Régie régionale de la santé et des services sociaux et du Fonds de lutte contre la pauvreté, ce dernier à partir de 1998 seulement.

17.   Les autres mises en rapport qu'ont suscité les mesures en économie sociale sont les suivantes : la mise en rapport interne au mouvement des femmes qui se voit confronté au renouvellement de ses pratiques et de ses discours; la mise en rapport des groupes de femmes régionaux aux structures nationales des groupes de femmes; et enfin, la mise en rapport des groupes de femmes régionaux avec leurs alliés régionaux, les groupes communautaires mixtes et les groupes œuvrant en développement économique communautaire.

18.   Les informations en italiques qui suivent sont tirées du document de Relais-femmes, FFQ et Comité national des femmes en soutien à l'économie sociale (1997 : tableau des pages 34-35); et du gouvernement du Québec (1998).

19.   Le Chantier ne fait pas de relation entre la création d'emplois et la rentabilité sociale ou économique.

20. Les termes guerriers traduisent bien ici l'idée que, malgré le recours à des modes d'intervention de type consensuel, il s'agit bel et bien d'un rapport de force.

21. Elles y ont réussi à certains égards, mais de façon très inégale, les critères d'allocation budgétaire en économie sociale étant régis indépendamment par chaque CLD. Ainsi, quelques CLD reflètent l'influence du mouvement des femmes dans certains de leurs critères d'allocation budgétaire en économie sociale : dans un cas, par exemple, l'importance relative des critères de rentabilité sociale par rapport à ceux de rentabilité économique est clairement due à l'influence sur ce CLD du mouvement des femmes. Les retombées concrètes du lobby des groupes de femmes régionaux sur les pratiques des CLD feront l'objet d'un prochain article.

22. Il s'agit du fonctionnement en parallèle d'acteurs sur un même territoire.

Références

ANDREW, Caroline (2000), « La gouvernance locale », *Relations*, 659, avril : 75-77.

AUBRY, François et Jean Charest (1995), *Développer l'économie solidaire : éléments d'orientation*, dossier Nouvelles CSN, Montréal, Confédération des syndicats nationaux.

BRODIE, Janine (1992), « Choice and No Choice in the House », dans Janine Brodie, Shelley Gavignan et Jane Jenson (dir.), *The Politics of Abortion*, Toronto University Press.

COMITÉ D'ORIENTATION ET DE CONCERTATION SUR L'ÉCONOMIE SOCIALE (COCES) (1996), *Entre l'espoir et le doute*, Québec.

COMITÉ VOLET INTERNATIONAL DE LA MARCHE DES FEMMES CONTRE LA PAUVRETÉ (1996), *Les actes du séminaire international sur l'économie sociale tenu les 6 et 7 juin 1995*, Montréal, Relais-femmes.

COMITÉ RÉGIONAL DE DÉVELOPPEMENT DE L'ÉCONOMIE SOCIALE DE LANAUDIÈRE (CRESL) (1998), *Comité aviseur du Conseil régional de développement de Lanaudière, 1996-1998 : deux années de concertation et d'action*, Lanaudière, septembre, Annexe II (non paginé).

CONSEIL DU STATUT DE LA FEMME (1996), *L'économie sociale et les femmes : garder l'œil ouvert*, Québec, Conseil du statut de la femme.

CÔTÉ, Denyse, Éric Gagnon, Claude Gilbert, Nancy Guberman, Francine Saillant, Nicole Thivierge et Marielle Tremblay (1998), *Qui donnera les soins ? Les effets du virage ambulatoire et des mesures d'économie sociale sur les femmes du Québec*, Ottawa, Condition féminine Canada.

CÔTÉ, Denyse (2000), *La garde partagée, l'équité en question*, Montréal, Les Éditions du remue-ménage.

D'AMOURS, Martine (1996), *L'économie sociale au Québec. Cadre théorique – histoire – réalités et défis*, IFDEC.

DELPHY, Christine (1990), *Penser le genre : quels problèmes ?*, dans Marie-Claude Hurtig *et al.*, *Sexe et genre*, Paris, CNRS, p. 89-101.

DELPHY, Christine (1986), « La famille : pas seulement un lieu, mais une façon de produire », *Cahiers de l'APRE*, 4, février : 49-59.

FRASER, Nancy (1989), *Unruly Practices : Power, Discourse, and Gender in Contemporary Social Theory*, Minneapolis, University of Minnesota Press.

GISLAIN, Jean-Jacques, Christian Deblock (1989), « L'économie sociale en perspective : émergence et dérive d'un projet de société », dans Benoit Lévesque *et al.*, *L'autre économie : une économie alternative ?*, Québec, Les Presses de l'Université du Québec.

GOUVERNEMENT DU QUÉBEC (1998), *Conjuguer l'économie et le social : document d'information à l'intention des centres locaux de développement* (Résumé), Québec, ministère des Régions.

GRANOVETTER, Mark (1992), « The Social Construction of Economic Institutions », *Acta Sociologica*, 35, 1 : 3-11.

GUAY, Lorraine (1997), *Le mouvement communautaire : « Entre l'espoir et le doute » face à l'économie sociale*, Fédération des femmes du Québec.

GUILLAUMIN, Colette (1992), *Sexe, race et pratique du pouvoir*, Paris, Côté femmes.

HOULE, Gilles et Paul Sabourin (sous la dir.) (1994), « Économie et parenté », numéro spécial de *L'Ethnographie*, XC, 115, printemps.

MALO, Marie-Claire, Martine D'Amours (1999), « Modèle de Desroche et modèle québécois d'économie sociale », communication au Colloque du CIRIEC Canada, 67ᵉ congrès de l'ACFAS, Ottawa, Université d'Ottawa.

MASSON, Dominique (1999), « Repenser l'État : nouvelles perspectives féministes », *Recherches féministes*, 12, 1 : 5-24.

MARCHE DES FEMMES CONTRE LA PAUVRETÉ – Du Pain et des Roses, (1995), *Cahier des revendications*.

MICHAUD, Jacinthe (1995), « Le mouvement féministe sur la santé des femmes : forces et limites de sa formation discursive et des conditions d'émergence du côté de l'espace public », dans Diane Adam (dir.), *Femmes francophones et pluralisme en milieu minoritaire*, Ottawa, Les Presses de l'Université d'Ottawa, p. 73-88.

NEUSCHWANDER, Claude (1991), *L'acteur et le changement : essai sur les réseaux*, Paris, Seuil.

NINACS, William A. (1998), *L'économie sociale au Québec : le point de vue d'un praticien*, Ottawa, Caledon Institute of Social Policy.

RELAIS-FEMMES, FFQ ET COMITÉ NATIONAL DES FEMMES EN SOUTIEN À L'ÉCONOMIE SOCIALE (1997), *L'économie sociale du point de vue des femmes*, Montréal.

WARING, Marylin (1999), *Counting for nothing : what men value and what women are worth*, Toronto, University of Toronto Press.

WATSON, Sophie et Lesley Doyal (dir.) (1999), *Engendering Social Policy*, Philadelphia, Open University Press.

8

Les fusions municipales : ouvertures ou obstacles pour les femmes ?

Caroline Andrew
École d'études politiques
Université d'Ottawa

Introduction

Ce chapitre a pour objectif d'examiner l'impact des restructurations municipales actuelles sur les femmes. Traditionnellement, la question de l'organisation municipale n'a pas été appréhendée sous l'angle des politiques publiques. Qui plus est, la répartition des responsabilités entre le gouvernement fédéral et les provinces a davantage été considérée comme une question politique qu'un champ d'intervention des politiques publiques. En réalité, l'allocation des activités (et des ressources) entre les différents niveaux de gouvernement influence la forme des activités gouvernementales et, par conséquent, relève de l'analyse des politiques publiques.

Les récentes fusions municipales ont radicalement transformé l'organisation municipale au Canada, particulièrement dans les grandes villes.

Aujourd'hui, la plupart des grands espaces urbains au Canada sont dotés d'un seul gouvernement municipal qui couvre la grande majorité du territoire urbanisé et parfois même le territoire environnant en phase d'urbanisation. Halifax (1996) et Toronto (1998) ont constitué les premiers exemples de fusions municipales, le gouvernement ontarien fusionnant ensuite les municipalités dans les régions métropolitaines de Sudbury, Hamilton et Ottawa, et le gouvernement de Québec, celles de Montréal[1], Québec et Gatineau. L'exception reste l'agglomération de Vancouver, qui demeure une collection de différentes municipalités, puisque Calgary et Edmonton se sont agrandies graduellement au moyen d'annexions et que Winnipeg s'était déjà constitué en une seule ville (Unicité) en 1971.

Il est important de comprendre jusqu'à quel point ces restructurations représentent un changement profond dans l'organisation municipale au Canada. Par exemple, la situation canadienne est radicalement différente de celle qui existe aux États-Unis : alors que les villes américaines sont divisées en de multiples municipalités, les villes canadiennes sont de plus en plus gouvernées par une seule structure municipale. La rupture est très claire, puisque les fusions créent ces nouvelles structures et que chacune de celles-ci a une date de création. Mais si le moment de la rupture est clair, les conséquences des fusions municipales le sont beaucoup moins et, conséquemment, leurs impacts sur les femmes. En fait, les fusions sont peut-être trop récentes pour que l'on puisse en saisir clairement les conséquences d'un point de vue féministe.

Le principal objectif de ce chapitre se veut donc modeste, soit de mieux comprendre comment aborder la question de l'impact des fusions municipales sur les femmes et, nous l'espérons, proposer une perspective d'analyse utile à cette entreprise.

Un des éléments fondamentaux de cette analyse est de saisir le pouvoir actuel et potentiel des municipalités. Pour ce faire, il faut dépasser une analyse légale ou constitutionnelle du pouvoir municipal et saisir la portée réelle de ce palier de gouvernement en matière de capacité d'action. La restructuration agit surtout sur la taille de la municipalité, la taille a une influence sur les ressources et les ressources ont un impact majeur sur la capacité et la volonté d'agir.

Mais, en même temps, la taille de la municipalité, du point de vue de son rapport à la réalité démographique métropolitaine, n'est qu'un facteur d'importance parmi d'autres de la capacité d'action des municipalités. En effet, cette capacité relève aussi des ressources financières dont disposent les municipalités, de la définition légale de leurs responsabilités, de leurs outils administratifs, de la compétence de leurs ressources humaines, du leadership politique, des liens qu'elles entretiennent avec la société civile et des relations intergouvernementales. Il faut donc emprunter une approche holistique pour tenter de répondre à la question de la capacité d'action des municipalités.

Cette question de la capacité municipale s'inscrit dans une trame de recherche plus vaste sur la mondialisation; ces études portent sur les reconfigurations de responsabilités et de pouvoirs entre les niveaux de l'État qui accompagnent, découlent de, et sont les conséquences de la mondialisation. Selon les auteurs de ces travaux, l'impact de la mondialisation n'est pas tant d'éliminer ou de réduire le pouvoir de l'État-nation, mais plutôt de transformer les liens entre les différents paliers étatiques et, entre autres, de renforcer le palier mondial (ou supranational) et le palier local et régional. Ce débat sur le *rescaling* a été animé par des auteurs comme Soja (1989), Brenner (1999, 2001), Smith (1992, 1993) et Swyngedouw (1997).

Cette perspective sur les politiques de changements d'échelle, ou *rescaling politics*, permet de lier les phénomènes économiques, sociaux et culturels qui se déploient à l'échelle mondiale avec les possibilités de changements dont ils sont porteurs au chapitre des rapports entre les niveaux de gouvernements. Les restructurations municipales font partie de ces changements et, en même temps, elles sont influencées par ces phénomènes plus larges. Nos réflexions sur l'impact des fusions municipales pour les femmes s'inscrivent dans ce contexte théorique : elles impliquent d'en cerner les conséquences en regard de la situation actuelle des municipalités au sein du système politique canadien, mais également de leur situation en devenir, au cours des prochaines décennies.

C'est donc cette perspective théorique qui sera la nôtre dans ce chapitre. Au Canada, les fusions municipales représentent un exemple de ces reconfigurations du local dans le contexte de la mondialisation. Cette contextualisation est essentielle si nous voulons saisir l'impact des fusions sur les femmes.

1. Les relations intergouvernementales au Canada

Afin de saisir l'état présent des relations entre les paliers de gouvernement au Canada, il faut d'abord comprendre l'évolution de ces relations dans le temps. Au XIXᵉ siècle, les municipalités étaient beaucoup plus importantes politiquement et autonomes que maintenant. Les études de Stelter et Artibise (1984), de Linteau (1981) et de Johnson (1977) exposent les stratégies de développement économique élaborées par les élites municipales à cette période, des stratégies qui se voulaient de mouture économique, certes, mais avec des composantes politiques, sociales et culturelles. Ces expériences de *boosterism*² municipal sont les précurseures des stratégies du *province-building*³ empruntées au XXᵉ siècle par les gouvernements provinciaux. Dans les deux cas, il s'agit de stratégies de développement économique basées sur la valorisation du lieu géographique. Ces stratégies construisent des alliances multiclassistes autour du lien territorial et elles ajoutent au projet économique des composantes sociale, culturelle et politique.

Le déclin des municipalités est lié à la montée des gouvernements provinciaux et à la construction d'États-providence provinciaux caractérisés par une étatisation et une centralisation des responsabilités dans les domaines de l'éducation, de la santé et des services sociaux. Au XIXᵉ siècle, les municipalités avaient une responsabilité importante dans ces secteurs, mais le siècle suivant voit leur prise en charge par le gouvernement fédéral et, surtout, par les provinces. Ce mouvement de prise en charge par les provinces est complexe, interpellant des dimensions économiques (le renforcement des liens économiques nord-sud qui favorise les gouvernements provinciaux), politiques (le rôle du Québec avec une volonté de renégocier en profondeur le système politique canadien) et culturelles (les identités régionales). Des facteurs idéologiques interviennent également dont, notamment, l'importance croissante accordée à l'égalité comme objectif des actions collectives : la volonté d'égaliser au niveau de la province les conditions en matière d'éducation, de santé et de services sociaux suggère une action des gouvernements provinciaux. Ce désir d'égaliser interpelle également le gouvernement fédéral (à travers la mise sur pied du programme des allocations familiales, par exemple). Toutefois, l'éducation, la santé et les services sociaux étant de compétence provinciale, l'action d'égalisation passe avant tout par les provinces; une action qui, au demeurant, a contribué à la croissance des gouvernements provinciaux.

Le rôle des femmes dans les mouvements d'étatisation des activités locales dans les domaines de la santé et des services sociaux a été étudié en ce qui concerne la période de réforme à la fin du XIXᵉ siècle (Andrew, 1984; Bacchi, 1983). Les groupes de femmes ont également fait des pressions en faveur d'une prise en charge par les provinces et le fédéral au début du XXᵉ siècle (Little, 1995; Andrew, 2001). Pour les deux périodes, la logique dominante des groupes de femmes a été que l'action publique – qu'il s'agisse du gouvernement fédéral ou des gouvernements provinciaux – représentait une meilleure base que l'action privée ou l'action du marché pour une action collective favorable aux intérêts des femmes. Cette vision, ainsi que les réponses étatiques, expliquent les forts liens qui se sont développés entre, d'une part, le mouvement des femmes au Canada anglais et le gouvernement fédéral ainsi que certains gouvernements provinciaux et, d'autre part, entre le mouvement des femmes québécois et le gouvernement du Québec.

À la fin du XXᵉ siècle, lorsque les restructurations municipales ont commencé à se faire, les mouvements de femmes entretenaient peu de liens avec le niveau local, mais, par ailleurs, ils avaient des engagements plus étroits avec les gouvernements provinciaux. Leurs relations avec le gouvernement fédéral, qui avaient été très fortes dans les années 1960 et 1970, se sont vues considérablement réduites dans les années 1980 et 1990 sous l'influence de restrictions budgétaires et d'idéologies néolibérales (Jenson et Phillips, 1996). À l'exception partielle du Québec, les débats entourant les restructurations municipales n'ont pas abordé la question des femmes, un indice de la faiblesse des liens entre les mouvements de femmes et le palier municipal. Nous allons revenir sur le cas des fusions québécoises où la question des femmes a été soulevée, justement à cause des débats sur la régionalisation et les enjeux les concernant. Mais auparavant, il faut approfondir la dynamique des fusions municipales afin de clarifier la nature de ces restructurations et les processus par lesquels les fusions se sont opérées.

2.   Pourquoi les fusions municipales ?

La création de gouvernements uniques pour les grandes villes canadiennes constitue la phase la plus récente du processus de réforme des institutions municipales par les provinces. Ces réformes ont adopté différentes orientations, allant de la réorganisation interne (les réformes du début du XXᵉ siècle éloignant l'exécutif du conseil municipal et, plus tard, les réformes des années 1960 renforçant les liens entre le conseil et ses structures exécutives) au financement (l'augmentation des subventions conditionnelles dans la première partie du XXᵉ siècle et leur réduction à la fin de ce dernier), en passant par la structuration territoriale (la réduction du nombre des municipalités, la création des gouvernements régionaux après la Deuxième Guerre mondiale, pour aboutir aux restructurations actuelles).

La principale motivation de ces réformes a été l'espoir, porté par les gouvernements provinciaux, que des structures municipales réformées permettraient aux municipalités de devenir plus dynamiques sur le plan du développement économique. Le plus grand potentiel économique des grands centres urbains explique que la plupart des réformes aient d'abord visé les grandes villes, avec la création de gouvernements régionaux et, plus récemment, les fusions. Le Québec et la Colombie-Britannique ont certes créé des structures régionales qui couvrent l'ensemble de leur territoire, soit les municipalités régionales de comté (MRC) au Québec et les districts régionaux en Colombie-Britannique. Néanmoins, ces deux gouvernements ont également privilégié le développement économique des grandes villes, tout en ayant des structures régionales.

Cette vision d'un plus fort potentiel de développement économique a également animé les récentes fusions municipales. Une deuxième motivation visait la même finalité économique, mais de manière négative, soit la perspective de réduire les dépenses et la duplication des services afin que les municipalités deviennent plus attirantes pour le développement économique privé. D'ailleurs, les discours provinciaux ont surtout pris cette mouture : une fusion était posée comme l'occasion de réduire les dépenses des municipalités, et ce, en raison de la diminution des duplications de services entre les paliers local et régional. L'argument qui veut que le nouveau gouvernement municipal fusionné soit plus compétent et mieux en mesure d'agir efficacement n'a presque pas été abordé dans les débats entourant les fusions. Les gouvernements provinciaux ont plutôt parlé de réduction des taxes municipales, alors que les opposants ont fait valoir leur caractère antidémocratique ainsi que l'importance de maintenir les services existants.

En tant que telles, les fusions municipales n'ont pas impliqué de changements de responsabilités, mais plutôt des changements de frontières, sauf en Ontario et en Nouvelle-Écosse où elles sont survenues alors qu'était réaménagée l'allocation des responsabilités entre la province et les municipalités. Néanmoins, les deux cas sont diamétralement opposés : en Nouvelle-Écosse, la province centralise la responsabilité pour les services sociaux, tandis que l'Ontario procède à une décentralisation vers les municipalités. L'Ontario est maintenant la seule province où les municipalités ont une responsabilité significative en matière de services sociaux et, de façon secondaire quoique importante, de services de santé. Le tableau suivant illustre clairement le caractère exceptionnel du cas ontarien.

Le tableau 1 permet de saisir l'importance du palier municipal pour les femmes. En Ontario, la portée des enjeux municipaux est plus grande pour les femmes en raison de l'importance des secteurs de politique sociale (soit les services sociaux, la santé et le logement) inscrits à l'agenda local. Que les femmes disposent de ressources privées moindres que les hommes confère une importance accrue aux ressources publiques, au sein desquelles les domaines des services sociaux et de la santé jouent un rôle de première importance pour assurer une certaine harmonisation des conditions de vie. Ces domaines sont d'autant plus importants lorsque l'on considère la très grande pauvreté de certaines catégories de femmes, nommément les femmes cheffes de famille monoparentale et les femmes âgées.

Tableau 1 : La distribution des dépenses municipales, 1988 et 2000

	1988		2000	
	Ontario	Moyenne pour le reste du Canada	Ontario	Moyenne pour le reste du Canada
Dépenses per capita				
dollars	1 181	950	1 912	1 265
dollars 2000	1 581	1 272	1 912	1 235
Croissance de 1988 à 2000 (%)				
dollars			61,9	30,0
dollars 2000			20,9	- 2,9
Distribution (%)				
Administration	8,7	10,7	9,4	12,5
Protection	15,0	14,7	14,2	17,4
Transport	21,6	22,8	17,4	22,2
Santé	2,9	1,4	3,3	0,7
Services sociaux	14,6	2,2	25,0	0,9
Éducation	0,0	0,8	0,1	0,8
Conservation des ressources	2,4	1,9	1,5	2,4
Environnement	14,2	14,9	12,2	15,7
Récréation/culture	11,2	12,0	8,4	13,7
Logement	2,3	1,4	3,5	1,7
Urbanisme	1,9	2,2	2,0	2,3
Dette	1,4	13,5	2,8	8,9
Autres	1,2	1,8	0,2	0,8
Total	100,0	100,0	100,0	100,0

Source : Kitchen (2002 : 159).

Du même souffle, il ne faut pas sous-estimer l'importance pour les femmes des autres domaines d'activité municipale. Le transport, le secteur le plus important des dépenses pour les provinces autres que l'Ontario, est une thématique clé pour les femmes, notamment la répartition des dépenses et des programmes entre le transport privé et le transport public. Le deuxième domaine en importance au chapitre des dépenses est celui de la protection : il rejoint les questions de sécurité urbaine, lesquelles revêtent une importance considérable pour les femmes. L'environnement vient en troisième place dans les dépenses, un secteur également très important pour les femmes. La question de l'emplacement des aqueducs et des égouts est fondamentale pour l'organisation des infrastructures. Aussi, les décisions dans ce secteur sont cruciales pour la forme de la ville. Une structure urbaine plus compacte offre plusieurs avantages, y compris du point de vue des femmes : par exemple, elle réduit les coûts (en temps et en argent) inhérents au transport entre la maison, l'emploi et les services, des coûts plus élevés pour les femmes en raison de leurs responsabilités familiales et domestiques. Finalement, le domaine des services récréatifs et culturels soulève également des interrogations d'importance en ce qui concerne le traitement égalitaire des hommes et des femmes. En effet, quelles activités sont favorisées et pour quelles clientèles ? Il y a 10 ans, dans presque toutes les municipalités, la priorité dans l'utilisation des patinoires allait au hockey pour les garçons; 10 ans plus tard, et à la suite de pressions venant de parents et de groupes de femmes, les activités regroupant les filles reçoivent un meilleur traitement. Une question névralgique pour l'égalité des sexes.

Ainsi, les activités des gouvernements municipaux peuvent influencer de façon notoire les conditions de vie des femmes et l'égalité des rapports sociaux de sexe, du moins potentiellement. L'importance du palier local est encore plus grande en Ontario, non seulement en raison de la nature décentralisée de la politique sociale, mais aussi parce que plusieurs des responsabilités municipales de base ont un impact immédiat sur les femmes. Par exemple, en Ontario les garderies relèvent au moins partiellement du palier municipal et donc les décisions municipales peuvent influencer le nombre de places offertes. La responsabilité municipale dans le domaine de l'assistance sociale peut également avoir un impact significatif sur les femmes en ce que le conseil municipal peut créer des programmes spécifiques pour les mères monoparentales ou les femmes âgées, deux groupes particulièrement frappés par la pauvreté.

Paradoxalement, la question des femmes n'a pas été abordée dans les débats entourant les fusions en Ontario. Elle l'a toutefois été au Québec. L'analyse de Brais et Frohn (2002) nous propose des pistes d'explication pour saisir les processus qui ont mené les groupes de femmes québécois à considérer comme cruciale la question de la place des femmes dans les institutions municipales. En prenant le cas de la Ville de Québec, elles suggèrent une analyse en trois temps : les mesures de décentralisation du gouvernement québécois qui créent et renforcent des structures régionales, les liens accrus entre les domaines de la politique municipale et des structures régionales et, finalement, le réseautage entre les femmes intégrées aux institutions municipales, aux institutions régionales, aux groupes de femmes ainsi qu'avec des féministes universitaires et des féministes d'État. Une retombée de ces processus est qu'au Québec il y a eu des activités organisées, et par l'État et par la société civile, pour souligner l'importance pour les femmes de s'intéresser aux fusions municipales, ainsi que l'intérêt pour l'État de saisir l'occasion des fusions pour insister sur le caractère central de l'égalité des rapports sociaux de sexe au niveau municipal. Le Conseil du statut de la femme, un organisme relevant du gouvernement du Québec quoique composé de personnes venant de la société civile, a publié un avis, en décembre 2000, intitulé *Les restructurations municipales : un défi d'équité pour les femmes*. L'avis aborde deux grandes dimensions : une présence équitable des femmes dans les organisations municipales et la prise en considération des intérêts et des réalités des femmes.

La société civile a également été le théâtre de mobilisations de la part des groupes de femmes et impliquant des chercheures, telles Nicole Brais et Winnie Frohn. La question de l'impact des fusions municipales sur les femmes a donc été un objet de mobilisation, en grande partie parce que l'enjeu de la territorialisation des intérêts des femmes a été présent au Québec par le biais des politiques de développement régional. Des analyses (Masson, 2002 ; Côté, 1995 ; Andrew, 1995) décrivent les débats et les actions menés autour des politiques québécoises de décentralisation et de développement régional. Ces activités ont été l'occasion d'une sensibilisation et d'une mobilisation des groupes de femmes, particulièrement de leurs Tables de concertation régionales, déjà prêts à saisir l'importance des changements territoriaux pour la représentation des femmes et pour la prise en compte de leurs intérêts.

Nous allons utiliser ces deux dimensions – soit une présence équitable des femmes dans les organisations municipales et la prise en considération des intérêts et des réalités des femmes – pour structurer notre réflexion quant aux conséquences des fusions sur les femmes. Quel est l'impact des fusions, non seulement sur la présence des femmes au niveau du conseil municipal et sur la démocratie représentative, mais également sur les structures de la démocratie participative ? Et, ensuite, quel impact ont les fusions sur les activités, les programmes et les politiques qui touchent les femmes ?

3.   La présence des femmes

Les fusions municipales ont réduit, de façon dramatique, le nombre d'élu(e)s municipaux. Du même souffle, le nombre des femmes élues a également diminué. Le tableau 2 illustre le nombre des femmes élues dans les plus grandes villes canadiennes.

Les femmes étant minoritaires en politique municipale avant les fusions, la réduction de leur nombre absolu à la suite des fusions a eu un impact significatif sur leur proportion dans les instances municipales. Le nombre total de femmes élues est d'autant plus significatif que le nombre de celles qui s'intéressent aux enjeux de « condition féminine » est toujours moins élevé que le nombre total des politiciennes. En d'autres mots, les fusions ont réduit le bassin potentiel d'élues féministes, et ce, par un simple réduction du nombre des actrices politiques sur la scène municipale.

Tableau 2 : La taille des conseils municipaux et le nombre de femmes élues dans les plus grandes villes canadiennes, 2002

Ville	Nombre d'élus (incluant le maire)	Nombre de femmes élues	Pourcentage de femmes élues (%)
St-Jean	11	1	9,09
Charlottetown	11	1	9,09
Halifax	24	5	20,83
Frederiction	13	3	23,28
Moncton	11	1	9,09
Québec	40	7	17,50
Montréal	74	22	29,73
Gatineau	18	4	22,22
Ottawa	22	6	27,27
Toronto	45	13	28,89
Winnipeg	16	3	18,75
Edmonton	13	3	23,08
Calgary	15	5	33,30
Regina	11	1	9,09
Victoria	9	5	55,56
Vancouver	11	3	27,27
Yellowknife	9	1	11,11
Whitehorse	7	1	14,28
Iqualuit	9	1	11,11

Source : Données colligées par le Centre de recherche sur Femmes et politique, Université d'Ottawa.

L'importance du nombre absolu des femmes en politique ne peut être sous-estimée, tant du point de vue du fonctionnement des structures municipales que du point de vue symbolique. La politique municipale repose pour beaucoup sur l'initiative de chaque élu de soulever des enjeux et de préparer le terrain pour une action ou une politique municipale. L'élu municipal dispose d'une plus grande capacité d'influencer l'agenda que ce n'est le cas de son vis-à-vis à d'autres paliers de gouvernement. Cela vient du fait que la capacité administrative municipale est réduite comparativement aux autres paliers de l'État et donc l'émergence et la formulation des nouveaux enjeux viennent davantage des élus que des administrateurs. En outre, la plupart des villes n'ayant pas de système de partis, l'initiation de nouveaux enjeux n'est pas entièrement contrôlée par le maire, mais relève aussi des conseillers pris individuellement. Une conseillère ou un conseiller qui est actif peut mettre de l'avant des projets présentés par les groupes de la société civile ou peut lui-même ou elle-même initier de tels projets. Puisque ceux qui touchent spécifiquement les intérêts des femmes sont plus souvent qu'autrement le fait des femmes, il y a tout lieu de craindre qu'une diminution du nombre absolu des élues ne se traduise par une réduction des points d'entrée des nouvelles initiatives associées à la condition féminine.

Cette diminution du nombre des femmes élues au palier municipal a aussi une importance symbolique. Moult recherches démontrent l'importance des modèles pour les rôles sociaux – les personnes choisissent souvent leurs champs d'action dans la société parce qu'il y a d'autres personnes qui, comme elles, ont occupé ces champs. Une plus faible présence de femmes au conseil municipal peut réduire les possibilités pour d'autres femmes d'envisager la politique municipale comme un champ d'action collective.

Cette réduction du nombre des élues a également des conséquences sur les liens entre l'électorat et les représentants. Les changements dans les ratios élus/électeurs sont tellement dramatiques qu'il est évident que les élus ne peuvent plus entretenir de liens aussi étroits qu'auparavant avec la population. Dans le cas de Toronto, par exemple, les ratios sont passés d'un élu pour 25 000 électeurs à un élu pour 55 000 électeurs (Milroy, 2002). La situation postfusion représente nécessairement un éloignement entre les représentants et la population. Cet éloignement peut être considéré comme plus néfaste pour les femmes que pour les hommes dans la mesure où des liens solides entre des groupes de femmes et une élue peuvent contrebalancer la culture masculine de l'environnement politique municipal. Les fusions ont rendu plus difficile l'établissement de liens étroits entre les groupes de femmes et les élues, non seulement par le jeu des nombres (les élues ayant maintenant tellement plus d'électeurs, l'attention donnée à chaque groupe est forcément moindre), mais également par le fait que les systèmes politiques municipaux sont dorénavant monopolisés pas les enjeux de l'organisation interne des municipalités et ont donc moins de latitude pour entretenir des liens avec les groupes de la société civile.

La réduction du nombre des élus soulève également la question de l'impact des fusions sur les coûts des élections et donc de l'égalité des chances entre les femmes et les hommes. Avec beaucoup plus d'électeurs par élu, il est probable que les élections vont exiger un niveau plus élevé de dépenses, simplement pour rejoindre les électeurs. Si tel est le cas, et considérant que les femmes disposent de ressources financières moindres (leurs propres ressources mais également les ressources financières de leurs connaissances), les conséquences devraient être plus néfastes pour elles que pour les hommes, d'autant que la plupart des villes n'étant pas dotées de systèmes de partis, les dépenses électorales sont alors assumées entièrement par les candidates et les candidats.

Il y a une autre dimension de l'impact des fusions qui peut affecter négativement les femmes, soit la portée de la taille du gouvernement sur l'organisation du pouvoir politique. Jusqu'ici, le pouvoir au sein du système municipal canadien était décentralisé entre les élus, le maire n'ayant pas beaucoup plus de pouvoirs que les membres du conseil. Les pouvoirs légaux des maires sont très limités et même si certains d'entre eux sont parvenus, de par leur personnalité ou leurs réseaux, à s'imposer, ce n'est pas le cas de tous. Avec un nombre beaucoup plus grand de conseillers municipaux et un comité exécutif choisi par le maire, le système montréalais conférait à ce dernier un pouvoir plus étendu. Mais Montréal est une exception. Et même dans le cas du système politique montréalais, la prééminence du maire était moindre que celle du premier ministre sur la scène fédérale et provinciale. Dans la plupart des grandes villes canadiennes, le maire partage le pouvoir avec les membres du conseil.

Dans la période actuelle de l'après-fusion, il semble probable que le pouvoir va être centralisé autour du maire, et ce, en raison de l'augmentation du budget, de l'appareil bureaucratique et de la dimension administrative, qui sont des conséquences de l'augmentation de la taille de la municipalité. Il est probable également que le pouvoir de la bureaucratie municipale ira en augmentant par rapport au pouvoir du conseil, ce changement contribuant également à diminuer le pouvoir des membres du conseil municipal. Étant donné le pourcentage très limité de mairesses, la centralisation du pouvoir autour du maire pourrait diminuer le pouvoir des femmes qui évoluent davantage au niveau du conseil.

À cet égard, il faut probablement distinguer le cas de Montréal. En effet, l'importance des arrondissements y suggère que la fusion pourrait avoir un effet de décentralisation plutôt que de centralisation du système politique de la métropole québécoise (Quesnel, 2002). Il est probablement trop tôt pour cerner avec précision de quelle manière évoluera la nouvelle Ville de Montréal, mais il est important de souligner l'impact différent de la fusion dans ce cas.

S'il appert que les fusions ont diminué le nombre de femmes en politique municipale, il importe également de saisir l'impact des fusions sur la présence des femmes au sein des structures de consultation sur la scène municipale. *Grosso modo*, il se dégage deux types de structures : celles de nature territoriale inframunicipale (conseil d'arrondissement, conseils de quartiers, conseils communautaires, etc.) et celles de nature sectorielle (comités consultatifs sur le transport, comités de liaison avec la police, comités consultatifs sur la diversité, etc.). S'agissant des structures territoriales, il est encore trop tôt pour savoir quels pouvoirs elles auront, là où elles existent. Nous savons que le pourcentage de femmes élues dans les arrondissements à Montréal est de 32,3 % (ou 10 femmes sur 31), ce qui est légèrement plus que le pourcentage des femmes élues du conseil de ville. Dans le cas de la ville de Québec, tous les élu(e)s siègent à la fois au conseil municipal et au conseil d'arrondissement. Avant la fusion, la Ville de Québec avait des conseils de quartier avec parité femmes-hommes. Mais toute la question des structures consultatives dans les villes fusionnées en est à ses débuts et les développements se feront sentir au cours des prochaines années.

En ce qui concerne les structures de consultation à base sectorielle, l'expérience des fusions est peut-être plus stimulante. Outre les possibilités créées par le changement de régime, l'augmentation du nombre d'électeurs par élu génère des pressions vers le renforcement et la formalisation des structures de consultation et de participation. Montréal a annoncé que la Ville va créer un conseil des Montréalaises. Dans le cas d'Ottawa, plusieurs comités consultatifs ont été constitués, mais un seul traite de tous les aspects de la diversité, y compris la diversité ethnoculturelle, l'orientation sexuelle et les femmes. Si l'on en juge d'après l'activité communautaire des membres, c'est la diversité ethnoculturelle qui est la dimension dominante, suivie par l'orientation sexuelle et finalement les femmes. La question des structures consultatives dans les villes fusionnées en est à ses débuts et elle risque d'évoluer au cours des prochaines années.

Si les structures de représentation des nouvelles villes fusionnées sont moins ouvertes aux femmes, il faut aussi considérer l'utilisation de ces structures par les femmes elles-mêmes. En effet, la capacité de se faire entendre dépend, au moins en partie, de l'état de l'organisation de la société civile et donc de la capacité de mobilisation et de revendication du mouvement des femmes local. Ce constat invite à considérer l'intérêt que le mouvement des femmes accorde au gouvernement local : sans une prise de conscience plus grande (surtout au Canada anglais) de l'importance du gouvernement municipal pour les femmes, il est difficile d'imaginer des revendications suffisamment fortes pour inciter les gouvernements à créer des structures de consultation et de participation pour les femmes.

4.   Les enjeux des femmes

Jusqu'à maintenant, le bilan de l'impact des fusions municipales sur les intérêts des femmes a été relativement négatif. À Toronto, le Metropolitan Action Committee on Violence Against Women and Children (mieux connu par son sigle METRAC) a perdu une partie importante de son financement, mais d'autres activités municipales se poursuivent, comme le programme de subvention du conseil municipal torontois *Breaking the cycle of violence* qui alloue des sommes importantes aux groupes communautaires. En 2001, les subventions représentaient un montant de 723 000 $. De manière générale, il est clair qu'après la fusion, le niveau d'activité visant explicitement les femmes a diminué à Toronto. La situation est moins nette à Montréal. La question centrale est de savoir si cette diminution quant à l'attention donnée aux enjeux touchant les femmes est temporaire et liée à la période de transition ou si l'existence de petits programmes innovateurs et progressistes (tels que ceux qui existaient à Toronto et à Montréal) devient plus problématique avec l'augmentation de la taille du gouvernement. L'hypothèse selon laquelle la plus grande taille du gouvernement aurait un impact négatif sur l'existence des programmes et activités innovateurs et progressistes est liée à deux arguments : *primo*, qu'une taille plus grande amène des pressions vers une standardisation des services et donc l'élimination des petits programmes innovateurs et, *secundo*, que l'augmentation de la taille du gouvernement municipal, qui implique forcément la réduction du pouvoir politique des quartiers centraux avec la fusion des banlieues, diminue la volonté politique d'appuyer des programmes innovateurs.

En revanche, il est possible de croire que la réduction d'activités touchant directement les intérêts des femmes relève de la période de transition et qu'elle est donc temporaire. Les discours provinciaux qui ont animé les débats sur les fusions ont tellement insisté sur l'objectif de réduire les dépenses qu'il est quasi inévitable que cet argument continue à dominer la politique municipale dans la période faisant immédiatement suite aux fusions. Une question beaucoup plus délicate est de savoir comment le système politique va réagir maintenant qu'il est clair que la réduction des dépenses est soit inexistante, soit beaucoup moins élevée que prévue. Il y a ici plusieurs possibilités que les débats politiques au sein des villes nouvellement fusionnées illustrent bien : il s'agit tantôt de réduire les services et donc les dépenses ou d'augmenter la tarification des services, tantôt d'exercer des pressions accrues sur les gouvernements fédéral et provinciaux afin qu'ils accordent aux municipalités des sources additionnelles de revenus (ou, faute de mieux, plus d'argent), tantôt d'augmenter les taxes municipales. Il est trop tôt pour discerner la tangente qu'adoptera le système municipal et, par conséquent, pour savoir combien de temps durera cette période de transition caractérisée par une attention presque obsessionnelle envers la réduction des dépenses.

Tel qu'il a été mentionné précédemment, l'argument selon lequel les regroupements pourraient créer des villes ayant des capacités accrues de réaliser les objectifs collectifs a été à peine entendu dans le cadre des débats sur les fusions. En fait, ceux-ci se sont plutôt déployés sur le registre des restrictions dans les activités et les dépenses. Ce discours peut toutefois changer. À Ottawa, par exemple, les premières élections ont été très ternes, mais une vision un peu plus interventionniste de la part de la Ville s'est récemment manifestée, quoique de manière modeste. Le maire a convoqué un sommet sur la croissance intelligente (*Smart Growth*) qui impliquerait un rôle proactif pour la municipalité. Par exemple, la question d'accroître substantiellement les investissements dans le transport public a été soulevée et, bien que l'enjeu n'ait pas du tout été articulé à l'aune de la problématique des femmes, il n'en demeure pas moins qu'un meilleur système de transport public leur serait profitable.

Si l'enjeu des fusions municipales porte sur un potentiel élargi d'action collective avec un seul gouvernement municipal dans une région métropolitaine, quels facteurs peuvent influencer cette capacité d'action ? Une présence accrue des femmes élues aurait pu être l'un de ces facteurs, mais nous avons déjà établi que cela est peu probable et que les fusions ont plutôt eu l'effet contraire. C'est donc davantage du côté des liens entre le mouvement des femmes et le gouvernement municipal qu'il faut regarder. Pour créer des liens étroits, il faut une prise de conscience de l'importance de l'action municipale et de l'impact des politiques municipales – transport, sécurité, infrastructures, récréation et services sociaux dans le cas ontarien – sur la vie des femmes. Les villes fusionnées ont le potentiel de devenir des acteurs politiques plus importants, mais la direction de leur action est loin d'être déterminée d'avance. La volonté des acteurs, et donc des actrices, de la société civile locale peut avoir un impact sur l'orientation que prendront les décisions municipales.

Conclusion

Nous voulons revenir ici à notre perspective de départ, soit que les fusions municipales représentent un exemple de reconfiguration de l'État au niveau local, changement découlant de la mondialisation et qui influence en même temps ce contexte.

Les fusions municipales s'inscrivent dans la stratégie des provinces visant à réduire les dépenses des gouvernements provinciaux afin qu'ils deviennent plus compétitifs à l'échelle mondiale. La réduction des dépenses des provinces relève en partie d'une stratégie de décentralisation vers les municipalités (également par des coupures de services et des mesures de privatisation des services vers le secteur privé ou vers la société civile et le milieu associatif), souvent accompagnée de mesures de réforme municipale. La priorité accordée aux réformes provient de la position ambiguë, voire même contradictoire, des gouvernements provinciaux qui veulent réduire leurs dépenses sans perdre le contrôle sur les municipalités. Leurs craintes d'accorder plus de pouvoirs aux municipalités viennent de leur désir de contrôle, certes, mais aussi de leur prise en compte de la faible capacité des villes. Dans un tel contexte, l'idée de restructurer les municipalités afin d'accroître leur capacité de mener à bien les activités décentralisées par l'État provincial devient intéressante : elles seraient plus performantes que les provinces dans la prestation de services. Les secteurs d'intervention sont surtout économiques, quoiqu'en Ontario ils soient aussi sociaux.

Les fusions représentent ainsi une restructuration des activités économiques de l'État, avec une gestion locale accrue qui vient du délestage des gouvernements fédéral et provinciaux, mais également de pressions d'en bas et des milieux économiques locaux désireux d'utiliser le palier local pour promouvoir leurs intérêts. Les études sur les milieux innovateurs et les régions « apprenantes[4] » mettent au jour les relations entre un rôle élargi pour l'État local et la reconfiguration des forces économiques privées sur le territoire (Holbrook et Wolfe, 2002).

L'orientation politique de cette gestion locale est souvent vue comme inévitablement néolibérale, non seulement parce que les stratégies étatiques dominantes (nationales et provinciales) l'ont été, mais aussi en raison du système fiscal au niveau municipal qui agit de façon à restreindre l'activité publique. Néanmoins, une lecture plus attentive de la scène municipale nous rappelle que l'évolution politique n'est jamais déterminée d'avance. La volonté des acteurs sociaux joue un rôle important et, pour la question qui nous intéresse ici, les liens entre le mouvement des femmes au niveau local et les municipalités, que ce soit à travers les fonctionnaires ou les élues, peuvent influencer la direction politique de la gestion locale. Le rôle le plus important pour celle-ci s'est d'abord voulu économique, quoiqu'il y ait des pressions au niveau local, dont celles des groupes de femmes, pour une meilleure intégration des dimensions économiques, sociales et environnementales du développement. Cette vision holistique de la gestion locale est portée par les groupes de femmes et une place accrue pour les femmes dans les débats politiques locaux permettrait de faire avancer cette vision.

Nous terminons notre analyse avec autant de questions que de réponses. Les fusions ont rendu plus difficile et plus problématique la représentation des femmes dans les institutions politiques municipales. Les nouveaux gouvernements ont plus de capacités en ce qui concerne la formulation des politiques publiques, mais les lendemains des fusions restent dominés par les réductions de services et les restrictions budgétaires, par des coupures bien davantage que par de nouvelles initiatives. À plus long terme, toutefois, les mouvements de femmes locaux ont un rôle central à jouer afin que les politiques publiques au niveau municipal tiennent compte des réalités vécues par les femmes. Les stratégies concrètes pour réaliser cet objectif vont différer d'une ville à l'autre, selon les traditions politico-culturelles de chaque espace urbain; l'état d'organisation des groupes de femmes (y compris leur leadership); le personnel politique municipal et particulièrement les femmes élues; l'évolution démographique et économique de la ville et, finalement, le degré de conscientisation des groupes de femmes quant à l'importance du palier municipal pour la qualité de vie des femmes.

Le bilan immédiat des fusions du point de vue des femmes n'est pas particulièrement positif. Mais un bilan plus complet reste à venir et ne peut se faire avant 5 ou 10 ans. Si les municipalités deviennent des acteurs politiques plus importants et mieux outillés et si les mouvements de femmes locaux restent dynamiques en développant des liens étroits avec les municipalités et leur environnement politique plus large, tout permet d'espérer que le bilan à venir sera positif pour les femmes.

Notes

1. Dans le cas de la Ville de Montréal (et aussi de Sherbrooke), la fusion a créé un système à deux paliers : le palier municipal et celui de l'arrondissement. Le partage des activités et des pouvoirs entre l'un et l'autre paliers n'est pas encore clair. Il est donc trop tôt pour dire si nous pouvons parler d'une centralisation municipale ou d'une décentralisation dans le cas de Montréal.

2. Le terme *boosterism* réfère à des politiques de promotion d'une localité spécifique, dans lesquelles les promoteurs consacrent un effort particulier à en vanter les atouts. Le *boosterism* comprend une volonté de créer l'image d'une prospérité pour tous, même si dans les faits, bien souvent, la croissance bénéficie surtout à certains groupes de la population.

3. La notion de *province-building* est inspirée de celle de *nation-building*. Cette dernière réfère à un ensemble de politiques destinées à développer un large consensus autour d'activités visant à renforcer la légitimité des gouvernements nationaux ainsi que leur pouvoir. Les politiques de *province-building* visent les mêmes objectifs, mais au plan provincial.

4. Le terme « apprenantes » est utilisé pour faire référence aux capacités d'un milieu à incorporer rapidement de nouvelles informations. Voir le chapitre de David Wolfe sur les *learning regions* dans Holbrook et Wolfe (2002).

Références

ANDREW, Caroline (1984), « Women and the Welfare State », *Revue canadienne de science politique*, 17, 4 : 669-683.

ANDREW, Caroline (1995), « La démocratie locale pour les femmes : condition du développement régional », dans Denyse Côté *et al.* (dir.), *Du local au planétaire. Réflexions et pratiques de femmes en développement régional*, Montréal, Les Éditions du remue-ménage, p. 79-92.

ANDREW, Caroline (2001), « Women as Citizens in Canada », présentation à une conférence sur la citoyenneté au Canada et en Australie, Ottawa.

BACCHI, Carol Lee (1983), *Liberation Deferred? The Ideas of the English Canadian Suffragettes*, 1877-1918, Toronto, University of Toronto Press.

BRAIS, Nicole et Winnie Frohn (2002), « État local et mouvement des femmes à Québec : une étude de cas », *Lien social et politiques*, 47 : 55-66.

BRENNER, N. (1999), « Globalization as Reterritorialization: The Rescaling of Urban Governance in the European Union », *Urban Studies*, 36, 3 : 431-451.

BRENNER, N. (2001), « The Limits to Scale? Methodological Reflections on Scalar Structuration », *Progress in Human Geography*, 25, 4 : 591-614.

COLLECTIF « Femmes et restructurations municipales » (2000), *Les enjeux pour les femmes de la restructuration municipale dans la région de Québec*, Québec, Université Laval, Groupe de recherches et d'études multidisciplinaires sur les femmes (GREMF).

CONSEIL DU STATUT DE LA FEMME (2000), *Les restructurations municipales : un défi d'équité pour les femmes*, Québec, Conseil du Statut de la femme.

CÔTÉ, Denyse et al. (dir.) 1995, *Du local au planétaire. Réflexions et pratiques de femmes en développement régional*, Montréal, Les Éditions du remue-ménage.

HOLBROOK, J. Adam et David A. Wolfe (2002), *Knowledge, Clusters and Regional Innovation: Economic Development in Canada*, Montréal, McGill-Queens University Press.

JENSON, Jane et Susan Phillips (1996), « Regime Shift: New Citizenship Practices in Canada », *International Journal of Canadian Studies* 14 : 111-135.

JOHNSON, Leo (1977), *History of Guelph*. Guelph, Guelph Historical Society.

KITCHEN, Harry (2002), « Canadian Municipalities: Fiscal Trends and Sustainability », *Revue fiscale canadienne*, 50, 1 : 156-180.

LINTEAU, Paul-André (1981), *Maisonneuve*, Montréal, Boréal Express.

LITTLE, Margaret H. (1995), « Claiming a Unique Place: The Introduction of Mothers' Pensions in B.C. », *B.C. Studies*, 105-106 : 80-102.

MASSON, Dominique (2002), « Engendering Regional Development: Representing Women in Regional Development Policymaking in Québec (Canada) », paper presented at the conference Placing Gender/Making Policy, International Geographers Union and Canadian Women and Geography Study Group, University of Toronto, 31 mai-2 juin 2002.

MILROY, Beth Moore (2002), « A Vision for Structuring Toronto's Council », presentation at the Greater Toronto Area Forum.

MINISTÈRE DES AFFAIRES MUNICIPALES ET DE LA MÉTROPOLE (2001), *Statistiques sur la représentation des femmes et des hommes aux instances électives municipales*, Québec, ministère des Affaires municipales et de la Métropole.

QUESNEL, Louise (2002), « Large Cities: An Opportunity for Innovation in Sublocal Entities? », Communication to the Urban Affairs Association, Boston.

REVUE CANADIENNE DE SCIENCES RÉGIONALES (2000), « La restructuration provinciale municipale au Canada : une évaluation des attentes et des résultats », numéro spécial, 23, 1 (printemps 2000).

SANCTON, Andrew (2000), *La frénésie des fusions*, Montréal, McGill-Queens.

SMITH, N. (1992), « Geography, Difference and the Politics of Scale », dans J. Doherty, E. Graham et M. Malek (dir.), *Postmodernism and the Social Sciences*, New York, St-Martin's Press, p. 57-79.

SMITH, N. (1993), « Homeless/Global: Scaling Places », dans J. Bird (dir.), *Mapping the Futures*, London, Routledge, p. 87-119.

SOJA, E. (1989), *Postmodern Geographies*, New York, Verso.

STELTER, Gilbert et Alan F. J. Artibise (1984), *The Canadian City*, Ottawa, Carleton University Press.

SWYNGEDOUW, E. (1997), « Neither Global nor Local: "Glocalization" and the Politics of Scale », dans Kevin Cox (dir.), *Spaces of Globalization*, New York, Guilford Press, p. 137-166.

TRIMBLE, Linda (1997), « Feminist Politics in the Alberta Legislature, 1972-1994 », dans J. Arscott et L. Trimble (dir.), *In the Presence of Women*, Toronto, Harcourt-Brace, p. 128-153.